Projekt
Physik betreiben heißt, etwas zu tun. Auf den Projektseiten findet ihr viele Tipps und Anregungen – um etwas zu machen, das sich am Ende sehen lassen kann.

...ft als Wechselwirkungsgröße

...FGABEN

1. Nenne fünf Beispiele, bei denen eine Kraft eine Bewegungsänderung hervorruft, und fünf Beispiele, bei denen eine Kraft eine Verformung hervorruft!
2. In der Umgangssprache wird das Wort Kraft häufig anders verwendet als im Sinne der Mechanik. Nenne Beispiele dafür!
3. Eine Schraubenfeder, für die das Hooke'sche Gesetz gilt, wird durch eine Kraft von 1 N um 2 cm gedehnt. Zeichne dazu ein Diagramm! Um wie viel verlängert sich die Feder durch eine Gewichtskraft von 0,2 N, 0,5 N, 2 N? Welchen Wert hat die Federkonstante D?
4. a) Zwei Schraubenfedern mit $D = 2$ N/cm werden aneinandergehängt. Wie groß ist die Verlängerung insgesamt, wenn man an das Massestück von $m = 400$ g an die untere Feder hängt?
   b) Wie groß ist die Verlängerung, wenn die Federn parallel aufgehängt und unten verknüpft werden?
5. Um die Wagen A, B und C einzeln zu ziehen, muss der Traktor auf ebener Straße jeweils folgende Kräfte aufbringen: $F_A = 1500$ N, $F_B = 2000$ N und $F_C = 4000$ N. Welche Kraft muss er für den Dreierzug für die gleiche Bewegung aufbringen? Stelle die Kräfte grafisch dar!
6. Ein Mensch (70 kg) setzt sich auf den Kotflügel eines Autos und drückt die Schraubenfeder um 1 cm zusammen. Berechne die Federkonstante!
7. Beschreibe den Unterschied zwischen Gewichtskraft und Masse eines Körpers! Wie hängen Gewichtskraft und Masse zusammen?
8. Am Äquator beträgt die Gewichtskraft eines Beutels mit Sand 100 N. Muss man am Nordpol Sand herausnehmen oder hinzufügen, damit der Federkraftmesser ebenfalls 100 N anzeigt?
9. Die Ausrüstung eines Astronauten hat eine Masse von 90 kg. Wie groß ist deren Gewichtskraft auf der Erde, auf dem Mond und in der Raumstation?
10. Zwei Personen ziehen an einem Seil, das an einem Baum festgebunden ist. Warum fallen sie um, wenn man das Seil durchschneidet? Was geschieht in diesem Augenblick mit dem Baum?
11. Nenne Beispiele, wie man den Zustand der „Schwerelosigkeit" erreichen kann und erkläre sie!
12. Nenne Beispiele, in denen Kräfte dadurch eine andere Wirkung zeigen, dass man ihren Angriffspunkt verändert.
Werden sie in diesen Fällen entlang ihrer Wirkungslinie verschoben?
13. In einem Buch steht: „Wenn man von einem Tisch springt, dann hüpft die Erde im selben Moment auch ein kleines Stück hoch."
Äußere dich dazu!
14. Was hältst du von der Aussage „Ich drücke mit 15 Kilo gegen die Tür"?

...USAMMENFASSUNG

...dert ein Körper seine Bewegung, so ist die Ursache dafür eine Kraft.
...rd ein Körper verformt, so ist die Ursache dafür eine Kraft.

...rmelzeichen für die Kraft: F
...heit der Kraft: Newton (N)
...e Kraft hat einen Betrag, einen Angriffspunkt und eine Richtung.

... **Gewichtskraft** ist die Kraft, mit der ein Körper an seiner Aufhängung ...eht oder auf seine Unterlage drückt.
... Mitteleuropa gilt:
...N ist die Gewichtskraft eines Körpers, der die Masse 102 g hat. Ein Körper ...rmit der Masse 1 kg hat die Gewichtskraft 9,81 N.

...ooke'sches Gesetz: $F = D \cdot s$ (D: Federkonstante)

...echselwirkungsprinzip: Übt ein Körper eine Kraft auf einen zweiten aus, ...wirkt stets auch eine Kraft vom zweiten auf den ersten Körper. Beide ...äfte haben denselben Betrag und sind entgegengesetzt gerichtet.

$F_G = 9{,}81$ N

Aufgaben
Sie dienen nicht nur zur Wiederholung und zur Übung. Sie sollen dir ebenso helfen, mit dem Gelernten Neues zu entdecken oder Altbekanntes neu zu verstehen. Daher sind auch hier oft kleine Experimente auszuführen.

Zusammenfassung
Am Ende des Kapitels wird das Wichtigste noch einmal auf den Punkt gebracht.

Umwelt

Ein Blick in die Technik

Ein Blick in ...
Auf diesen Seiten wird über den Tellerrand geschaut – denn der Physik begegnest du nicht nur im Physikraum. Ein *Blick in die Natur* und ein *Blick in die Technik* verrät, wo die Physik, die ihr gerade behandelt, eine besondere Rolle spielt.
Beim *Blick in die Geschichte* erfährst du, was die Menschen früher schon über die Physik wussten und wie diese Wissenschaft langsam entstanden ist.

Themenseiten
Hier kannst du dich gründlich informieren über *Umwelt*, *Energie*, und *Gesundheit* – Themen, die jeden von uns direkt berühren.
Wie entsteht das Wetter? Wie können wir Energie sparen, um unsere Umwelt zu schonen? Welche Rolle spielt die Elektrizität in unserem Körper? Diese Fragen tauchen nicht nur im Physikunterricht auf, sondern auch in anderen Fächern, wie z. B. Erdkunde, Biologie oder Chemie.

Physik *plus*

Gymnasium Klassen 7 und 8
Sachsen-Anhalt

Klaus Liebers, Helmut F. Mikelskis, Rolf Otto,
Lutz-Helmut Schön, Hans-Joachim Wilke

Herausgegeben von
Helmut F. Mikelskis und Hans-Joachim Wilke

Autoren:
Prof. Dr. Klaus Liebers (Druck; Schweredruck; Auftrieb in Flüssigkeiten und Gasen; Fliegen)
Prof. Dr. Helmut F. Mikelskis (Kräfte; Mechanische Arbeit und Leistung)
Dr. Rolf Otto (Energieverteilung in Stromkreisen; Elektrische Leistung – elektrische Arbeit)
Prof. Dr. Lutz-Helmut Schön (Wärmelehre)
Prof. Dr. Hans-Joachim Wilke (Energie in Natur und Technik; Elektrische Ladung und elektrischer Strom; Elektrische Spannung; Magnete und magnetisches Feld)
Herausgeber:
Prof. Dr. Helmut F. Mikelskis, Prof. Dr. Hans-Joachim Wilke

Unter Planung und Mitarbeit der Verlagsredaktion, verantwortlich: Dr. Andreas Palmer

Technische Zeichnungen: Peter Hesse
Illustrationen: Roland Jäger, Karl-Heinz Wieland, Hans Wunderlich
Layout: Wladimir Perlin
Typografie: Manfred Behrendt, Wolfgang Lorenz
Einband: Wolfgang Lorenz

www.cornelsen.de

1. Auflage, 4. Druck 2011

Alle Drucke dieser Auflage sind unverändert
und können im Unterricht nebeneinander verwendet werden.

© 2004 Cornelsen Verlag Berlin

Das Werk und seine Teile sind urheberrechtlich geschützt.
Jede Nutzung in anderen als den gesetzlich zugelassenen Fällen bedarf der
vorherigen schriftlichen Einwilligung des Verlages.
Hinweis zu den §§ 46, 52a UrhG: Weder das Werk noch seine Teile dürfen ohne eine
solche Einwilligung eingescannt und in ein Netzwerk eingestellt oder
sonst öffentlich zugänglich gemacht werden.
Dies gilt auch für Intranets von Schulen und sonstigen Bildungseinrichtungen.

Druck: CS-Druck CornelsenStürtz, Berlin

ISBN 978-3-06-020777-0

 Inhalt gedruckt auf säurefreiem Papier aus nachhaltiger Forstwirtschaft.

Inhalt

ENERGIE IN NATUR UND TECHNIK — 7

Was ist Energie? — 8
Lampen und Geräte im Haushalt — 8
Arbeit — 9
Energie als physikalische Größe — 11
Transportformen der Energie — 12
Speicherung von Energie — 14
Energie für Lebensprozesse — 16
Energie auf dem Wege zum Verbraucher — 17
Kraftwerke und Umweltbelastung — 19
Energie Rationelle Nutzung von Energie — 20
    Der Energiebedarf in Deutschland — 20
    Sinnvolle Nutzung der vorhandenen Energie — 20
    Sparsamer Umgang mit Energie — 22
Aufgaben — 24
Zusammenfassung — 25

Wirkungsgrad und Energieerhaltungssatz — 26
Nutzbarkeit von Energie — 26
Bestimmung des Wirkungsgrades — 27
Möglichkeiten zur Erhöhung des Wirkungsgrades — 28
Energieerhaltungssatz — 29
Aufgaben — 30
Zusammenfassung — 30

MECHANIK — 31

Kraft — 32
Wechselwirkung zwischen zwei Körpern — 32
Wechselwirkung und Kraft — 35
Hooke'sches Gesetz — 37
Darstellen von Kräften — 38
Reibung — 40
Kräfte zwischen Teilchen — 42
Kapillarität — 43
Ein Blick in die Technik
    Sicherheit im Straßenverkehr — 44
Projekt Sicheres Radfahren — 45
Umwelt
    Aufsteigen des Wassers in Hohlräumen — 46
Aufgaben — 48
Zusammenfassung — 49

Gewichtskraft und Masse — 50
Gewichtskraft an verschiedenen Orten — 50
Gravitation als Wechselwirkung zweier Körper — 52
Schwere und Trägheit — 54
Ein Blick in die Technik In der „Schwerelosigkeit" — 56
Aufgaben — 57
Zusammenfassung — 57

Druck — 58
Druck als physikalische Größe — 58
Gasdruck — 60
Druck in Flüssigkeiten — 61
Ein Blick in die Technik Hydraulische Anlagen — 63
Aufgaben — 64
Zusammenfassung — 65

Schweredruck — 66
Schweredruck in Flüssigkeiten — 66
Luftdruck — 68
Ein Blick in die Natur Unser Blutkreislauf — 69
Ein Blick in die Geschichte
    Vakuum und Luftdruck — 70
Aufgaben — 71
Zusammenfassung — 71

Auftrieb in Flüssigkeiten und Gasen — 72
Auftriebskraft — 72
Archimedisches Gesetz — 73
Sinken, Schweben, Aufsteigen — 75
Umwelt Leben und Tauchen im Wasser — 76
    Wie Menschen in die Tiefe gelangen — 76
    Die Taucherkrankheit — 77
    Die Fische als Überlebenskünstler — 78
Ein Blick in die Technik Heißluftballons — 80
Aufgaben — 81
Zusammenfassung — 81

Fliegen — 82
Einfache Fluggeräte — 82
Auftrieb in strömender Luft — 83
Strömungswiderstand — 84
Kräfte beim Fliegen — 86
Ein Blick in die Technik
    Vom Start bis zur Landung — 87
Ein Blick in die Geschichte
    Der Traum vom Fliegen — 88
Aufgaben — 89
Zusammenfassung — 89

Mechanische Arbeit und Leistung — 90
Rollen — 90
Mechanische Arbeit — 92
Geneigte Ebene — 94
Hebel — 95
Goldene Regel der Mechanik — 96
Mechanische Leistung — 96
Gesundheit Biomechanik — 98
Projekt Hebel am Fahrrad — 100
Aufgaben — 101
Zusammenfassung — 102

WÄRMELEHRE — 103

Energieübertragung und Temperatur — 104
Wie kommt die Wärme aus dem Haus? — 104
Sonne und Temperatur auf der Erde — 105
Die Kelvinskala der Temperatur — 106
Thermische Energie — 108
Auf unterschiedlichen Wegen zum selben Ziel — 110
Längenänderung fester Körper — 111
Volumenänderung von Flüssigkeiten — 113
Volumenänderung von Gasen — 113
Ein Blick in die Natur Gefühlte Temperatur — 114
Ein Blick in die Technik
    Vorsicht vor Volumenänderungen! — 115
Aufgaben — 116
Zusammenfassung — 117

Aggregatzustandsänderungen — 118
Wärme beim Schmelzen — 118
Wärme beim Verdampfen — 119
Änderung der Dichte — 121
Verdunsten und Energie der Teilchen — 122
Wasser in der Luft — 123
Wolken und Niederschlag — 125
Umwelt Wasser, Wind und Wetter — 126
    Die Sonne macht das Wetter — 126
    Wie entsteht unser Wetter? — 127
    El Niño: Das Klima spielt verrückt — 128
Ein Blick in die Technik
    Wetterbeobachtung, Wettervorhersage — 130
Aufgaben — 131
Zusammenfassung — 131

Wärme in der Technik — 132
Es geht nichts verloren — 132
Arbeit verrichten durch Abkühlen? — 133
Wärmekraftmaschinen — 134
Der Ottomotor — 135
Der Dieselmotor — 136
Kühlschrank und Wärmepumpe — 137
Sonnenkollektoranlagen — 138
Vergleich verschiedener Kraftwerkstypen — 139
Ein Blick in die Technik Rund um den Motor — 140
Ein Blick in die Geschichte
    Vom Dampf zum Diesel — 141
Aufgaben — 142
Zusammenfassung — 142

ELEKTRIZITÄTSLEHRE — 143

Elektrische Ladung und elektrischer Strom — 144
Auf- und Entladung von Körpern — 144
Influenz — 146
Ladung als physikalische Größe — 146
Elektrisches Feld — 147
Elektrischer Strom — 149
Elektrizitätsquellen — 150
Elektrische Stromstärke — 151
Wirkungen des elektrischen Stromes — 152
Der einfache elektrische Stromkreis — 154
Gefahren im Umgang mit elektrischem Strom — 155
Ein Blick in die Geschichte
    Elektrizität aus dem Froschschenkel — 156
Aufgaben — 157
Zusammenfassung — 157

Elektrische Spannung — 158
Die Spannung einer Elektrizitätsquelle — 158
Umwelt
    Spannungen und Ströme in Lebewesen — 160
    Elektrische Fische — 160
    Spannungen und Ströme im
    menschlichen Körper — 161
Ein Blick in die Natur
    Wenn es blitzt und donnert — 162
Ein Blick in die Geschichte Von den ersten
    Funken bis zum elektrischen Licht — 163
Projekt Selbst gebaute Batterien — 164
Aufgaben — 165
Zusammenfassung — 165

Energieverteilung in Stromkreisen — 166
Energieverteilung bei Reihenschaltungen — 166
Elektrischer Widerstand — 168
Widerstandsgesetz — 170
Energieverteilung bei Parallelschaltungen — 173
Ein Blick in die Technik Strom auf Abwegen — 174
Aufgaben — 175
Zusammenfassung — 175

Elektrische Leistung – elektrische Arbeit — 176
Elektrische Leistung — 176
Elektrische Arbeit — 178
Ein Blick in die Technik Gleiche Leistung
    bei unterschiedlicher Spannung — 180
Aufgaben — 181
Zusammenfassung — 181

Magnete und magnetisches Feld — 182
Magnete — 182
Magnetfeld von Dauermagneten — 185
Magnetfeld von Elektromagneten — 186
Gleichstrommotor — 189
Ein Blick in die Natur Magnetfeld der Erde — 190
Projekt Elektromotor — 191
Umwelt Bedeutung elektrischer und
    magnetischer Felder für das Leben — 192
Entdeckung der elektrischen und
    magnetischen Felder — 192
Natürliche Felder — 192
Nieder- und hochfrequente Wechselfelder
    in der Technik — 193
Stärke von Feldern — 193
Gesundheitliche Schädigung durch Felder? — 194
Aufgaben — 196
Zusammenfassung — 197

REGISTER — 198

Energie in Natur und Technik

Energie ist aus unserem Leben nicht
mehr wegzudenken. Früher mussten sich die meisten
Menschen selbst anstrengen, wenn sie kochen oder waschen wollten,
den Acker pflügen oder in einen anderen Ort reisen mussten.
Heute werden uns alle diese Tätigkeiten des täglichen Lebens erleichtert
durch Energie, die uns z. B. durch elektrische Leitungen oder mit
dem Erdöl geliefert wird.
Nun brauchen wir uns um das Feuer in der Heizung kaum noch
zu kümmern und Maschinen nehmen uns schwere Arbeiten ab.
Meistens denken wir gar nicht darüber nach, woher die
Energie kommt und wie groß der Aufwand ist,
damit wir es so bequem haben.

Was ist Energie?

Wenn ein Fahrrad rollen soll, muss man in die Pedale treten. Besonders anstrengend ist es, wenn es bergauf geht. Dann muss man eine schwere Arbeit verrichten und gerät dabei ins Schwitzen.
Fahrradfahren macht hungrig. Unser Körper verlangt nach Energie, um solche Arbeit verrichten zu können.

Lampen und Geräte im Haushalt

Wenn es dunkel wird, schalten wir im Haus das Licht ein. Das Licht wird von elektrischen Lampen erzeugt. Früher benutzte man Petroleumlampen und Kerzen. In den Petroleumlampen verbrannte Petroleum. Nach einigen Stunden musste man neues Petroleum nachfüllen. In einer Kerze verbrennt Stearin.

In jedem Falle muss **Energie** zugeführt werden. Bei Petroleumlampen und Kerzen geschieht das durch Petroleum und Stearin, bei modernen Lampen durch den elektrischen Strom. Die Lampen und Kerzen wandeln die zugeführte Energie in Licht und Wärme um. Die Energie wird in Form von Licht und Wärme wieder abgegeben.

Auch andere Geräte und Maschinen im Haushalt benötigen Energie. Diesen Maschinen muss elektrische Energie zugeführt werden, damit sie arbeiten können. Sie schneiden Brot, rühren Kuchenteig und schlagen Eiweiß zu Eischnee. Beim Ausführen dieser Arbeiten geben sie an das Brot, den Teig und den Eischnee Energie ab. Mikrowellenherde und Infrarotstrahler erzeugen Wärme. Voraussetzung dafür, dass sie Wärme abgeben können, ist die Zufuhr von elektrischer Energie.

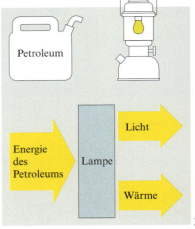

Arbeit

Bei der Renovierung eines Gebäudes befördert ein Bauaufzug Zement in die verschiedenen Etagen. Der Zement ist schwer, er hat ein großes Gewicht. Um ihn nach oben zu transportieren, ist Arbeit erforderlich. Diese Arbeit verrichtet ein Elektromotor. Er muss so lange arbeiten, bis sich der Aufzug in der entsprechenden Etage befindet. Sind es bis zur Etage 10 m, so muss der Motor 10 m Seil auf die Trommel aufwickeln. Diese schwere Arbeit kann auch von Menschen verrichtet werden. Auch sie müssen das Seil, an dem die Last hängt, 10 m nach oben bewegen.

Einen solchen Vorgang kann man mit einem Experiment nachvollziehen:

Elektrisch betriebener Bauaufzug

> **EXPERIMENT 1**
> 1. Befestige eine Rolle am oberen Ende eines langen Stativs!
> 2. Lege über die Rolle einen etwa 1 m langen Faden mit Schlaufen an den Enden!
> 3. Befestige an dem einen Ende einen schweren Körper (Stein, Holzklotz, Wägestück)!
> 4. Bringe am anderen Ende des Fadens einen Federkraftmesser an und ziehe damit den Körper langsam nach oben!
> 5. Beobachte dabei den zurückgelegten Weg und die vom Federkraftmesser angezeigte Kraft!

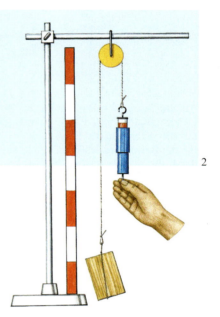

Hubarbeit. Die Arbeit, die zum Heben eines Körpers notwendig ist, nennt man Hubarbeit. Die Hubarbeit ist umso größer, je schwerer der Körper ist und je höher er gehoben wird. Zementsäcke sind sehr schwer. Deshalb muss der Bauaufzug auch eine große Arbeit verrichten. Dämmstoffplatten sind dagegen relativ leicht. Sollen sie nach oben befördert werden, so ist dafür nur eine kleinere Arbeit erforderlich. Je höher die Etage ist, bis zu der der Bauaufzug fährt, umso größer ist auch die verrichtete Arbeit. Damit der Motor diese Arbeit verrichten kann, muss ihm Energie zugeführt werden. Bei einem Elektromotor ist das elektrische Energie.

Verformungsarbeit. Um einen Bogen zu spannen (Bild 3), muss man sich anstrengen. Man muss Arbeit verrichten. Diese Arbeit nennt man Verformungsarbeit. Sie ist umso größer, je weiter die Sehne des Bogens ausgelenkt wird. Beim Spannen wird dem Bogen Energie zugeführt.
Die Energie des Bogens lässt sich daran erkennen, dass er den Pfeil in schnelle Bewegung versetzen kann. Dabei nimmt der Bogen wieder seine ursprüngliche Form an.
Andere Körper kehren nicht mehr in ihre ursprüngliche Form zurück. Wirft man z. B. eine Kugel aus Plastilina auf den Boden, so wird sie *dauerhaft* verformt und springt nicht wieder hoch. Ein Ball dagegen nimmt seine runde Form schnell wieder an und springt hoch.

Zum Spannen eines Bogens muss Arbeit verrichtet werden.

Geschwindigkeitsänderung von Körpern. Damit sich ein Fahrrad auf einem horizontalen Weg in Bewegung setzt, muss man kräftig in die Pedale treten und damit Arbeit verrichten. Beim Anfahren eines Autos gibt der Fahrer Gas. Dadurch wird dem Motor viel Energie zugeführt. Der Motor verrichtet eine große Arbeit, wenn sich der Pkw in Bewegung setzt.
Sollen Fahrrad oder Auto immer schneller werden, so muss weiterhin Arbeit verrichtet werden. Der Radfahrer bzw. der Automotor müssen weiter Energie an die Fahrzeuge abgeben.

Reibungsarbeit. Wenn ein Fahrrad mit gleichbleibender Geschwindigkeit fahren soll, muss ihm weiter Energie zugeführt werden. Anderenfalls verringert sich seine Geschwindigkeit. Die rollenden Räder und die Luft behindern die Bewegung. Das kann man mit folgendem Experiment untersuchen.

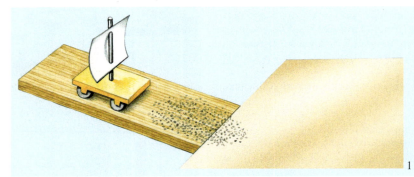

EXPERIMENT 2
1. Lass einen kleinen Wagen von einem schwach geneigten Brett auf eine Tischplatte rollen!
2. Wiederhole das Experiment, indem du auf die untere Hälfte des Brettes raues Papier legst oder etwas Sand streust!
3. Bringe schließlich auf dem Wagen einen Mast mit einem Papiersegel an, das senkrecht zur Bewegungsrichtung steht!

Auf der geneigten Bahn wird der Wagen immer schneller. Auf der rauen Unterlage und bei aufgesetztem Segel nimmt seine Geschwindigkeit aber nur im ersten Teil der Bewegung zu.
Bei der Bewegung des Wagens tritt ständig Reibung mit dem Boden und mit der Luft auf. Die Arbeit, die notwendig ist, um diese Reibung zu überwinden, nennt man Reibungsarbeit.
Durch Verrichten von Reibungsarbeit werden Fahrzeuge abgebremst. Wovon hängt es ab, wie viel Reibungsarbeit beim Abbremsen verrichtet werden muss? Lässt man eine rollende Kugel auf einen Klotz prallen, so wird der Klotz umso weiter verschoben, je größer die Masse der Kugel ist (Bild 3). Außerdem wird der Klotz umso weiter verschoben, je schneller die Kugel ist.
Je größer die Masse eines Körpers ist und je schneller er ist, desto mehr Arbeit ist zum Abbremsen des Körpers erforderlich.

Bremsscheibe nach langem, heftigem Bremsen

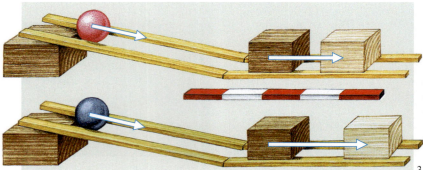

Durch Reibung entsteht Wärme. Beim Abbremsen eines Autos können sich durch Reibung die Bremsscheiben bis zum Glühen erhitzen (Bild 2).

Tritt eine Raumfähre bei ihrer Rückkehr zu Erde in die Atmosphäre ein, so erhitzt sich durch die Reibung mit der Luft ihre Unterseite sehr stark. Sie muss daher mit einem besonderen Hitzeschild ausgerüstet sein.

Arbeit wird verrichtet
- beim Heben und Verformen von Körpern,
- bei der Geschwindigkeitsänderung von Körpern,
- beim Überwinden von Reibung.

Energie als physikalische Größe

Wenn Maschinen Arbeit verrichten sollen, muss ihnen Energie zugeführt werden. Sollen Fahrzeuge in Bewegung versetzt oder in Bewegung gehalten werden, so ist ebenfalls Energie erforderlich. Diese Energie kann in verschiedenen Formen zugeführt werden:

- Beim Fahren eines Zuges verrichtet die elektrische Lokomotive Reibungsarbeit. Dazu muss durch ihre Elektromotoren Strom fließen.
- Beim Fahren eines Pkw verrichtet der Verbrennungsmotor Reibungsarbeit. Dazu benötigt der Motor Benzin.
- Presslufthämmer können Spannarbeit verrichten und Bewegungsänderungen hervorrufen, wenn ihnen Druckluft zugeführt wird.
- Den Dampfturbinen in einem Wärmekraftwerk wird heißer Wasserdampf unter hohem Druck zugeleitet. Sie treiben die Generatoren an.
- Auch Wasser- und Windturbinen verrichten Arbeit und erzeugen in Generatoren elektrische Energie. Voraussetzungen dafür sind strömendes Wasser bzw. Wind.

1 Antrieb durch elektrische Energie

Elektrischer Strom, Kraftstoff, Druckluft, Dampf, strömendes Wasser und Wind haben die Fähigkeit Arbeit zu verrichten. Sie besitzen Energie. Will man die Temperatur von Stoffen erhöhen, sie schmelzen oder verdampfen, benötigt man ebenfalls Energie. Das geschieht z. B. bei der Warmwasserheizung, im Hochofen und im Dampfkessel (Bild 2). Auch zum Beleuchten von Räumen und Straßen ist Energie erforderlich. Die verschiedenen Lampen senden Licht aus, wenn der elektrische Strom eingeschaltet ist.
Die Sonne gibt gleichzeitig Licht und Wärme ab.

> Energie ist die Fähigkeit, Arbeit zu verrichten, Wärme abzugeben oder Licht auszusenden.

2 Dampferzeugung in einer Dampflok

Formelzeichen und Einheiten der Energie. Als Formelzeichen für die Energie wurde E verabredet. Die Einheit der Energie ist Joule (sprich: dschul); sie wurde nach dem englischen Physiker JAMES PRESCOTT JOULE benannt. Das folgende Beispiel gibt eine Vorstellung davon, wie groß 1 Joule (1 J) ist:
1 J ist die Energie, die nötig ist, um eine Tafel Schokolade langsam um 1 m hochzuheben. Die Tafel Schokolade besitzt mit Verpackung eine Masse von $m = 102$ g (Bild 3).
In der Praxis werden meist größere Einheiten benutzt, das Kilojoule (kJ) und das Megajoule (MJ). Es gelten folgende Umrechnungsbeziehungen:

1 kJ = 1000 J
1 MJ = 1000 kJ = 1 000 000 J .

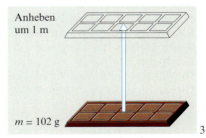

3 1 Joule

Eine weitere Einheit der Energie ist die Kilowattstunde (kW · h). Will man 10 Glühlampen mit einer Leistung von 100 W eine Stunde lang leuchten lassen, so wird dazu eine Energie von 1 kW · h benötigt. Zwischen Joule und Kilowattstunde besteht folgende Umrechnungsbeziehung:
1 kW · h = 3,6 MJ.

> Das Formelzeichen für die Energie ist E.
> Einheiten der Energie sind Joule (J) und Kilowattstunde (kW · h).

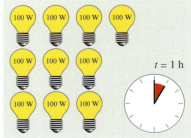

4 1 Kilowattstunde

Transportformen der Energie

Energiestrom Arbeit. Wenn auf der Autobahn neue Fahrspuren gebaut werden sollen, sind viele Erdarbeiten erforderlich. Die neu aufgebrachte Erde muss verdichtet werden, um einen festen Untergrund zu bilden. Zur Verdichtung der Erde benutzt man Rüttler. Im Rüttler bewegt ein Motor einen schweren Metallkörper auf einer Kreisbahn nach oben und unten. Dadurch wird der Rüttler schnell aufeinanderfolgend ein wenig nach oben und nach unten geschleudert.

Bei einem solchen Verrichten von Arbeit wird ständig Energie transportiert. Der Motor verrichtet Arbeit, indem er die Schwungmasse herumschleudert. Dabei wird Energie vom Motor auf den Rüttler übertragen. Die Rüttelplatte verrichtet beim Verdichten des Bodens Arbeit. Der Boden wird verformt. Bei diesem Vorgang fließt ein Energiestrom vom Rüttler zum Boden.

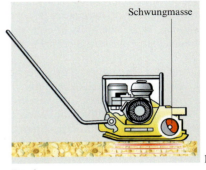
Rüttler

> Beim Verrichten von Arbeit wird Energie von einem Körper zu einem anderen Körper transportiert.

Energieströme werden häufig in so genannten Energieflussdiagrammen dargestellt:

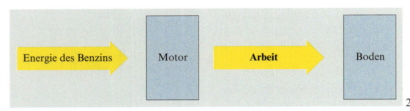

Energiestrom Licht. Die Sonne ist unsere größte Lichtquelle. Wenn sie morgens aufgeht, dann beleuchtet sie die ganze Landschaft. Das Sonnenlicht ermöglicht den meisten Pflanzen zu wachsen. Das Licht gelangt von der Sonne durch den Weltraum und die Lufthülle der Erde bis hin zur Erdoberfläche. Dabei wird Energie von der Sonne in Form des Lichtes zur Erde übertragen.

Die Pflanzen sind Lichtempfänger, sie nutzen das Licht für chemische Umwandlungen. Auch unsere Augen und die Filme in Fotokameras sind Lichtempfänger.

Die Pflanzen nehmen Energie von der Sonne auf.

> Energie kann in Form von Licht von der Lichtquelle zu einem Lichtempfänger transportiert werden.

Die elektrische Beleuchtung eines Raumes kann man mit folgendem Energieflussdiagramm darstellen:

Was ist Energie?

Energiestrom Wärme. Um eine Erkältung zu lindern, bestrahlen wir uns gelegentlich mit „Rotlicht"; wir setzen uns vor einen Infrarotstrahler (Bild 1). Die glühende Wendel im Strahler sendet *Wärmestrahlung* aus. Von der Wendel wird Energie in Form von Wärme zu unserem Körper transportiert.

Wärmestrahlung

Wärmeleitung

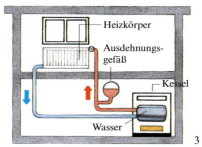
Wärmeströmung

Wärme kann nicht nur durch Strahlung übertragen werden. Beim Kochen steht der Topf auf der Herdplatte. Der Boden des Kochtopfes leitet die Wärme von der Herdplatte zur Speise im Topf. Die Energie wird durch *Wärmeleitung* von der heißen Herdplatte zur kälteren Speise übertragen. Eine dritte Form der Wärmeübertragung wird bei der Warmwasserheizung genutzt. Im Heizkessel wird das Wasser erwärmt. Vom Heizkessel strömt es durch Rohrleitungen in die Heizkörper. Dort gibt es die Wärme an die Zimmerluft ab. Diesen Vorgang nennt man *Wärmeströmung*. Hierbei wird die Energie durch das warme Wasser vom heißen Feuer unter dem Heizkessel zur kälteren Zimmerluft transportiert (Bilder 3 und 4).

Durch Wärmestrahlung, Wärmeleitung und Wärmeströmung wird Energie in Form von Wärme vom heißen zum kälteren Körper transportiert.

Energiestrom elektrische Energie. Unsere elektrische Energie kommt aus den Generatoren der Kraftwerke. Mit dem elektrischen Strom gelangt elektrische Energie in unsere Wohnungen zu den Geräten.

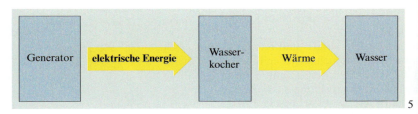

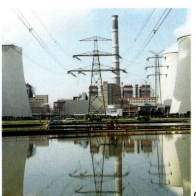
Transport von elektrischer Energie

Wenn ein elektrischer Strom fließt, wird elektrische Energie von dem Erzeuger (Generator, Batterie) zum elektrischen Gerät transportiert.

Speicherung von Energie

Energiequellen in der Natur. Die wichtigsten von den Menschen direkt genutzten Eneregiequellen in der Natur sind Braun- und Steinkohle, Erdöl und Erdgas. In Kraftwerken wird aus ihnen elektrische Energie gewonnen, in Heizwerken Wärme. Für den Antrieb von Fahrzeugen aller Art wird aus Erdöl Benzin und Dieselkraftstoff hergestellt. In all diesen Stoffen ist **chemische Energie** gespeichert. Sie wird beim Verbrennen in **thermische Energie** umgewandelt. Der Vorteil dieser Stoffe besteht darin, dass in ihnen die chemische Energie sehr einfach und beliebig lange aufbewahrt werden kann.

Speicherung von Erdölprodukten

Heizwert. Brennstoffe werden nicht nur für unterschiedliche Zwecke eingesetzt, sondern sie geben auch beim Verbrennen unterschiedlich viel Wärme ab. Dies lässt sich in einem Experiment untersuchen.

EXPERIMENT 3
In zwei gleich großen Bechergläsern befindet sich jeweils gleich viel Wasser derselben Temperatur. Unter jedes Becherglas stellt man eine kleine Porzellanschale mit einem Wattebausch. In die eine Schale bringt man 1 g Spiritus, in die andere 1 g Benzin. Die Flüssigkeiten werden angezündet.
Nachdem die Flüssigkeiten verbrannt sind, wird in beiden Bechergläsern die Temperatur gemessen.

Das mit Benzin erwärmte Wasser erreicht eine höhere Temperatur. Beim Verbrennen gibt 1 g Benzin mehr Wärme ab als die gleiche Menge Spiritus. Benzin besitzt den größeren Heizwert. Das Formelzeichen für die physikalische Größe Heizwert ist H.

> Der Heizwert eines Brennstoffes kennzeichnet, wie viel thermische Energie dieser Stoff beim Verbrennen abgibt.
> Die Einheit für den Heizwert ist Joule je Kilogramm (J/kg).

Heizwerte einiger Stoffe in MJ/kg

Braunkohle	10
Holz, trocken	15
Briketts	20
Steinkohle	30
Spiritus	39
Heizöl	42
Benzin	50

In der Tabelle sind die Heizwerte verschiedener Stoffe zusammengestellt. Stoffe, die viel Wasser enthalten, wie z. B. feuchtes Holz und feuchte Braunkohle, besitzen einen geringen Heizwert. So hat auch Spiritus einen geringeren Heizwert als reiner Alkohol, denn Spiritus enthält etwa 8 % Wasser. Schließlich ist der Heizwert von solchen Stoffen niedrig, bei deren Verbrennung viel Asche entsteht.

Lageenergie. Beim Anheben eines Körpers muss Arbeit verrichtet werden (siehe S. 9). Danach besitzt dieser Körper Lageenergie. Sie ist umso größer, je höher die Lage ist und je schwerer der Körper ist.
Elektrische Energie wird zum größten Teil durch Kohle- und Kernkraftwerke erzeugt. Es wird von den Verbrauchern aber nicht zu jeder Tageszeit immer die gleiche Menge benötigt. Überschüssige Energie kann in einem **Pumpspeicherwerk** gespeichert werden. Mithilfe von Pumpen, die Wasser in ein hoch gelegenes Speicherbecken befördern, wird elektrische Energie in Lageenergie des Wassers umgewandelt.
Wenn von den Verbrauchern besonders viel Energie benötigt wird, lässt man das Wasser wieder hinabströmen und treibt damit Generatoren an. Dabei wird dann die Lageenergie in elektrische Energie umgewandelt.

Pumpspeicherwerk

Was ist Energie?

Spannenergie. Beim Aufziehen einer mechanischen Uhr wird eine Feder gespannt, es wird Spannarbeit verrichtet. Die gespannte Feder besitzt Spannenergie. Die Spannenergie wird nach und nach zum Betreiben des Uhrwerkes eingesetzt.

Bewegungsenergie. Jeder Körper, der in Bewegung ist, besitzt Bewegungsenergie. Diese ist umso größer, je schneller sich der Körper bewegt und je schwerer er ist. Bei alten Dampfmaschinen bewegen sich die großen Kolben- und Zylinderstangen hin und her und drehen ein riesiges Schwungrad. Durch seine große Masse besitzt das rotierende Schwungrad sehr viel Bewegungsenergie. Diese Energie hält die Maschine auch dann in gleichmäßiger Bewegung, wenn der Dampf gerade keine Arbeit verrichtet. Lageenergie, Spannenergie und Bewegungsenergie, stellen unterschiedliche Formen **mechanischer Energie** dar.

Modell-Dampfmaschine im Betrieb

Thermische Energie. Körper mit hoher Temperatur können an Körper mit niedriger Temperatur Wärme abgeben. Körper mit hoher Temperatur besitzen viel thermische Energie. Um thermische Energie eines heißen Körpers zu speichern, muss man den Körper von der kühleren Umgebung isolieren. Dazu verwendet man besondere Thermosgefäße (Bild 2).

Akkumulatoren und galvanische Elemente. In Taschenlampen, elektrischen Uhren und vielen Spielzeugen werden so genannte galvanische Elemente verwendet. Du kennst sie in Form von Monozellen, 9-Volt-Blöcken und Flachbatterien (Bild 3). In den galvanischen Elementen ist chemische Energie gespeichert. Sie können unabhängig von einer Steckdose überall elektrischen Strom liefern. Dabei wird chemische in elektrische Energie umgewandelt.

Der Nachteil der galvanischen Elemente besteht darin, dass sie nach der Abgabe der Energie nicht mehr verwendet werden können. Deshalb benutzt man immer häufiger Akkumulatoren. Wenn sie ihre Energie abgegeben haben, können sie mit einem Ladegerät wieder aufgeladen werden (Bild 4). Besonders große Akkumulatoren werden in Kraftfahrzeugen verwendet (Bild 5). Um den Motor zu starten, müssen sie in kurzer Zeit sehr viel elektrische Energie liefern.

Speicherung von thermischer Energie

Galvanische Elemente

Akkumulatoren im Ladegerät

Akkumulator eines Autos

> Energie kann in Form von mechanischer Energie, thermischer Energie und chemischer Energie gespeichert werden.

Energie für Lebensprozesse

Energieaufnahme bei Menschen und Tieren. Menschen und Tiere brauchen Energie, damit die Lebensvorgänge im Körper ablaufen können und damit sie sich bewegen können. Außerdem muss die Körpertemperatur aufrechterhalten werden. Wir nehmen die Energie mit unserer Nahrung in Form von chemischer Energie auf. Die chemische Energie wird in unserem Körper umgewandelt. Dabei verrichten wir Arbeit oder erzeugen unsere Körperwärme. So wie bei den Brennstoffen die Heizwerte angegeben werden, gibt man bei Nahrungsmitteln die Nährwerte an.

> Menschen nehmen mit dem Essen und Trinken Energie auf, die für das Aufrechterhalten der Körpertemperatur, die Bewegung sowie andere Lebensvorgänge benötigt wird.

Nährwerte einiger Nahrungsmittel in kJ/kg	
Gurke	500
Weißkohl	1 000
Apfel	2 000
Vollmilch	2 700
Kartoffeln	3 200
Nudeln, gekocht	4 900
Karpfen	6 000
Hühnerfleisch	6 000
Schweinefleisch, mager	6 000
Weißbrot	11 000
Weizenmehl	14 000
Reis	15 000
Zucker	17 000
Schweinefleisch, fett	17 000
Schokolade	24 000
Erdnüsse	26 000
Butter	30 000
Öl	39 000

1

Energieaufnahme bei Pflanzen. Pflanzen nehmen mit den Wurzeln Wasser und verschiedene Salze auf. Diese gelangen bis in die Blätter und Früchte. Dort erfolgt die Energiezufuhr durch das Sonnenlicht. Mithilfe des Blattgrüns (Chlorophylls) werden u. a. Stärke, Zucker und Zellulose gebildet. Die Pflanze wächst. Die aufgenommene Energie des Sonnenlichts wird auf diese Weise gespeichert. Diese Energie kann später bei der Nahrungsaufnahme von Menschen oder Tieren, aber auch beim direkten Verbrennen in andere Energieformen umgewandelt werden.

> Pflanzen nehmen Energie in Form von Sonnenlicht auf und wandeln mithilfe des Blattgrüns Nährstoffe aus dem Boden und Kohlenstoffdioxid aus der Luft in Stärke, Zucker und Zellulose um.

2 Nährwertangaben auf einer Lebensmittelverpackung

3

Wärmequelle Mensch – Grundumsatz. Bei den Stoffumwandlungen in unserem Körper wird die Energie der Nährstoffe vor allem in Wärme umgewandelt. Diese Wärme wird an die Umgebung abgegeben. Im Ruhezustand sind das bei einem Erwachsenen etwa 100 Joule pro Sekunde. Diesen Wert bezeichnet man als Grundumsatz. Er entspricht der Wärmeabgabe einer großen Glühlampe (100 W).

> In Ruhe gibt der Mensch pro Sekunde eine Energie von etwa 100 J ab.

Übrigens

Die Wärmeabgabe von Menschen ist bei der Konstruktion von Gebäuden zu berücksichtigen, in denen sich viele Menschen aufhalten. Eine große Sporthalle mit 10 000 Sitzplätzen muss mit einer sehr leistungsfähigen Klimaanlage ausgestattet werden: 10 000 Menschen erzeugen so viel Wärme wie 1000 Heizlüfter!

Was ist Energie?

Wie viel Nahrung braucht der Mensch? Wenn wir uns den ganzen Tag überhaupt nicht bewegen würden, entspräche unser Energiebedarf genau dem Grundumsatz. Ein Tag hat $3\,600 \times 24$ Sekunden $= 86\,400$ Sekunden. Der Energiebedarf betrüge also $8\,640$ kJ.

Wenn wir schlafen, verbrauchen wir etwas weniger Energie pro Zeit als 100 J/s, wenn wir dagegen arbeiten oder Sport treiben, erheblich mehr. Die entsprechenden Werte werden als auch als „Leistungsumsatz" bezeichnet. Der Energiebedarf des Körpers hängt außerdem vom Alter ab: Kinder und Jugendliche im Wachstum brauchen, bezogen auf das Körpergewicht, mehr Energie als Erwachsene.

Wenn wir durch die Nahrung mehr Energie aufnehmen, als wir für die Arbeit verbrauchen, legt unser Körper „Reserven" an. Er speichert die Energie. Um beispielsweise 10 000 kJ zu speichern, setzt der Körper 250 g Fett an. Die Energiezufuhr muss daher auf den wirklichen Bedarf abgestimmt sein.

Leistungsumsatz: Energiebedarf pro Zeit bei verschiedenen Tätigkeiten in J/s	
Schlafen	60 bis 80
Liegen (Grundumsatz)	etwa 100
Stehen	140
Bügeln	300
Gehen (6 km/h)	200 bis 400
Radfahren (20 km/h)	400 bis 800
Schwimmen	300 bis 800
Sägen	600 bis 900
Bäume fällen	500 bis 1 400

Tätigkeit mit sehr geringem Energiebedarf

Vorbereitung auf einen großen Energiebedarf

Möglichkeit zum Abbau von Energiereserven

Energie auf dem Wege zum Verbraucher

Energie von der Sonne. Die Sonne ist für die Erde die wichtigste Energiequelle. Auf jeden Quadratmeter, der senkrecht von der Sonne beschienen wird, trifft bei klarem Himmel eine Energie von 1000 J/s auf. Das entspricht der Wärmeabgabe eines Tauchsieders oder eines Heizlüfters (1000 W).

Die Sonnenenergie durchdringt als Licht und Wärmestrahlung den leeren Raum zwischen Sonne und Erde. Beim Durchgang durch die Lufthülle der Erde wird sie teilweise behindert. Trifft die Wärmestrahlung auf die Erdoberfläche, so erwärmt sich diese und überträgt die Wärme an die Lufthülle.

Dadurch entsteht für das Leben von Menschen, Tieren und Pflanzen ein günstiges Klima. Von den Pflanzen wird die Sonnenenergie genutzt, um Nährstoffe bzw. Brennstoffe zu bilden. Diese können als Nahrungsmittel bzw. Biomasse von den Menschen verwendet werden.

In unsere Häuser gelangt die Energie der Sonne auf verschiedenen Wegen. Durch die Fenster der Häuser dringen Licht und Wärmestrahlung in die Zimmer ein. Im Frühjahr, Sommer und Herbst gelangt auch die von der Sonne erwärmte Luft ins Innere der Häuser. Sonnenkollektoren auf den Dächern können dafür sorgen, dass noch mehr Wärme in die Häuser gelangt (siehe S. 138).

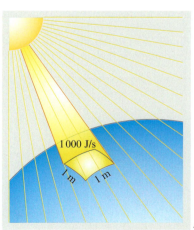
Auf einen Quadratmeter der Erdoberfläche trifft jede Sekunde eine Energie von 1 kJ auf.

Transport von Brennstoffen. Bevor Erdöl und Erdgas in die Tanks der Häuser gelangen, haben sie oft einen Weg von vielen tausend Kilometern in Rohrleitungen oder in Tankern zurückgelegt. Aber der Transport der wertvollen Brennstoffe lohnt sich. Braunkohle hat dagegen einen relativ kleinen Heizwert (siehe S. 14). Um Transportkosten zu sparen, baut man die Kohlekraftwerke möglichst in der Nähe der Abbaustätten (Bild 1).

Transport von elektrischer Energie. Mithilfe elektrischer Leitungen wird die elektrische Energie zu den Häusern transportiert. Große Entfernungen werden dabei mit so genannten Hochspannungsleitungen überwunden, in denen die Verluste besonders gering sind. In Umspannwerken und Transformatorstationen (Bild 2) wird die Spannung auf 230 V reduziert und damit für unsere Haushaltsgeräte nutzbar.

Energieströme in der Natur. Durch die starke Sonnenstrahlung hat das Wasser in den tropischen Meeren zum Teil eine Temperatur von über 25 °C. Dadurch ist sehr viel Energie in den Meeren gespeichert. Auch die Luft wird in diesen Gebieten stark erwärmt.
Warme Luft und warmes Wasser strömen in andere Regionen und übertragen dabei die Wärme. Mit dem Wind kann die Wärme sehr schnell übertragen werden. So kann plötzlich einströmende Warmluft in weiten Teilen Deutschlands über Nacht den Schnee zum Schmelzen bringen.
Auch im Wasser treten Strömungen auf. Von den großen Meeresströmen ist für uns der Golfstrom von besonderer Bedeutung (Bild 3). Er sorgt im mittleren und nördlichen Teil Europas für ein relativ mildes Klima.

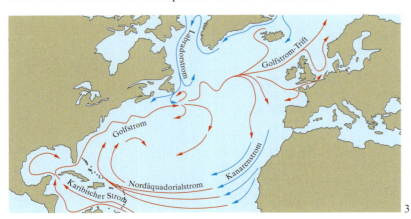

Schon gewusst?

Auch in Deutschland erwärmen sich die Seen im Sommer auf relativ hohe Temperaturen. Wenn es dann im Herbst kälter wird, geben sie Wärme an die Umgebung ab. Dadurch ist es in der Nähe solcher Seen milder als in größerer Entfernung von ihnen. Man spricht dann von einem milden *Mikroklima*.

Was ist Energie?

Kraftwerke und Umweltbelastung

Die chemische Energie von Kohle, Erdöl und Erdgas kann durch Verbrennen leicht in thermische Energie umgewandelt werden. In den Wärmekraftwerken wandeln dann Turbinen und Generatoren die thermische Energie zunächst in mechanische und schließlich in elektrische Energie um. Umweltschäden entstehen vor allem durch die Verbrennungsgase. Außerdem wird die Umwelt durch das Abbauen von Kohle in Tagebauen und das Anlegen von Abraumhalden beeinträchtigt.

Auch Kernkraftwerke sind Wärmekraftwerke. In ihnen entsteht thermische Energie dadurch, dass Atomkerne gespalten werden. Dabei entstehen neue Stoffe, die noch sehr lange gefährliche Kernstrahlung aussenden. Diese Stoffe dürfen nicht in die Umwelt gelangen. Die verbrauchten „Brennstäbe" eines Kernkraftwerkes müssen für sehr lange Zeit sicher gelagert werden. Wegen dieser Nachteile bemühen sich Physiker und Techniker in aller Welt um die Erschließung neuer, umweltfreundlicher Energiequellen.

Kernkraftwerk

Wasserkraftwerke. Der wichtigste alternative Energieträger ist zurzeit das Wasser. Seine Lageenergie und seine Bewegungsenergie werden schon seit Jahrtausenden genutzt. In bergigen Ländern wie in Norwegen oder in der Schweiz wird fast die gesamte elektrische Energie in Wasserkraftwerken erzeugt. In Deutschland wird von Wasserkraftwerken nur etwa 4,1% der elektrischen Energie bereitgestellt. Neue große Wasserkraftwerke entstehen fast ausschließlich in wenig industrialisierten Ländern, in denen noch der Bau großer Staudämme möglich ist.

Windpark

Windkraftwerke. Eine wichtige alternative Energiequelle ist für Deutschland der Wind. Die Zahl der Windturbinen und ihre Gesamtleistung ist in den letzten Jahren stark gestiegen (Bild 3), im Jahr 2000 wurden 1,5 % der Elektroenergie von Windturbinen bereitgestellt. Ein wesentlicher Vorteil der Windturbinen besteht darin, dass der Wind – wenn auch unregelmäßig – Tag und Nacht und zu jeder Jahreszeit weht.

Natürlich haben auch die Windkraftwerke Nachteile. Da sie an höher gelegenen Stellen aufgestellt werden müssen, sind sie weithin sichtbar und verändern damit das Bild der Landschaft. Sie können Lärm verursachen, und Vögel können bei ihrer Brut oder Rast gestört werden.

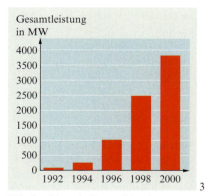

Windturbinen in Deutschland

Sonnenkraftwerke. Die Umwandlung der Energie der Sonnenstrahlung in elektrische Energie ist auf zwei Wegen möglich. Der erste besteht darin, dass man die Sonnenstrahlung mit einem großen Hohlspiegel sammelt. In dessen Brennpunkt ist ein Dampfkessel (der mit einer Turbine verbunden ist) oder ein Heißluftmotor angeordnet. Dampfkessel oder Heißluftmotor werden durch die Sonnenstrahlung erhitzt und treiben einen Generator an, der die mechanische Energie in elektrische Energie umwandelt. Solche Hohlspiegel haben jedoch den Nachteil, dass sie gedreht und geneigt werden müssen, damit die Sonnenstrahlung immer parallel zur optischen Achse einfällt.

Der zweite Weg zur Umwandlung der Energie der Sonnenstrahlung in elektrische Energie besteht in der Verwendung von Solarzellen. Sie brauchen nicht dem Sonnenstand nachgeführt zu werden. Ein solches Sonnenkraftwerk ist am Neurather See an den Hang eines ehemaligen Braunkohletagebaus montiert (Bild 4). Die Solarzellen liefern die elektrische Energie zur Versorgung von 70 Haushalten. Solche Sonnenkraftwerke erfordern eine sehr große Fläche. Auf dieser Fläche ist kein Pflanzenwuchs möglich. Die Solarmodule am Neurather See nehmen 8 000 m^2 ein.

Sonnenkraftwerk am Neurather See

Rationelle Nutzung von Energie

Der Energiebedarf in Deutschland

Die Bundesrepublik Deutschland gehört zu den Ländern der Erde, die einen großen Energiebedarf besitzen.
Ursachen dafür sind
- die besondere Struktur der deutschen Industrie,
- die große Anzahl der Pkw und Lkw,
- die vielen elektrischen Geräte in den Haushalten und
- das Klima in Deutschland (lange Heizperiode).

Wegen dieses hohen Energiebedarfs kommt es in Deutschland zu einer besonders starken Belastung der Umwelt. Die Schornsteine der Industriebetriebe und Haushalte sowie die Auspuffe der Fahrzeug stoßen große Mengen von Verbrennungsgasen aus. Neben Kohlenstoffdioxid, das sich negativ auf das Klima auswirkt, entstehen Schadstoffe sowie große Mengen von Asche und Schlacke.
Etwa 30% der Elektroenergie werden in Deutschland von Kernkraftwerken bereitgestellt (Bild 1). Damit sind nicht nur zusätzliche Gefahren verbunden; es treten auch zunehmend Probleme bei der Lagerung des radioaktiven Abfalls auf.

Alternative Energiequellen spielen in Deutschland noch immer eine untergeordnete Rolle. Trotz der intensiven Bemühungen um deren stärkere Nutzung wird geschätzt, dass bis zum Jahre 2020 ihr Anteil an der Energiebereitstellung in Deutschland nur maximal 10% betragen wird. Aber bereits um dieses Ziel zu erreichen, sind große Anstrengungen notwendig.

> Die Nutzung von Energie führt zu Umweltbelastungen. Um diese gering zu halten, gibt es zwei wesentliche Möglichkeiten:
> 1. Man muss die zur Verfügung stehende Energie sinnvoll nutzen.
> 2. Man muss sparsam mit der Energie umgehen

Sinnvolle Nutzung der vorhandenen Energie

Nutzung nachwachsender Brennstoffe. Unsere Wälder werden bewirtschaftet und unsere Felder werden bestellt. Die Pflanzen wandeln die Sonnenenergie mit ihrem Chlorophyll in chemische Energie um. Aus Wasser und Kohlenstoffdioxid entstehen organische Stoffe wie z. B. Stärke, Zucker und Zellulose.
Auf diese Weise wird z. B. auf einem Getreidefeld von 1 ha (100 m × 100 m) pro Tag eine chemische Energie von etwa 5 GJ gespeichert. Würde die Hälfte dieser Energie in elektrische Energie umgewandelt, so könnte damit ein 1000-W-Tauchsieder 30 Tage lang betrieben werden. Wenn das Stroh nicht für andere Zwecke benötigt wird, kann man es in einem Strohkraftwerk verbrennen.
Die Biologen suchen nach weiteren Pflanzen, die bei schnellerem Wachstum eine möglichst große brennbare Biomasse liefern. So werden z. B. in der Versuchsanstalt in Großbeeren Experimente mit Chinaschilf durchgeführt, das du vielleicht aus dem Garten kennst. Es hat den Vorteil, dass es nicht in jedem Jahr neu gepflanzt werden muss. Auch der Boden muss nicht bearbeitet werden.

Pro-Kopf-Verbrauch an Energie in einigen Ländern/Kontinenten in GJ/Jahr

USA	331
Kanada	329
Schweden	237
Australien	228
Niederlande	199
Deutschland	174
Frankreich	174
Dänemark	167
Japan	166
Großbritannien	159
Italien	118
Spanien	111
Afrika (gesamt)	13

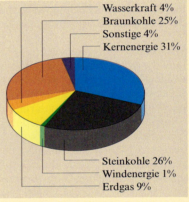

1 Anteile der Energieträger an der Elektroenergieproduktion in Deutschland

Was ist Energie?

Man kann auch Früchte speziell zur Erzeugung der so genannten Bioenergie anbauen. Hierfür ist besonders Raps geeignet. Aus dem Rapsöl wird dann ein Kraftstoff für den Antrieb von Dieselmotoren hergestellt, den man Biodiesel nennt (Bild 1).

Biogas und Deponiegas. In Tierintensivhaltungen (z. B. von Rindern, Schweinen und Hühnern) fallen große Mengen organischer Stoffe an. Diese kann man zur Erzeugung von Biogas nutzen. Dazu bringt man die Ausscheidungen der Tiere und das Streumaterial in den Ställen (meist Stroh) sowie Futtermittelreste gemeinsam mit Wasser in große Tanks (Bild 2). Dort erzeugen Bakterien aus den organischen Stoffen das Gas Methan. Die chemische Energie dieses Biogases wird durch Verbrennen in thermische Energie umgewandelt, die vor allem bei der Futterzubereitung und zur Heizung verwendet wird.

Methan entsteht auch in den Deponien, auf denen Holz- oder Papierreste sowie anderer Haushaltsmüll abgelagert werden. Die Deponien werden mit Kunststofffolien abgedeckt. Das Gas wird aus Bohrungen abgesaugt. Dieses so genannte Deponiegas kann z. B. zum Heizen verwendet werden.

Müllverbrennungsanlagen. Mit dem Lebensstandard der Menschen nimmt in der Regel auch die Menge des Mülls zu, den sie hinterlassen. In Deutschland fällt in jedem Haushalt durchschnittlich eine Tonne Abfall pro Jahr an. Dieser Abfall muss nicht auf Deponien gebracht werden, man kann aus ihm in Müllverbrennungskraftwerken thermische und schließlich elektrische Energie gewinnen. Ein Vorteil der Müllverbrennung besteht darin, dass dadurch das Volumen des Abfalls auf ein Zehntel zusammenschrumpft. Dadurch sind Transport und Ablagerung auf den Deponien besser möglich.

Müllverbrennungsanlagen gibt es in vielen Städten. Wegen des hohen Anteils an Kunststoffen entstehen jedoch beim Verbrennen gefährliche Schadstoffe (z. B. Dioxine). Deshalb gibt es viele Gegner der Müllverbrennung. Um die Schadstoffe aus den Rauchgasen zu entfernen, sind komplizierte Anlagen erforderlich.

Elektrizitätsverbundnetze. Der Bedarf an Elektroenergie schwankt während eines Tages sehr stark. Um die Mittagszeit liegt die so genannte Spitzenlast in Form der Mittagsspitze vor. Weitere Spitzen treten frühmorgens und abends auf. Ein rationeller Umgang mit elektrischer Energie ist auch dadurch möglich, dass man Kraftwerke miteinander verbindet, die in verschiedenen Ländern liegen. In Ländern, die weiter östlich liegen, ist die Zeit der Spitzenlast eine andere als in Ländern, die weiter westlich liegen, da die Tageszeiten gegeneinander verschoben sind.

Durch Verbundnetze kann die Elektroenergie je nach Bedarf hin und hergeleitet werden (Bild 3). Wenn ein Kraftwerk an einem Ort „überschüssige" Energie bereitstellt, kann diese woanders genutzt werden. Durch Nutzung der Verbundnetze kann die Leistung der Kraftwerke insgesamt etwas kleiner gehalten werden.

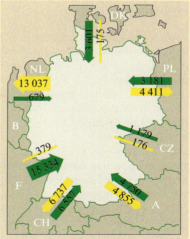

Jährlicher Austausch von Elektroenergie im Verbundnetz (in GW · h)

AUFGABEN

1. Welche Vorteile haben nachwachsende Brennstoffe?
2. Nenne Pflanzen, aus denen man Brennstoffe gewinnen kann!
Welche Vorzüge und Nachteile haben die einzelnen Pflanzenarten?
3. Dieselkraftstoff kann z. B. aus Erdöl oder aus Rapsöl hergestellt werden. Welche Vorzüge hat die Gewinnung aus Ölfrüchten?
4. Unterbreite Vorschläge, wie man die einzelnen Bestandteile des Mülls noch besser verwerten kann!

Sparsamer Umgang mit Energie

Die wichtigste Möglichkeit, Umweltbelastungen gering zu halten, besteht im Einsparen von Energie.
Auf welchen Wegen lässt sich das erreichen?

Energieeinsparung durch technische Verbesserungen in der Industrie. In vielen veralteten Industriebetrieben wird die Energie noch nicht sinnvoll genug genutzt. Die Wirkungsgrade der Maschinen sind zu klein (vgl. Seite 26). Viel thermische Energie wird als Abwärme an die Umgebung abgegeben, die für andere Zwecke, z. B. für die Heizung, genutzt werden könnte. Auch durch noch stärkeres Wiederverwerten alter Erzeugnisse können große Mengen Energie eingespart werden. Die Wiederaufbereitung von verschiedensten Materialien, vor allem von Metallen, Gläsern und Kunststoffen, nützt der Umwelt, weil dadurch die Mülldeponien entlastet werden. Die Wiederaufbereitung erfordert auch viel weniger Energie als die Neuherstellung aus Rohstoffen (Bild 1).

Rohstoffe sparen heißt Energie sparen.

Energieeinsparung im Verkehr. Die Autoindustrie entwickelt von Jahr zu Jahr Fahrzeuge mit geringerem Benzinverbrauch. Die Fahrzeuge werden leichter und windschlüpfriger, ihre Motoren haben einen größeren Wirkungsgrad als früher. Die Käufer sollten darüber nachdenken, wie groß ihr Auto unbedingt sein muss.
Auch der Staat kann durch höhere Steuern für Mineralöl und Autos mit großem Hubraum auf die Menschen einwirken, umweltfreundlichere Autos zu kaufen. Weiterhin sollte die Benutzung der öffentlichen Verkehrsmittel gefördert werden (siehe Tabelle). Damit möglichst viele Menschen auf die öffentlichen Verkehrsmittel umsteigen, müssen diese schnell, bequem und preiswert sein.

Energiebedarf im Personenverkehr	
Transportmittel	Energie in kJ pro km und Person
Eisenbahn (Fernverkehr)	340
S-Bahn	380
Straßenbahn	470
Bus	610
Eisenbahn (Nahverkehr)	1090
Motorrad	1370
Flugzeug (Auslandsflug)	1730
Pkw (mit 1 Person besetzt)	2320

Energieeinsparung durch bessere Wärmedämmung. In den deutschen Haushalten wird drei Viertel der Energie für die Heizung benötigt. Damit die Wärme nicht so leicht aus dem Haus ins Freie gelangt, muss man beim Bau der Häuser stark wärmedämmende Materialien einsetzen. Insbesondere in den östlichen Bundesländern ist das in der Vergangenheit zu wenig beachtet worden. Deshalb werden jetzt die Häuser zur besseren Wärmedämmung mit zusätzlichen Schichten aus Mineralwolle oder Schaumstoffen umgeben.

Energieeinsparung durch persönliches Verhalten. Neben diesen Maßnahmen kann jeder Einzelne einen Beitrag zur Energieeinsparung leisten. Du selbst kannst besonders viel Energie bei der Warmwasserbereitung, also beim Kochen, Baden und Heizen einsparen.
- Bereite beim Kochen nur so viel heißes Wasser, wie du auch tatsächlich benötigst!
- Eine Kochplatte wärmt noch nach. Schalte sie deshalb zeitig genug aus oder nutze die Restwärme z. B. zum Erhitzen von Wasser!
- Gehe im Bad besonders sparsam mit heißen Wasser um! Die Energie für ein Vollbad reicht aus, um eine Energiesparlampe 12 Tage und Nächte ununterbrochen brennen zu lassen. Beim Duschen braucht man nur etwa ein Zehntel dieser Energie (Bild 2).
- Heize nur so stark, wie es unbedingt notwendig ist. Schalte die Heizung nur dann ein, wenn du dich in deinem Zimmer aufhältst!
- Öffne im Winter das Fenster zum Lüften sehr weit – aber nur etwa 1 Minute, damit das Zimmer nicht auskühlt!

Was ist Energie?

Auch lohnt es sich, darauf zu achten, wie viel Energie von verschiedenen elektrischen Geräten benötigt wird.

Lampen, die über längere Zeit eingeschaltet bleiben, sollten keine Glühlampen sein! Es gibt Energiesparlampen, die zum Erzeugen der gleichen Lichtmenge nur 1/6 der elektrischen Energie benötigen (Bild 2).

Bei *Waschmaschinen* gibt es solche mit besonders geringem Wasserverbrauch. In ihnen wird weniger Wasser erwärmt und daher weniger elektrische Energie benötigt. Außerdem muss Wäsche nicht immer bei der angegebenen Höchsttemperatur gewaschen werden. „Kochwäsche" wird oft auch schon bei 60 °C sauber.

Weiterhin gibt es seit einiger Zeit *Kühlschränke und Kühltruhen* mit besonders guter Wärmedämmung. Veraltete Modelle führen oft zu einem unnötig hohen Energiebedarf, denn in der Regel laufen diese Geräte 365 Tage im Jahr.

Ähnlich ist es mit allen Geräten, die im so genannten *Standby-Betrieb* (Bereitschaftsbetrieb) eingeschaltet sind. Auch wenn sie gar nicht benötigt werden, brauchen sie viel elektrische Energie. Für manches Videogerät, das im Standby-Betrieb eingeschaltet ist, müssen in einem Wärmekraftwerk 20 kg Kohle pro Jahr verbrannt werden – und dafür zahlt man dann immerhin etwa 20 €.

Für Dauerbetrieb sollten stets Energiesparlampen eingesetzt werden.

AUFGABEN

1. Es gibt viele Möglichkeiten, Energie zu sparen. Auf welche Weise kannst du dazu beitragen? Denke an dein Verhalten in der Küche, im Bad und in deinem Zimmer!
2. Wo könnte man in eurer Schule Energie sparen?
3. Erläutere, weshalb durch sparsamen Umgang mit Rohstoffen auch Energie gespart werden kann. Welche Materialien sind für das Recycling besonders geeignet? Welche weiteren Vorteile bringt die Wiederverwertung mit sich?
4. Wie viele Personen müsst ihr im Pkw sein, damit ihr nicht mehr Energie als bei einer Fahrt mit der Straßenbahn benötigt?
5. Erhitze je 0,5 l Wasser auf verschiedene Weise bis zum Sieden. Verwende unterschiedlich große Herdplatten und Töpfe sowie einen Tauchsieder bzw. Wasserkocher. Miss die jeweils eingesetzte Energie mit dem Elektrizitätszähler!
(Dazu müssen aber alle anderen Geräte abgeschaltet sein.)

AUFGABEN

1. Nenne verschiedene Arten der Arbeit und beschreibe für jede ein Beispiel!
2. Begründe, dass ein Gebirgssee, ein überhängendes Gletscherstück, eine Schnee- und eine Gerölllawine Energie besitzen!
3. Woran kann man beim Kochen und Braten erkennen, dass die heiße Herdplatte und die Backröhre thermische Energie besitzen?
4. Nenne Küchengeräte und die Energieformen, die jeweils für ihren Betrieb erforderlich sind!
5. Du hast eine elektrische Eisenbahn, ein Rückstoßboot mit Kerzenantrieb, ein Auto mit Schwungradantrieb und ein Schiff mit Federantrieb. Welche Energieformen werden in diesen Spielzeugen genutzt?
6. Kuckucksuhren werden von „Gewichten" angetrieben. Bei einem alten Wecker wird eine Feder aufgezogen, moderne Uhren arbeiten mit Monozellen. Welche Energieformen treten auf?
7. Bei Windkraftwerken trifft Wind auf die Rotorblätter, bei Wasserkraftwerken Wasser auf die Turbinenschaufeln. Bei Wärmekraftwerken gelangt Dampf in die Turbinen. Bei manchen Sonnenkraftwerken reflektiert ein Hohlspiegel Wärmestrahlung zum Heizkessel, bei anderen trifft das Licht auf Solarzellen. Welche Energieformen werden bei den einzelnen Anlagen genutzt?
8. Nenne verschiedene Möglichkeiten zur Speicherung von Energie und beschreibe für jede ein Beispiel!
9. Nenne die Vorteile folgender Maßnahmen:
   – Nutzung nachwachsender Rohstoffe,
   – Rückgewinnung von Energie aus Abfällen,
   – Installation von Sonnenkollektoren auf Dächern,
   – Nutzung von Energieverbundnetzen,
   – Nutzung von Solarstrom-Anlagen.

Solarstrom-Anlage auf dem Dach der Münchener Messehallen. Gesamtfläche 38 000 m².

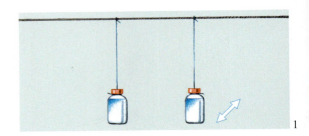

10. Befestige zwei mit Wasser gefüllte Kunststoffflaschen an je einem 50 cm langen Faden. Knüpfe die Fäden in etwa 50 cm Entfernung an einer straff gespannten Wäscheleine an. Bringe eine der Flaschen zum Schwingen. Beobachte die Bewegung der Flaschen und beschreibe die Energieumwandlungen!
11. Zeichne das Energieflussdiagramm für den Energiestrom in einem Spielzeugauto mit Batterieantrieb!
12. Zeichne für folgende Vorgänge jeweils das Energieflussdiagramm. Verlängere die Diagramme möglichst weit in beide Richtungen!
    – Damit Zimmerpflanzen besser wachsen, werden sie mit einer Leuchtstofflampe beleuchtet.
    – Ein Brot wird im Backofen gebacken und anschließend gegessen.
13. Warum muss man beim Auswählen des Brennstoffes für Raketen dem Heizwert besondere Aufmerksamkeit schenken?
14. Begründe anhand des Heizwertes von Braunkohle, dass sich Braunkohlekraftwerke oft in unmittelbarer Nähe der Tagebaue befinden!
15. Welche alternativen Energiequellen sind für Sachsen-Anhalt besonders wichtig?
16. Welche alternativen Energiequellen haben für Sachsen-Anhalt nur eine geringe Bedeutung? Begründe!
17. Wie könnt ihr in der Wohnung oder im Garten die Sonnenenergie besser nutzen?
18. Nenne Gründe, weshalb alternative Energiequellen genutzt werden müssen!
19. Wenn der Heizwert eines Stoffes mit einer Anordnung wie im Experiment 3 (S. 14) bestimmt wird, treten vor allem Fehler durch die schlechte Wärmedämmung auf. Skizziere eine Anordnung, mit der der Heizwert genauer bestimmt werden kann!
20. In Goldisthal in Thüringen liefert eines der modernsten Pumpspeicherwerke ab dem Jahre 2002 im Bedarfsfalle mit einer Leistung von 1060 MW Strom. Warum hat eine Kombination der Braunkohlekraftwerke mit Pumpspeicherwerken besondere Vorteile?
21. Vergleiche die Nährwerte von Obst und Schokolade! Welche Schlussfolgerungen kannst du daraus ziehen?

Was ist Energie?

ZUSAMMENFASSUNG

Arbeit
Formen der Arbeit:
- Hubarbeit
- Spannarbeit
- Arbeit, die zur Geschwindigkeitsänderung von Körpern führt
- Reibungsarbeit

Energie
Energie ist die Fähigkeit, Arbeit zu verrichten, Wärme abzugeben oder Licht auszusenden.
Formelzeichen: E
Einheiten: Joule (J) und Kilowattstunde (kW · h)

Transportformen der Energie			
Energiestrom Arbeit	Energiestrom Licht	Energiestrom Wärme	Energiestrom elektrische Energie
Beim Verrichten von Arbeit wird Energie von einem Körper zu einem anderen transportiert.	Energie wird in Form von Licht von der Lichtquelle zum Lichtempfänger transportiert.	Durch Wärmeströmung, Wärmeleitung oder Wärmestrahlung wird Energie vom heißeren zum kälteren Körper transportiert.	Wenn ein elektrischer Strom fließt, wird elektrische Energie vom Erzeuger zum Verbraucher transportiert.

Speicherung von Energie
Energie kann in unterschiedlichen Formen gespeichert werden:
- Lageenergie
- Spannenergie
- Bewegungsenergie
- thermische Energie
- chemische Energie

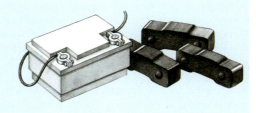

Heizwert
Der Heizwert eines Brennstoffes kennzeichnet, wie viel thermische Energie dieser Stoff beim Verbrennen abgibt.
Formelzeichen: H
Einheit: J/kg

Energie für Lebensprozesse	
Menschen und Tiere nehmen Energie mit dem Essen und Trinken auf. Die Energie wird zum Aufrechterhalten der Körpertemperatur, für die Bewegung und andere Lebensvorgänge benötigt.	**Pflanzen** nehmen Energie in Form von Sonnenlicht auf. Mithilfe des Blattgrüns wandeln sie Nährstoffe aus dem Boden und Kohlenstoffdioxid aus der Luft in Stärke, Zucker und Zellulose um.

Energiesparen
Energieeinsparungen sind möglich durch
- technische Verbesserungen in Industrie und Verkehr,
- bessere Wärmedämmung an Wohnhäusern,
- verantwortungsvolles persönliches Verhalten.

Wirkungsgrad und Energieerhaltungssatz

Vor 100 Jahren gab es in Norddeutschland noch 20 000 Windmühlen. 1933 waren es 4 500. Heute findet man nur noch wenige solcher Mühlen, die funktionstüchtig sind. Andererseits nimmt die Zahl der Windturbinen immer mehr zu. Mit ihnen wird elektrische Energie erzeugt.
Könnte man auch die alten Windmühlen dafür nutzen?

Nutzbarkeit von Energie

Langsam dreht sich das alte Mühlrad der Wassermühle in Graupzig. Es lädt die Besucher zum Schaumahlen ein. Auch an anderen kleinen Bächen haben früher solche Wassermühlen gestanden (Bild 2). Heute würde man statt eines Wasserrades eine kleine Turbine einbauen. Eine Turbine, an die ein Generator angeschlossen ist, kann viel mehr von der mechanischen Energie des Wassers in elektrische Energie umwandeln, als das mit einem Wasserrad möglich ist.

In den einzelnen Zylindern eines Pkw-Motors explodiert schnell aufeinanderfolgend ein Gemisch aus Kraftstoff und Luft. Dabei entsteht eine hohe Temperatur. Die Verbrennungsgase dehnen sich aus und bewegen die Kolben im Motor (Bild 3). Auf diese Weise entsteht aus der chemischen Energie des Kraftstoffs die mechanische Energie für den Antrieb des Pkw (siehe auch S. 135). Der Motor wandelt aber nur etwa 1/3 der chemischen Energie in mechanische Energie um.
Die restliche Energie wird vom Kühlwasser und vom Auspuff in Form von Wärme an die Umgebung abgegeben (Bild 4). Diese Energie kann nicht mehr zum Antrieb genutzt werden.
Allerdings nutzt man im Winter einen Teil der Energie des heißen Kühlwassers für die Heizung des Innenraums vom Pkw.

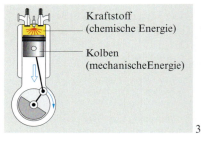

Eine Turbine mit Generator arbeitet viel wirtschaftlicher als ein Mühlrad und ein Pkw-Motor. Sie nutzt einen viel größeren Teil von der zugeführten Energie aus.
Um diese Wirtschaftlichkeit zu kennzeichnen, verwenden die Physiker den Begriff Wirkungsgrad.

> Der Wirkungsgrad gibt an, wie gut oder schlecht eine Anlage eine Energieform in eine andere umwandelt.

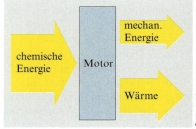

Bestimmung des Wirkungsgrades

Will man herausfinden, wie gut das Mühlrad, die Wasserturbine oder der Pkw-Motor die Energie ausnutzen, so muss man die von ihnen genutzte Energie mit der eingesetzten Energie vergleichen. Dazu bildet man den Quotienten aus der genutzten Energie und der eingesetzten Energie. Auf diese Weise erhält man den Wirkungsgrad eines Gerätes oder einer Anlage.

$$\text{Wirkungsgrad} = \frac{\text{nutzbare Energie}}{\text{eingesetzte Energie}}$$

Das Formelzeichen für den Wirkungsgrad ist der griechische Buchstabe η (gesprochen eta).

Gleichung für den Wirkungsgrad:
$$\eta = \frac{E_{\text{nutzbar}}}{E_{\text{eingesetzt}}}$$

Energiewandler	Wirkungsgrad in %
Dampfmaschine	10
Solarzelle	12
Benzinmotor	30
Dieselmotor	bis 40
Dampfturbine	40
Sonnenkollektor	50
Ofenheizung	60
Elektrokochplatte	65
Koksheizung	70
Durchlauferhitzer (Erdgas)	80
Zentralheizung (Öl, Gas)	85
Elektromotor	bis 95
Generator	bis 95
Tauchsieder	98

Man kann den Wirkungsgrad entweder als Dezimalbruch oder in Prozent angeben. Im Falle eines Pkw-Motors beträgt der Wirkungsgrad zum Beispiel 0,31. Das entspricht 31% (Bild 1).

Nicht nur ein Pkw-Motor, sondern auch ein Elektromotor erwärmt sich, wenn er in Betrieb ist. Der Elektromotor erwärmt sich aber nicht so stark wie ein Pkw-Motor. Deshalb ist der Wirkungsgrad eines Elektromotors wesentlich größer (siehe Tabelle).

Ein kleiner Motor in einer Spielzeuglokomotive besitzt allerdings einen wesentlich geringeren Wirkungsgrad als ein großer in einer Elektrolok.

Den Wirkungsgrad einer Anlage kann man z. B. folgendermaßen ermitteln:

zugeführte Energie 100 %
thermische Energie des Kühlwassers 30 %
thermische Energie der Auspuffgase 28 %
Reibungsarbeit im Motor 11 %
Nutzarbeit 31 %   1

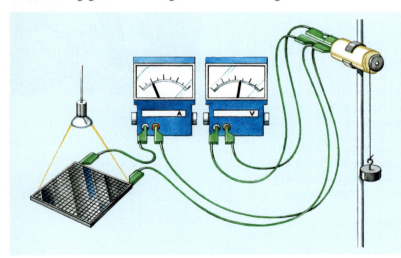

EXPERIMENT 1
Ein Solarmodul wird mit dem Licht einer kleinen Reflektorlampe bestrahlt. Mit dem elektrischen Strom des Solarmoduls wird ein Motor betrieben. Stromstärke und Spannung werden gemessen.
Der Wirkungsgrad der Anlage wird folgendermaßen bestimmt:
Die pro Sekunde zugeführte Energie wird an der Glühlampe abgelesen: 1 W entspricht 1 J/s.
Die vom Motor pro Sekunde umgesetzte elektrische Energie ergibt sich in der Einheit Joule, wenn die Stromstärke (in A) und die Spannung (in V) miteinander multipliziert werden:
2 $1\,\text{A} \cdot 1\,\text{V} = 1\,\text{W} = 1\,\text{J/s}$.

Der Betrag der nutzbaren Energie ist viel kleiner als der Betrag der zugeführten Energie. Der Wirkungsgrad liegt also weit unter als 1. Allgemein gilt: Der Wirkungsgrad eines Gerätes kann höchstens 1 betragen, denn kein Gerät kann mehr Energie abgeben, als ihm zugeführt wird.

Die Wirkungsgrade unterschiedlicher Geräte sind unterschiedlich groß. Der größtmögliche Wirkungsgrad ist 1.

Möglichkeiten zur Erhöhung des Wirkungsgrades

Eine wesentliche Aufgabe von Ingenieuren und Physikern besteht darin, Maschinen und Anlagen zu entwickeln, die einen möglichst hohen Wirkungsgrad besitzen. Was können sie tun?

Geschickte Nutzung der physikalischen Gesetze. Früher verwendete man zum Beispiel Wasserräder, um die mechanische Energie von Wasser zu nutzen. Diese waren sehr schwer und drehten sich nur langsam. Wenn das Wasser aus dem Rad wieder herauslief, hatte es noch viel mechanische Energie. Deshalb war der Wirkungsgrad gering. Wasserturbinen gleicher Leistung sind viel kleiner und drehen sich viel schneller. Wenn das Wasser eine solche Turbine verlässt, hat es fast die gesamte mechanische Energie abgegeben (Bild 1).

Will man eine Dampfturbine mit hohem Wirkungsgrad betreiben, so muss man im Kessel ein möglichst heißes Feuer machen. Um Wasser zu verdampfen, benötigt man sehr viel Energie. Um den Dampf dann weiter zu erhitzen – damit er sich möglichst stark ausdehnt – braucht man relativ wenig Energie. Die starke Ausdehnung ist entscheidend für eine gute Energieübertragung auf die Turbine.

Außerdem muss man dafür sorgen, dass die Verbrennungsgase die Anlage mit einer möglichst niedrigen Temperatur verlassen.

Auf diese Weise werden in modernen Wasser- und Dampfturbinen die physikalischen Gesetze viel besser genutzt, als das früher in Wasserrädern und Dampfmaschinen der Fall war. Trotz aller Bemühungen ist es jedoch zum Beispiel bei Wärmekraftmaschinen nicht mehr möglich, den Wirkungsgrad noch wesentlich zu erhöhen. Das lassen die physikalischen Gesetze nicht zu.

Verringerung der Reibung. Eine weitere Möglichkeit, den Wirkungsgrad zu vergrößern, besteht darin, unerwünschte Energieumwandlungen zu verringern.

Jede Maschine enthält Teile, die sich bewegen. In Elektromotoren und Fahrraddynamos drehen sich die Wellen. In Pkw-Motoren bewegen sich die Kolben auf und ab. Bei diesen Bewegungen tritt Reibung auf. Dadurch wird ein Teil der Bewegungsenergie in thermische Energie umgewandelt (siehe S. 10). Soll eine Maschine einen möglichst hohen Wirkungsgrad haben, so muss die Reibung so weit wie möglich verringert werden. Dazu werden die Lager der Wellen geschmiert, ähnlich wie bei einem Fahrrad die Kette geölt wird (Bild 2). Der Kolben eines Verbrennungsmotors gleitet auf einer Ölschicht.

Anderweitige Nutzung der Restenergie. Schließlich kann man den Wirkungsgrad von Maschinen und Anlagen dadurch erhöhen, dass man die nicht umgewandelte Energie für andere Zwecke verwendet. Zum Beispiel kann man bei Dampfturbinen einen Teil der thermischen Energie, die nicht in mechanische Energie umgewandelt wird, zum Heizen verwenden. Kraftwerke, die nach diesem Prinzip arbeiten, nennt man Heizkraftwerke. Sie erzielen einen Wirkungsgrad von bis zu 85%.

Die nebenstehende Tabelle zeigt den Wirkungsgrad von Wärmekraftmaschinen und Kraftwerken. Sie lässt auch erkennen, wie der Wirkungsgrad der Wärmekraftmaschinen im Laufe der Zeit immer mehr erhöht werden konnte.

Prinzip einer Turbine. Beim Eintritt hat das Wasser eine große Geschwindigkeit, beim Austritt eine kleine.

Wirkungsgrade von Wärmekraftmaschinen und Kraftwerken	
„atmosphärische" Dampfmaschine von NEWCOMEN (1712)	1%
erste Dampfmaschinen von WATT (1777)	3%
erstes Kraftwerk mit Dampfmaschinen (1882)	15%
heutiges Kraftwerk mit Dampfturbinen	bis 40%
Kraftwerk mit Gas- und Dampfturbinen	bis 50%
Heizkraftwerk	bis 85%
Pumpspeicherwerk	bis 90%
Wasserkraftwerk	bis 95%

Energieerhaltungssatz

Es ist ein uralter Traum der Menschheit, eine Maschine zu erfinden, die sich ganz von allein ständig bewegt. Eine solche Maschine, der man nur einmal Energie zuführen muss, um sie in dauerhafte Bewegung zu setzen, nennt man **Perpetuum mobile**. Ein Perpetuum mobile soll nicht nur endlos in Bewegung bleiben, sondern auch noch nützliche Arbeit verrichten.

Das Perpetuum mobile in Bild 1 wurde von LEONARDO DA VINCI (1452–1519) entwickelt. Es besteht aus einem drehbaren Rad, in dem einzelne Rinnen vom mittleren Teil zum äußeren Rand verlaufen. Auf jeder Rinne befindet sich eine Kugel. Die Kugeln laufen auf der linken Seite nach innen. Sie haben dort einen kurzen Hebelarm. Auf der rechten Seite laufen sie jedoch nach außen. Dort sind ihre Hebelarme länger und das Rad sollte sich ständig rechts herum drehen. Das geschieht aber nicht! – Die Kugeln müssen nämlich auf der linken Seite genau so weit angehoben werden, wie sie sich auf der rechten Seite wieder nach unten bewegen.

1715 und 1717 baute J. E. E. BESSLER, der sich „Orffyreus" nannte, in Merseburg zwei große Perpetua mobilia (Bild 3). Diese drehten sich ständig und konnten außerdem über einen Seilzug schwere Lasten heben.

Sogar der Mathematiker und Philosoph G. W. LEIBNIZ, der den Grundsatz aufgestellt hatte, dass ein Perpetuum mobile unmöglich ist, hat diese Wunderräder sehr gelobt. Sie erwiesen sich jedoch als Schwindel. Sie wurden aus dem Nebenraum mit den Händen angetrieben.

Auch heute werden noch oft Entwürfe für ein Perpetuum mobile von „Erfindern" beim deutschen Patentamt in München eingereicht. Sie werden allerdings nicht mehr geprüft – so sicher ist man, dass eine solche Maschine niemals funktionieren wird.

Die Energie lässt sich von einer Energieform in eine andere umwandeln. Dabei geht keine Energie verloren; es entsteht aber auch keine Energie. Diese Erkenntnis haben die Physiker im Energieerhaltungssatz formuliert.

> **Energieerhaltungssatz:**
> Bei keinem Vorgang kann Energie neu entstehen oder verschwinden. Bei einer Energieumwandlung ändert sich der Gesamtbetrag der Energie nicht.

Der Energieerhaltungssatz gilt immer. Deshalb kann der Wirkungsgrad von Maschinen und Anlagen im Höchstfalle 1 (also 100%) betragen. Wäre er bei einer Umwandlung größer, so würde dabei neue Energie entstehen. Ist der Wirkungsgrad kleiner als 1, so wird die Energie nicht vollständig in die gewünschte Energieform umgewandelt.

Perpetuum mobile nach einem Entwurf von LEONARDO DA VINCI

Ein Perpetuum mobile, das Arbeit verrichten soll: Das Wasser soll einen Schleifstein antreiben und anschließend von einer Pumpe wieder nach oben befördert werden.

Schon gewusst?

Statt von Energieumwandlungen spricht man manchmal auch vom **Energieverbrauch**. Denn oft liegt die Energie nach einer Umwandlung nicht mehr in einer nutzbaren Form vor. Unter **Energieentwertung** versteht man die unerwünschte Umwandlung von Energie in Wärme z.B. durch Reibung.

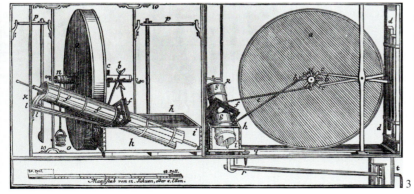

Energie in Natur und Technik

AUFGABEN

1. Ein Mixer darf nur etwa 15 min lang eingeschaltet bleiben. Schon nach wenigen Minuten Betrieb tritt aus den Kühlschlitzen warme Luft aus. Welche Energieumwandlungen vollziehen sich? Welche sind erwünscht, welche nicht?

2. Ein Dieselmotor hat einen Wirkungsgrad von 40 %. Im Tank befinden sich 50 l Dieselkraftstoff. Wie viel Liter werden für die Arbeit genutzt? Die Energie von wie viel Litern Kraftstoff wird als Wärme an die Umgebung abgegeben?

3. Eine Glühlampe und eine Sparlampe senden gleich viel Licht aus. Die Glühlampe trägt die Aufschrift 75 W, die Sparlampe die Aufschrift 15 W.
   a) Welche Lampe hat den größeren Wirkungsgrad?
   b) Welche Lampe ist im Betrieb heißer?

4. Bestimme die Abnahme an mechanischer Energie bei einem Spielzeug-Jo-Jo für eine Ab- und Aufbewegung. Miss dazu die Ausgangshöhe und die Endhöhe!
   Wie viel Prozent der Ausgangsenergie bleiben erhalten?

5. Manche Pkw besitzen eine Klimaanlage. Mit dieser kann nicht nur im Winter geheizt, sondern auch im Sommer gekühlt werden. Im Sommer benötigt sie für eine Strecke von 100 km zusätzlich etwa 1,2 l Benzin. Welche Meinung hast du dazu?

6. Welche Angaben können nicht stimmen?
   Motor a) $E_{nutzbar}$ = 300 kJ ; $E_{eingesetzt}$ = 400 kJ
   Motor b) $E_{nutzbar}$ = 200 kJ ; $E_{eingesetzt}$ = 300 kJ
   Motor c) $E_{nutzbar}$ = 300 kJ ; $E_{eingesetzt}$ = 200 kJ

7. Für schnelles Radfahren werden pro Sekunde etwa 250 J mechanische Energie benötigt. 100 g Pommes frites enthalten 800 kJ chemische Energie. Wie viel Pommes frites müsste man essen, um 1 Stunde lang Rad fahren zu können? (Der Wirkungsgrad des menschlichen Körpers bei der Umwandlung von chemischer in mechanische Energie liegt bei 20 %.)

8. Begründe, dass der Wirkungsgrad einer Anlage zur Energieumwandlung stets kleiner als 1 ist!

ZUSAMMENFASSUNG

Jede Energieumwandlung erfolgt mit einem bestimmten Wirkungsgrad. Der Wirkungsgrad gibt an, welcher Teil der eingesetzten Energie in nutzbare Energie umgewandelt wird.

Gleichung: $\eta = \dfrac{E_{nutzbar}}{E_{eingesetzt}}$ Darin bedeuten: η Wirkungsgrad
$E_{nutzbar}$ nutzbare Energie
$E_{eingesetzt}$ eingesetzte Energie

Der Wirkungsgrad kann im Höchstfall 1 (also 100 %) betragen.

Möglichkeiten zur Erhöhung des Wirkungsgrades:
- bessere Ausnutzung physikalischer Gesetze,
- Verringerung unerwünschter Energieumwandlungen,
- anderweitige Nutzung der nicht umgewandelten Energie.

Energieerhaltungssatz:
Bei keinem Vorgang kann Energie neu entstehen oder verschwinden. Bei einer Energieumwandlung ändert sich der Gesamtbetrag der Energie nicht.

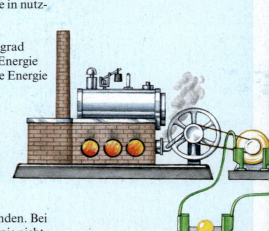

Mechanik

Kräfte sind in unserer Umgebung überall von Bedeutung, z. B. in Maschinen, im Straßenverkehr oder beim Sport. In der Mechanik werden Kräfte genau untersucht und gemessen. Bei vielen mechanischen Vorgängen spielt die Reibung eine wichtige Rolle. Manchmal ist sie für uns ungünstig, oft aber auch unbedingt notwendig. Die Menschen haben viele Geräte erfunden, mit denen man „Kraft einsparen" kann.

Kraft

Ein „Zauberkünstler" lässt dreimal hintereinander von einer Rampe eine Kugel rollen, die anschließend geradlinig über den Tisch läuft und genau ins Tor trifft. Beim dritten Versuch murmelt er stets eine bestimmte Zauberformel.
Er wettet mit dem Publikum, dass niemand es ihm gleichtun kann und dreimal hintereinander trifft. Die Gäste kommen nach vorn, und jedem gelingen nur die ersten zwei Versuche. Beim dritten Versuch jedoch verfehlt die Kugel immer ihr Ziel. Egal, welche Zaubersprüche die Gäste aufsagen: Auf halbem Wege verlässt die Kugel ihre Bahn und wird nach links oder rechts am Tor vorbeigelenkt.

Wechselwirkung zwischen zwei Körpern

Jeder weiß, dass hier mit einem Trick gearbeitet wird. Keine Kugel würde von selbst auf einer glatten Tischoberfläche plötzlich ihre Richtung ändern. Irgendein anderer Gegenstand muss die Kugel dazu bringen. Tatsächlich befinden sich unter dem Tisch des Zauberkünstlers zwei Elektromagneten, die jeweils durch einen Fußschalter in Betrieb genommen werden können (Bild 2). Da die Kugel einen Eisenkern enthält, wird sie von ihrer geradlinigen Bahn abgelenkt, wenn sie an einem eingeschalteten Elektromagneten vorbeirollt.

Nadja bekommt von ihrem Bruder, der gerade als Austauschschüler in Amerika ist, ein Foto geschickt (Bild 3). Im ersten Moment fragt sie sich, ob seine Nase schon immer so seltsam aussah oder ob das Bild vielleicht mit dem Computer bearbeitet wurde. Doch dann stellt sie fest: Nicht nur die Nase, sondern auch das Kinn ist ein wenig eingedrückt. Offenbar hat ihr Bruder sein Gesicht an einer gut geputzten Glasscheibe verformt, die auf dem Bild nicht zu sehen ist.

In dem Zaubertrick und auf dem Foto waren die Gegenstände, welche die Bewegung der Kugel bzw. die Form des Gesichts verändert haben, nicht ohne weiteres zu erkennen. In anderen Fällen ist es ganz offensichtlich, dass die Bewegung oder die Form eines bestimmten Körpers durch die Einwirkung eines anderen Körpers verändert wird.
Gut lässt sich dies bei manchen Sportarten beobachten. Hierbei sind diejenigen Körper, die an anderen Körpern Wirkungen hervorrufen, besonders leicht auszumachen – denn an ihnen selbst finden auch sichtbare Veränderungen statt:
– Der Stabhochspringer im Bild 1 auf Seite 33 verformt den Stab; der Stab beschleunigt den Sportler nach oben. Ohne den Sportler würde sich der Stab nicht verbiegen – aber ohne den Stab würde auch der Sportler nicht nach oben beschleunigt.

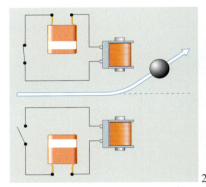

Verborgene Elektromagneten lenken die Kugel ab.

Wodurch wird die Nase verformt?

Kraft

– Die Bespannung des Tennisschlägers bremst den Ball zunächst ab (Bild 2); Bespannung und Ball verformen einander gegenseitig; der Ball wird anschließend wieder beschleunigt.
Aber auch die Bewegung des Schlägers wird durch das Auftreffen des Balls beeinflusst. Dies spürt derjenige, der den Schläger führt: Der Schläger wird durch den Ball ein wenig gebremst; verfehlt man dagegen den Ball, schlägt man ungebremst „ins Leere".
– Die Kanufahrerin im Bild 3 drückt mit dem Paddel Wasser nach hinten; dadurch bewegt sie sich zusammen mit dem Boot vorwärts. Ohne das Wasser käme die Kanufahrerin nicht voran.

Beim einem Raketenstart könnte man zunächst annehmen, die Rakete würde ohne den Einfluss eines anderen Körpers abheben und immer schneller werden. Tatsächlich schleudert sie große Gasmengen nach unten und wird dadurch nach oben gedrückt (Bild 4).
In diesen Beispielen wirken jeweils zwei Körper wechselseitig aufeinander ein. Beide werden dabei verformt oder in ihrer Bewegung beeinflusst. Einen solchen Vorgang nennt man **Wechselwirkung zweier Körper**.
Allgemein gilt:

Eine Rakete stößt beim Start heißes Gas nach unten.

> Jede Verformung oder Bewegungsänderung eines Körpers ist die Folge der Wechselwirkung mit einem anderen Körper.
> Bewegungsänderung bedeutet dabei: Der Körper wird schneller oder langsamer, oder er wird von einer geradlinigen Bahn abgelenkt.

Die Bilder 1 bis 4 auf dieser Seite lassen vermuten, dass eine Wechselwirkung immer bei *beiden* beteiligten Körpern eine Verformung bzw. eine Bewegungsänderung hervorruft. Andererseits werden die Magneten im Zaubertrick auf S. 32 nicht sichtbar von der vorbeirollenden Kugel beeinflusst. Ein Experiment verdeutlicht den Unterschied:

Übrigens

Nimmt ein Gegenstand nach einer Verformung von allein wieder seine ursprüngliche Gestalt an, so spricht man von einer **elastischen** Verformung. Tut er dies nicht, so wurde er **plastisch** verformt.

EXPERIMENT 1
1. Auf zwei baugleichen Wagen befinden sich Elektromagnete. Diese werden gleichzeitig eingeschaltet. Die Magnete sind so gepolt, dass sie einander abstoßen.
2. Das Experiment wird wiederholt, wobei der eine Wagen am Tisch fixiert wird.

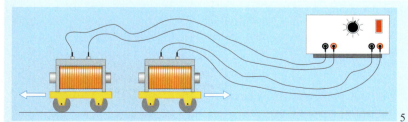

Im ersten Teil des Experiments bewegen sich beide Wagen auseinander und kommen etwa gleich weit. Im zweiten Teil bleibt der eine Wagen in Ruhe, und nur der andere bewegt sich.

Der eine Wagen kann sich nicht bewegen, weil er mit dem Tisch verbunden ist. Der Tisch wiederum steht fest auf der Erde.
Wenn es stimmt, dass auch in diesem Teil des Experiments *beide* Körper ihre Bewegung ändern, dann müsste der zweite Körper der Tisch mitsamt der ganzen Erde sein. Die ganze Erde bekäme durch die Wechselwirkung mit dem Wagen einen winzigen Ruck (vgl. Bild 1)

Führt man ein ähnliches Experiment mit zwei beweglichen Wagen durch, von denen der eine mit immer mehr Sand (bzw. Steinen oder Wasser) beschwert wird, so erhält man das folgende Ergebnis:

1 Dreht sich der Globus, wenn die Ameise losläuft?

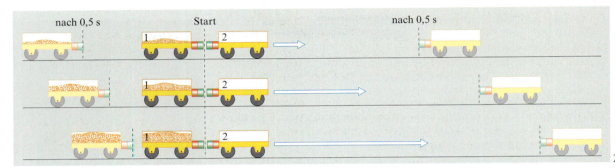

2

Je mehr Sand sich auf dem Wagen 1 befindet, desto langsamer ist seine Bewegung. Würde man dieses Experiment immer weiterführen, dann würde sich ein extrem schwer beladener Wagen so gut wie gar nicht mehr in Bewegung setzen. An einem Wagen schließlich, der so viel Sand (oder anderes Material) enthielte wie die ganze Erde, wäre gar keine Bewegung mehr nachweisbar – ebenso wenig wie an einem Tisch, der fest mit der Erde verbunden ist.

So wie manche Bewegungsänderungen kaum nachzuweisen sind, so sind auch Verformungen nicht immer offensichtlich. Zieht beispielsweise eine Lok an einem Waggon, so kann man mit bloßem Auge keine Verformung des Waggons (bzw. der Lok) beobachten. Die stählernen Haken, über die Lok und Waggon miteinander verbunden sind, sind sehr stabil. Mit speziellen physikalischen Untersuchungsmethoden lassen sich aber auch kleinste Verformungen an einem belasteten Haken nachweisen (Bild 3).

3 Nachweis der kleinen Verformung eines stabilen Hakens unter Belastung

Sehr leicht erkennt man jedoch die gegenseitige Verformung zweier Körper in Bild 4. Hier hängen zwei wassergefüllte Luftballons an einem Seil und drücken einander gegenseitig ein. Wäre der eine von beiden statt mit Wasser mit Sand gefüllt, fiele seine Verformung deutlich geringer aus. Bei einer Füllung mit Beton dagegen könnte man kaum noch eine Verformung nachweisen. Je härter das Material ist, aus dem ein Körper besteht, desto geringer ist bei einer bestimmten Wechselwirkung seine Verformung.
Die Physiker sind überzeugt:

> Die Wechselwirkung zwischen zwei Körpern führt immer bei beiden Körpern zu einer Verformung oder einer Bewegungsänderung.

In der Regel treten Verformung und Bewegungsänderung zugleich auf, besonders gut erkennt man dies bei Tennisball und Tennisschläger im Bild 2 auf Seite 33.

4 Gegenseitige Verformung zweier Luftballons, die mit Wasser gefüllt sind

Wechselwirkung und Kraft

1 Beim Fingerhakeln ziehen die Wettkämpfer direkt aneinander oder über einen kleinen Ring aus Leder bzw. Holz.

Wie stark die beiden Paare in Bild 1 aneinander ziehen, lässt sich nicht ohne weiteres erkennen, möglicherweise täuschen sie die große Anstrengung nur vor. Höchstens aus der Verfärbung ihrer Finger könnte man erahnen, ob sie ernsthaft ziehen oder nur simulieren.

Die Lederringe werden beim Fingerhakeln nur geringfügig gedehnt. Ersetzt man sie durch geeignete Schraubenfedern, so werden diese deutlich sichtbar verformt. Die Federn werden umso mehr ausgedehnt, je stärker die Paare jeweils aneinander ziehen. Ebenso wird die Feder im Bild 2 von den großen Magneten stärker gedehnt als von den kleinen.

Oft interessiert man sich bei Wechselwirkungen nur für einen der beiden beteiligten Körper:
- beim Fahrradsturz nur für das aufgeschürfte Knie, nicht aber für den Asphalt;
- beim Raketenstart nur für die Rakete, nicht aber für die Rückstoß-Gase;
- beim Kugelstoßen nur für die Kugel, nicht aber für den Sportler, der sich mit den Füßen nach hinten abstützt.

Man sagt dann: Der Körper A übt eine Kraft auf den Körper B aus. Dass gleichzeitig auch der Körper B auf den Körper A eine Kraft ausübt, wird in der Regel nicht erwähnt.

Um in der Physik zu beschreiben, wie stark ein Körper auf einen anderen einwirkt, verwendet man die physikalische Größe Kraft. Sie wird mit dem Formelzeichen F (engl. *force*) abgekürzt.

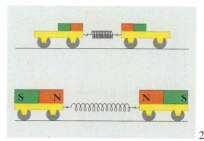

2 Federn können anzeigen, wie stark zwei Körper aufeinander einwirken.

> Die physikalische Größe Kraft gibt an, wie stark ein Körper auf einen anderen einwirkt. Das Formelzeichen der Kraft ist F.

Um Kräfte vergleichen und angeben zu können, benötigt man eine Einheit. So wie das Meter (m) für die Angabe von Längen verwendet wird, ist das Newton (N) die Einheit der Kraft. Sie wurde nach dem englischen Physiker und Mathematiker Sir Isaac Newton (1642–1727) benannt.

> Die Einheit der Kraft ist Newton (N).

Ein Newton (1 N) entspricht ungefähr der Kraft, mit der eine Tafel Schokolade inklusive Verpackung (Gesamtmasse 102 Gramm) auf ihre Unterlage drückt (Bild 3).

3 Durch die Schokolade wird auf die Decke eine Kraft von 1 N ausgeübt.

Übrigens

„Kraft" im Alltag. Das Wort „Kraft" wird außerhalb der Physik oft ganz anders verwendet als hier: „Überzeugungskraft, Tatkraft, Kraftstrom, Sehkraft, Muskelkraft …". Meistens werden damit Eigenschaften lebender Personen beschrieben.
In der Physik dagegen beschreibt die Kraft die Einwirkung eines Körpers auf einen anderen. Die beteiligten Körper können belebt oder unbelebt sein, sie können in Bewegung sein oder in Ruhe.

Mechanik

Kraftmessung. Um die Kraft zu messen, die von einem Körper auf einen anderen ausgeübt wird, kann man eine Schraubenfeder benutzen, die bei der Wechselwirkung gedehnt (oder gestaucht) wird. Federkraftmesser besitzen in ihrem Inneren eine Schraubenfeder, die von einer Kunststoffhülse umgeben ist (Bild 1). Auf dieser Hülse ist eine Skala angebracht. Außerdem haben Federkraftmesser eine Nullpunkteinstellung, die vor jeder Messung auf „0" geschoben werden muss.
Wie kommt man zu einer Skala von Federkraftmessern?

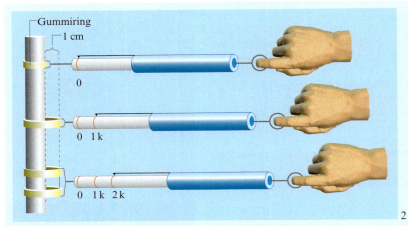

GEDANKENEXPERIMENT
1. Man wählt eine Einheit, die man z. B. „k" nennt.
2. Man legt fest, was 1 k bedeuten soll, z. B.: Wenn ein bestimmter Gummiring um 1 cm gedehnt wird, so wird auf ihn die Kraft 1 k ausgeübt.
3. Die Anzeige 1 k wird auf der Skala eingetragen.
4. Man erhält das Doppelte der Einheit, indem zwei Gummiringe nebeneinander um 1 cm gedehnt werden. Auf der Skala wird dann 2 k eingetragen.
5. Entsprechend verfährt man mit weiteren Vielfachen von 1 k.

Wechselwirkungsprinzip. Wer einen Drachen steigen lässt, spürt, dass der Drachen über die Schnur eine Kraft auf die eigene Hand ausübt. Würde man die Schnur auftrennen und einen Federkraftmesser einknoten, so würde der Federkraftmesser die Kraft anzeigen, die vom Drachen auf die Hand ausgeübt wird, z. B. 50 N.
Man könnte den Federkraftmesser an jeder beliebigen Stelle in die Schnur einbauen, er würde überall denselben Betrag anzeigen. Denn der Federkraftmesser wird durch die Wechselwirkung zwischen Hand und Drachen gedehnt. Er zeigt nicht nur an, wie groß die Kraft ist, die vom Drachen auf die Hand ausgeübt wird, sondern auch, wie groß die Kraft ist, die von der Hand auf den Drachen ausgeübt wird. Beide Kräfte sind gleich groß, denn sie gehören zur selben Wechselwirkung.
Es gilt das von NEWTON formulierte Wechselwirkungsprinzip:

> Immer wenn ein Körper A auf einen Körper B eine Kraft ausübt, übt auch B auf A eine Kraft aus. Die beiden Kräfte sind gleich groß.

Dass bei einer Wechselwirkung die Kräfte auf die beteiligten Körper gleich groß sind, sieht man besonders deutlich, wenn es sich um gleichartige Körper handelt (Bild 4a). Aber auch wenn die Körper ungleich sind, sind die Kräfte gleich groß (Bild 4b).

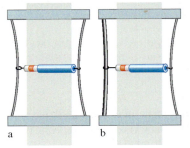

Hooke'sches Gesetz

In einem Experiment soll der Zusammenhang zwischen Kraft und Verformung bei Schraubenfedern untersucht werden. Dabei wird die Gewichtskraft von Wägestücken verwendet. Eine Verdoppelung der Masse hat eine Verdoppelung der Gewichtskraft zur Folge, eine Verdreifachung der Masse eine Verdreifachung der Gewichtskraft usw.

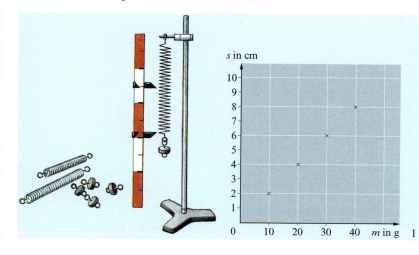

EXPERIMENT 2
1. Hänge nacheinander Körper mit der Masse 10 g, 20 g, 30 g usw. an eine Schraubenfeder. Miss die dazugehörigen Verlängerungen s!
2. Trage die Messergebnisse in ein Diagramm ein!
3. Wiederhole solche Messungen mit anderen Schraubenfedern und stelle die Messergebnisse grafisch dar!

Bei den Messungen bewirkt eine Verdoppelung der Kraft in der Regel, dass auch die Verlängerung der Schraubenfeder sich verdoppelt. Eine Verdreifachung der Kraft bewirkt eine Verdreifachung der Verlängerung. Im Diagramm liegen die Messpunkte für eine Feder auf einer Geraden.
Daraus erkennt man:

> Die Verlängerung einer Schraubenfeder ist proportional zur wirkenden Kraft.

Der Zusammenhang zwischen Kraft F und Verlängerung s ist in Bild 2 für unterschiedliche Schraubenfedern dargestellt. Für eine harte Feder ist die Gerade steiler als für eine weiche Feder. Bei der gleichen Kraft dehnen sich harte Federn weniger aus als weiche.
Ein Maß für die Härte der Feder ist die Federkonstante D.

Der englische Wissenschaftler ROBERT HOOKE (1635–1703) hat erkannt, dass für viele elastische Körper der folgende Zusammenhang gilt:

> $F = D \cdot s$ (Hooke'sches Gesetz)

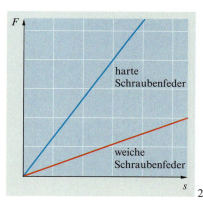

Für Schraubenfedern gilt das Hooke'sche Gesetz nicht unbegrenzt. Wird die Kraft zu groß, verformt sich die Feder unelastisch. Sie kehrt nicht mehr in ihren Ausgangszustand zurück.

Wenn man Experiment 2 mit Gummibändern durchführt, ergibt sich kein proportionaler Zusammenhang zwischen Kraft und Verlängerung (Bild 3). Das Hooke'sche Gesetz gilt also nicht für alle Fälle, sondern nur für manche elastische Körper.

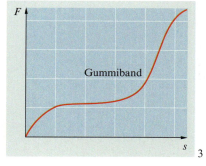

Darstellen von Kräften

Will man ein elastisches Stahlblatt um eine vorgegebene Strecke verbiegen, so ist dazu eine bestimmte Kraft notwendig. Im Bild 1a zeigt der Federkraftmesser 1 N an. Vergrößert man den **Betrag** der Kraft, so vergrößert sich auch die Wirkung (Bild 2b).

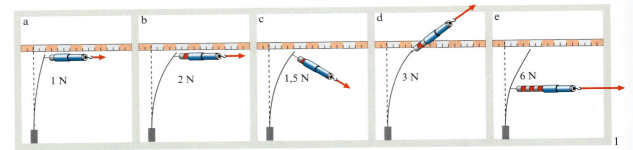

1

Die gleiche Verformung ist auch möglich, wenn man statt in waagerechter **Richtung** mehr nach unten (Bild 1c) oder mehr nach oben (Bild 1d) zieht. Obwohl die Kräfte unterschiedliche Beträge haben (Bilder 1b, 1c, 1d), ist ihre Wirkung immer gleich. Verändert man den **Angriffspunkt** der Kraft, so erfordert die gleiche Wirkung auch eine andere Kraft (Bild 1e).

> Die Wirkung einer Kraft hängt von ihrem Betrag, ihrer Richtung und von ihrem Angriffspunkt ab.

Wenn man zwischen den Angriffspunkt am Stahlblatt und den Federkraftmesser einen Faden bindet, aber die Richtung beibehält, so ändert sich nichts an der Wirkung der Kraft (Bild 2). Die **Wirkungslinie** der Kraft bleibt dieselbe.

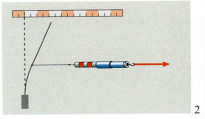

2

Kräfte sind gerichtete Größen. Solche Größen kann man mithilfe von Pfeilen darstellen (Bild 3):
- Der Anfangspunkt des Pfeiles entspricht dem Angriffspunkt der Kraft.
- Die Richtung des Pfeiles gibt die Richtung der Kraft an.
- Die Länge des Pfeiles gibt den Betrag der Kraft an. Beim Zeichnen muss man einen Maßstab angeben.
- Über das Formelzeichen für die Kraft schreibt man einen Pfeil, weil es sich um eine gerichtete Größe handelt. Der Pfeil wird jedoch weggelassen, wenn nur der Betrag der Kraft gemeint ist.

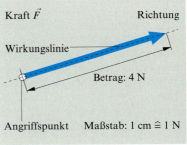

3

Für die Beispiele in den Bildern 1b, 1c und 1d kann man nun eine Darstellung mit den Kraftpfeilen vornehmen:

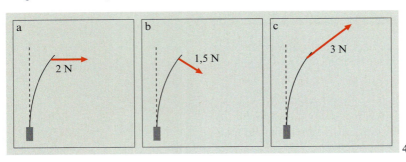

4

Kraft

Addition von Kräften. Wenn zwei Personen in einer Richtung an einem Wagen ziehen (Bild 1), ist die Kraft auf den Wagen größer, als wenn nur eine zieht. Die Kräfte addieren sich zu einer resultierenden Kraft $\vec{F}_{res}$. In der zeichnerischen Darstellung erhält man $\vec{F}_{res}$ indem man den Fußpunkt des einen Kraftpfeils an die Spitze des anderen setzt (Bild 3).
Auch wenn zwei Kräfte in entgegengesetze Richtung wirken (Bild 2), lässt sich so verfahren. Der Betrag der resultierenden Kraft entspricht dann dem Betrag der Differenz der einzelnen Kräfte (Bild 4).

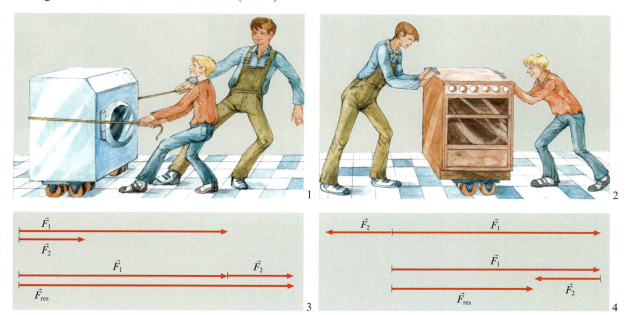

Wie lässt sich die resultierende Kraft auf einen Körper bestimmen, wenn die Einzelkräfte weder parallel noch entgegengesetzt gerichtet sind?

EXPERIMENT 3
1. Befestigt eine Schraubenfeder an einem Stativ und dehnt sie mithilfe von zwei Federkraftmessern bis zu einem bestimmten Punkt. Markiert das Ende der Feder, lest die Beträge der Kräfte $\vec{F}_1$ und $\vec{F}_2$ ab und zeichnet die Richtungen auf, in denen die Federkraftmesser ziehen!
2. Ersetzt die beiden Federkraftmesser durch einen einzigen Federkraftmesser und dehnt die Schraubenfeder wieder bis zum selben Punkt. Lest den Betrag der Kraft $\vec{F}_{res}$ ab und zeichnet die Richtung auf, in der der Federkraftmesser zieht!
3. Tragt die Kraftpfeile für $\vec{F}_1$, $\vec{F}_2$ und $\vec{F}_{res}$ maßstabsgerecht in die Skizze ein!
4. Wiederholt das Experiment für andere Kombinationen von $\vec{F}_1$ und $\vec{F}_2$!

Die Ergebnisse lassen erkennen: $\vec{F}_{res}$ kann durch einen Pfeil dargestellt werden, der die Diagonale in dem von $\vec{F}_1$ und $\vec{F}_2$ aufgespannten Parallelogramm bildet (Bild 4). Auf diese Weise lassen sich die Richtung und der Betrag einer resultierenden Kraft ermitteln, wenn Richtungen und Beträge von zwei Kräften bekannt sind, die in einem Punkt angreifen.

Greifen zwei Kräfte $\vec{F}_1$ und $\vec{F}_2$ in einem Punkt an, so kann die resultierende Kraft $\vec{F}_{res}$ als Diagonale des von $\vec{F}_1$ und $\vec{F}_2$ aufgespannten Parallelogramms dargestellt werden.

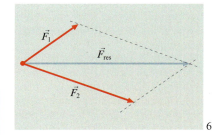

Kräfteparallelogramm

Reibung

Ein Schrank soll in einem Zimmer mit Fliesenboden verschoben werden. Beim ersten Versuch bewegt er sich gar nicht voran, stattdessen droht er umzukippen (Bild 1). Man muss etwas tiefer ansetzen, damit der Schrank aufrecht bleibt. Etwas leichter lässt sich der Schrank verschieben, wenn er auf trockenen Tüchern steht (Bild 2).
Die Bewegung des Schranks wird behindert: Zwischen seinen Füßen und dem Boden kommt es zur Reibung. Der Grund für die Reibung liegt in der Rauigkeit der beteiligten Oberflächen: Die Flächen verzahnen sich ein wenig ineinander. Unter dem Mikroskop werden selbst auf polierten Oberflächen kleine Verzahnungen sichtbar (Bild 3).

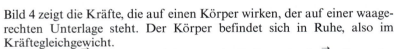
Verzahnung zweier Oberflächen

Bild 4 zeigt die Kräfte, die auf einen Körper wirken, der auf einer waagerechten Unterlage steht. Der Körper befindet sich in Ruhe, also im Kräftegleichgewicht.
Die Zugkraft $\vec{F}_Z$ wird ausgeglichen von der Reibungskraft $\vec{F}_R$, die an der Unterseite des Körpers angreift. Außerdem wirkt auf den Körper die Gewichtskraft $\vec{F}_G$, die durch die Kraft $\vec{F}_U$ von der Unterlage ausgeglichen wird. Die Kraftpfeile sind dabei so gezeichnet, als würden alle Kräfte im selben Punkt angreifen.
Bild 5 zeigt die Kräfte für den Fall, dass man beim Schieben des Schranks ganz oben ansetzt. $\vec{F}_Z$ und $\vec{F}_R$ sind zwar gleich groß und entgegengesetzt gerichtet, aber ihre Wirkungslinien sind unterschiedlich. Sind die Kräfte hinreichend groß, kippt der Schrank zur Seite.

Kräftegleichgewicht in Ruhe

Haftreibung. Wer einen ruhenden Schrank wie im Bild 2 in Bewegung setzen will, stellt fest: Bei einer geringen Schubkraft bewegt sich der Schrank noch gar nicht. Er beginnt erst zu gleiten, wenn die Schubkraft einen bestimmten Betrag überschritten hat. Und von dem Moment an, in dem der Schrank sich in Bewegung setzt, muss man sich nicht mehr ganz so stark anstrengen.
Die **Haftreibungskraft** $\vec{F}_{HR}$ ist die maximale Reibungskraft, bei der sich die Körper noch nicht gegeneinander bewegen. Wird die Zug- oder Schubkraft größer als die Haftreibungskraft, so beginnt die eine Fläche über die andere zu gleiten. Die Haftreibungskraft ist abhängig von der **Normalkraft** $\vec{F}_N$, mit der der Körper auf seine Unterlage drückt. Die Normalkraft steht senkrecht auf der Unterlage. Bei waagerechter Unterlage entspricht die Normalkraft der Gewichtskraft.

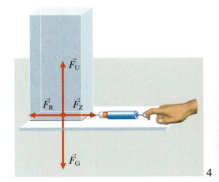
Kräfte mit unterschiedlichen Wirkungslinien

Kraft

EXPERIMENT 4
Bestimme die Haftreibungskraft eines Holzquaders ($m = 100$ g) auf einem Tisch.
1. Die Normalkraft beträgt zunächst 1 N. Miss die Zugkraft, die notwendig ist, um den Quader gerade in Bewegung zu setzen!
2. Erhöhe nach und nach die Normalkraft um jeweils 1 N, indem du 100-g-Wägestücke auf den Quader stellst. Ermittle jeweils die zugehörige Haftreibungskraft. Trage die Ergebnisse in eine Tabelle ein!
3. Wiederhole die Messungen auf anderen Unterlagen (Glas, Sandpapier)!

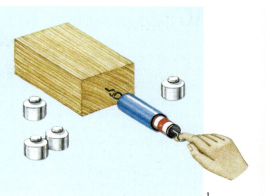

Je größer die Normalkraft ist, desto größer ist die Haftreibungskraft. Der Quotient aus Haftreibungskraft F_{HR} und Normalkraft F_N ist konstant, man nennt ihn Haftreibungszahl μ_{HR}. Es gilt: $\mu_{HR} = \dfrac{F_{HR}}{F_N}$.
Die Haftreibungszahl ist umso größer, je rauer die Oberflächen sind.

Typische Werte für Haft- und Gleitreibungszahlen

Oberflächen	μ_{HR}	μ_{GR}
Holz auf Stein	0,7	0,4
Holz auf Holz	0,5	0,3
Stahl auf Stahl	0,2	0,1

Für die Haftreibungskraft gilt: $F_{HR} = \mu_{HR} \cdot F_N$.

Gleitreibung. Um einen Schlitten mit gleich bleibender Geschwindigkeit zu bewegen, muss man horizontal mit einer bestimmten Kraft an ihm ziehen. Der Schlitten selbst befindet sich dann im Kräftegleichgewicht: Die Zugkraft ist genauso groß wie die Gleitreibungskraft F_{GR}. Das Gleiche gilt für den Quader im Bild 2.
Gleitet ein Körper dagegen ohne Antrieb auf einer Fläche, so wird er durch die Reibung abgebremst. Je größer die Gleitreibungskraft ist, desto schneller kommt er zum Stillstand.
Auch die **Gleitreibungskraft F_{GR}** ist abhängig von der Normalkraft F_N, mit welcher der Körper auf seine Unterlage drückt. In Experimenten stellt man fest, dass der Quotient μ_{GR} aus den beiden Kräften konstant ist: $\mu_{GR} = \dfrac{F_{GR}}{F_N}$. Dieser Quotient heißt Gleitreibungszahl. Er ist umso größer, je rauer die Oberflächen sind. Für gleiche Stoffkombinationen ist jedoch die Gleitreibungszahl stets kleiner als die Haftreibungszahl. Dies spielt beim Bremsen von Fahrzeugen eine wichtige Rolle (siehe S. 44).

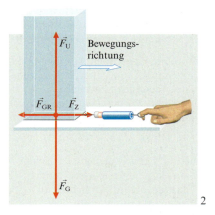

Für die Gleitreibungskraft gilt: $F_{GR} = \mu_{GR} \cdot F_N$.

Reibung und Antrieb. Wie sehr wir täglich auf die Reibung angewiesen sind, spüren wir oft erst dann, wenn sie unerwartet sehr klein wird. Im Winter kommt es manchmal zum Stau, wenn Autos auf vereister Fahrbahn einen Berg nicht hinaufkommen: Ihre Reifen drehen durch, da die Reibung zwischen ihnen und der Eisschicht sehr gering ist.
Gäbe es gar keine Reibung, so könnten weder Autos noch Fahrräder auf ebener Strecke anfahren, auch kein Fußgänger käme voran. Bild 3 zeigt den Schuh einer Person, die gerade losläuft: Das Bein drückt den Schuh nach hinten. Die Haftreibung zwischen Sohle und Boden verhindert, dass der Schuh nach hinten gleitet. Die Reibungskraft $\vec{F}_R$, die auf den Schuh wirkt, ist in diesem Fall nach vorn gerichtet.

Kräfte zwischen Teilchen

Kohäsion. Bei einer Seilbahn hängen die Gondeln an einem Tragseil. Es muss sehr straff gespannt sein (Bild 1). Denn wenn das Seil durchhängt, tritt eine starke Auf- und Abbewegung der Gondeln bei einem Stützpfeiler auf. Das ist für die Passagiere sehr unangenehm. Damit man das Seil so straff spannen kann, muss es sehr belastbar sein. Zwischen den einzelnen Eisenteilchen des Seils wirken sehr große Anziehungskräfte. Die Wirkung dieser zum Teil sehr großen Kräfte nennt man Kohäsion.
Auch die Tragflächen von Flugzeugen und die Schienen von Eisenbahnen müssen große Belastungen aushalten. Die hohe Festigkeit dieser Körper wird durch die Kohäsion hervorgerufen.
Kohäsion tritt auch in Flüssigkeiten auf. Deshalb bilden Flüssigkeiten Tropfen. Diese Tropfen kann man beobachten, wenn etwas Wasser auf eine fettige Unterlage oder eine heiße Herdplatte gelangt.

Hohe Festigkeit durch Kohäsion

Adhäsion. Teilchen, die fest aneinanderhaften, müssen nicht immer zum selben Stoff gehören. So haftet z. B. der Autolack auf der Karosserie (Bild 2). Der Chromüberzug ist fest mit dem Gehäuse deiner Uhr verbunden. Die Emaille schützt einen Kochtopf sicher vor dem Verrosten. In diesen Fällen wirken zwischen den Teilchen verschiedener Stoffe große Anziehungskräfte. Dieses Aneinanderhaften nennt man Adhäsion. Die Adhäsion wird auch beim Zusammenkleben verschiedener Körper genutzt.

> Kohäsion ist das Zusammenhalten der Teilchen ein und desselben Stoffes.
> Adhäsion ist das Zusammenhalten der Teilchen verschiedener Stoffe.

Gutes Haften durch Adhäsion

In einem Experiment können zwei Glasplatten mit Wasser befeuchtet (z. B. angehaucht) und anschließend aneinandergedrückt werden. Durch seitliches Verschieben werden sie in besonders engen Kontakt miteinander gebracht. Mit angehängten Wägestücken wird dann versucht, die Platten wieder voneinander zu trennen (Bild 3). Dies gelingt aufgrund der Adhäsion zwischen Wasser und Glas erst bei großer Belastung.

Mithilfe der Adhäsion zwischen Wasser und Glas kann man auch die Kohäsion von Wasser zeigen (Bild 4): Eine waagerecht gehaltene Glasplatte wird vorsichtig aus einem Wassergefäß gezogen, das Wasser bleibt am Glas haften (Adhäsion), es hält aber auch in sich zusammen (Kohäsion).

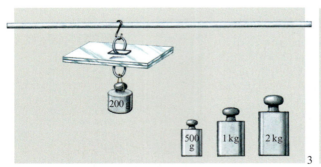

Adhäsion zwischen einer dünnen Wasserschicht und zwei Glasplatten

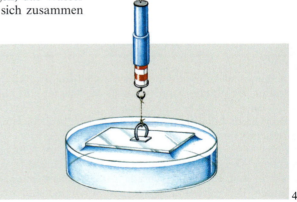

Adhäsion zwischen Wasser und Glas sowie Kohäsion im Wasser

Kraft

Kapillarität

Bestimmt hast du schon einmal einen Würfelzucker mit einer Ecke in den Tee eingetaucht. Dabei hat er sich schnell voll Tee gesaugt (Bild 1). Warum steigt der Tee im Würfelzucker nach oben? Von einer Teekanne aus Glas weißt du, dass der Tee an allen Stellen gleich hoch steht (Bild 2). Wenn du Tee ausgießen willst, musst du die Kanne neigen.
In Bild 3 sind die 5 Glasröhrchen ebenfalls miteinander verbunden. Hier steht das Wasser in den rechts gelegenen Röhrchen jedoch viel höher als im linken! Die rechten Röhrchen sind dünner als das linke. Solche dünnen Röhrchen heißen Kapillaren. In ihnen steigt das Wasser von selbst auf. Diese Erscheinung nennt man Kapillarität.

> Kapillarität ist das selbstständige Aufsteigen einer Flüssigkeit in dünnen Röhrchen.

Gleiche Flüssigkeitsstände in einer Teekanne

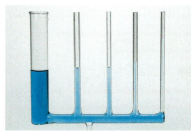

Unterschiedliche Flüssigkeitsstände bei unterschiedlich dünnen Röhrchen

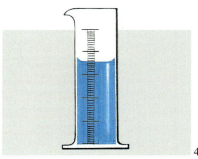

An den Glaswänden steht das Wasser etwas höher als in der Mitte.

Warum steigt das Wasser so hoch?
Die Teilchen einer Flüssigkeit halten fest zusammen (Kohäsion). In den Glasröhrchen haften die Flüssigkeitsteilchen außerdem an der Glaswandung (Adhäsion). Kohäsion und Adhäsion sind die Ursachen der Kapillarität. Die Flüssigkeitsteilchen werden vom Glas angezogen: Deshalb steigt die Flüssigkeit an den Wänden etwas nach oben. Die Flüssigkeitsteilchen halten zusammen: Dadurch wird weitere Flüssigkeit nachgesaugt.
Die Erscheinung der Kapillarität tritt nicht nur in Röhrchen auf. Kapillarität kann man auch in allen Stoffen beobachten, in denen sich kleine Hohlräume befinden, die miteinander verbunden sind. Solche Hohlräume befinden sich z. B. im Würfelzucker zwischen den kleinen Zuckerkristallen. Diese Hohlräume wirken wie Kapillaren.

EXPERIMENT 5
1. Schneide Streifen von etwa 30 cm Länge und 3 cm Breite aus Papier verschiedener Sorten (Schreibpapier, Filterpapier, Zeitungspapier, Toilettenpapier usw.)!
2. Befestige die Streifen mit Wäscheklammern an einem ausgespannten Bindfaden!
3. Tauche die unteren Enden der Papierstreifen in gefärbtes Wasser ein, das sich auf einem Teller befindet!
4. Beobachte das Aufsteigen der Flüssigkeit!

In welchem Papier steigt das Wasser schneller auf, in glattem oder in rauem? In welchem Papier steigt es am höchsten? Erkläre!

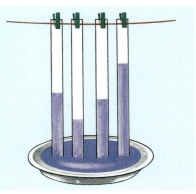

Sicherheit im Straßenverkehr

Reifen. Sicheres Autofahren setzt einen festen Halt der Reifen auf der Fahrbahn voraus. Auf nassem oder eisigem Untergrund drehen die Antriebsräder beim Anfahren durch. Und beim Bremsen fehlt der Halt zum Stehenbleiben.

Im Bild 2 sind die Haftreibungszahlen μ_{HR} eines Autoreifens bei unterschiedlichen Fahrbahnen abzulesen. Außerdem ist der dazugehörige Bremsweg s_B dargestellt, den ein Fahrzeug bei einer Anfangsgeschwindigkeit von $v_0 = 50$ km/h (mit ABS) benötigen würde.

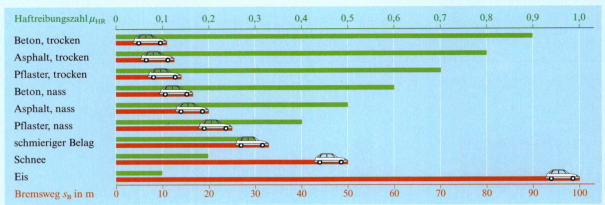

Rennwagen fahren mit weichem Reifenmaterial mit wenig Profil (Bild 1). Solche Reifen haben einen sehr hohen Verschleiß, ermöglichen jedoch extremes Bremsen, Beschleunigen und Kurvenfahren. Allerdings sind sie nur für trockene Straßen geeignet. Denn bei Regen müssen Profile dafür sorgen, dass das Wasser durch die Rillen nach außen abfließen kann (Bild 3). Steht zu viel Wasser auf der Straße und ist das Profil abgefahren, so bildet sich bei hoher Geschwindigkeit zwischen Fahrbahn und Reifen ein Wasserkeil. Das Auto schwimmt auf einer Wasserschicht. Es ist weder zu lenken noch zu bremsen. Diese gefährliche Wasserglätte heißt **Aquaplaning**.

Bremsen. Bei einem Auto mit Scheibenbremsen befindet sich an den Rädern eine Stahlscheibe, die sich mitdreht (Bild 4). An diese Bremsscheibe werden beim Bremsen von beiden Seiten mit großer Kraft die Bremsbeläge gepresst. Durch die Gleitreibung zwischen Scheibe und Belag wird das Rad abgebremst. Gleichzeitig bewirkt die Haftreibung zwischen Straße und Reifen, dass das Auto langsamer wird und zum Stillstand kommt.

Wenn die Räder bei starkem Bremsen blockieren, wird das Fahrzeug durch Gleitreibung zwischen Reifen und Straße abgebremst. Die Gleitreibungskraft ist aber geringer als die Haftreibungskraft, die Bremswirkung also nicht mehr so groß. Außerdem lässt sich das Fahrzeug nicht mehr lenken. Man muss die Bremse loslassen, damit die Räder wieder rollen und lenkbar werden. Das **Anti-Blockier-System (ABS)** regelt solch stotterndes Bremsen mit einem Computer. Hiermit lässt sich auch auf nassen oder vereisten Straßen ein Blockieren der Räder verhindern.

Wer im Gebirge auf einer langen Strecke mit starkem Gefälle häufig bremst, kann die Bremsscheiben dadurch zum Glühen bringen (vgl. S. 10). Um das zu verhindern, müssen Auto- und Lastwagenfahrer auch den Motor zum Bremsen einsetzen, d. h., in einem kleinen Gang bergab fahren.

Kraft

Projekt

Sicheres Radfahren

Als Fahradfahrer lebt ihr im Straßenverkehr immer stark gefährdet. Ihr werdet oft übersehen und habt kein schützendes Blech um euch herum. Daher müsst ihr versuchen, euch durch reflektierende Kleidung bemerkbar zu machen und Schutzhelme tragen. Auf jeden Fall muss die Bremsanlage an eurem Fahrrad intakt sein. Aber manchmal schützt auch das beste Fahrrad nicht vor einer Gefahr: Der Straßenbelag kann einen Strich durch die Rechnung machen – und man muss schnell reagieren können!

AUFTRAG 1
Untersucht auf dem Schulhof oder auf dem Sportplatz, wovon der Bremsweg abhängt!
Ein Radfahrer (mit Helm, Arm- und Knieschützern!) fährt mit unterschiedlichen Geschwindigkeiten: 5 km/h, 10 km/h, 15 km/h, 20 km/h auf verschiedenen Belägen: Asphalt, Sand, Rasen (u. a. auch mit Wasser befeuchtet) bis zu einer Markierung und bremst dann voll mit der Hinterradbremse. Vorher alles absperren und üben!
Messt jeweils den Bremsweg s_B. Tragt die Geschwindigkeiten und die zugehörigen Bremswege in eine Tabelle ein und stellt ein Diagramm her. Zeichnet nun Kurven für die unterschiedlichen Bodenbeläge. Verwendet für weitere Messungen auch Fahrräder mit anderen Reifen (Slicks, Stollenreifen) und vergleicht!

1

Anhalteweg ist nicht gleich Bremsweg. Wenn ein Kind plötzlich auf eine Fahrbahn läuft, ist der Weg bis zum Anhalten des ankommenden Fahrzeuges länger als der Bremsweg. Man muss die Reaktionszeit einkalkulieren. Bis man auf die Bremse tritt, rollt das Fahrzeug mit unverminderter Geschwindigkeit weiter: bei 36 km/h sind das 10 Meter in der Sekunde!

AUFTRAG 2
Messt eure eigene Reaktionszeit! Einer lässt ein Lineal fallen und die Testperson muss es fangen (Bild 2).
Aus dem Fallweg könnt ihr die Fallzeit gemäß der Tabelle bestimmen.
Wie weit rollt ihr bei 36 km/h während eurer Reaktionszeit?

Fallweg	Fallzeit
5 cm	0,10 s
10 cm	0,14 s
15 cm	0,17 s
20 cm	0,20 s
25 cm	0,23 s
30 cm	0,25 s

2

Weitere Aufträge
- Die Haftreibung spielt auch eine Rolle, wenn man sich in die Kurve legt. Probiert auf unterschiedlich rutschigen Belägen, wie kurvensicher sie sind!
- Wo befinden sich auf eurem Schulweg Stellen mit gefährlich niedriger Haftreibung? Wo befinden sich andere Gefahrenstellen in der Nähe der Schule? Lässt sich Abhilfe schaffen?
- Überprüft einmal eure Bremsanlage! Sind die Bremsen schwer zu betätigen, herrscht eventuell zu viel Reibung in den Bremszügen. Wie kann man sich helfen? Sind die Vorderbremsen intakt? – Beim Schieben des Fahrrades sollten sie das Vorderrad leicht blockieren können. Wie ist der Zustand der Bremsgummis? Wie kann man sie auswechseln?

46 Mechanik — Umwelt

Aufsteigen des Wassers in Hohlräumen

Durch den Regen und den Schnee im Winter ist der Boden fest geworden. Deshalb wird auf dem Feld und im Garten die oberste Erdschicht gelockert. Warum ist diese Bodenbearbeitung gerade im Frühjahr so wichtig? Und warum ist es nicht notwendig, den Waldboden aufzulockern?

Bodenbearbeitung auf dem Feld

Bodenbearbeitung im Garten

Unbearbeiteter Waldboden

Kapillarität und Bodenbearbeitung. Im Winter und im Frühjahr hat sich der Boden durch Schnee und Regen mit Wasser voll gesaugt. Durch die Last von Schnee und Eis ist die obere Schicht des Erdbodens fest. Im Frühjahr und im Sommer trocknen Wind und Sonne den Erdboden aus. Dabei wirken die kleinen Hohlräume in der Erde wie Kapillaren. Ständig steigt Wasser aus den tieferen Bodenschichten durch die Kapillaren nach oben (Bild 4a).

Durch Sonne und Wind geht dieses Wasser für die Pflanzen verloren. Deshalb sollte man die Oberfläche des Erdbodens auflockern. Dadurch werden die Kapillaren im Boden zerstört (Bild 4b). Das aufsteigende Wasser gelangt dann noch bis zu den Wurzeln der Pflanzen, aber nicht mehr bis zur Erdoberfläche.

Im Wald liegt eine lockere Laubschicht auf dem festen Boden. Die Hohlräume zwischen den Blättern sind dabei so groß, dass das Wasser nicht bis zur Oberfläche gelangen kann. Deshalb braucht der Erdboden im Wald und in Hecken nicht gelockert zu werden. In Hecken, unter Sträuchern und Bäumen sollte man die Laubschicht nicht entfernen. Dadurch erhält man auch den Lebensraum für viele Tiere, vor allem für Würmer und Insekten.

Kapillarität und Wachstum der Pflanzen. Die Wurzeln der Pflanzen nehmen ständig Wasser mit Nährstoffen aus dem Boden auf. Die engen Hohlräume im Erdboden bewirken, dass infolge der Kapillarität neues Wasser mit Nährstoffen zu den Wurzeln gelangt.

Die Kapillarität trägt auch mit dazu bei, dass das nährstoffhaltige Wasser in den Pflanzen von den Wurzeln über den Stängel zu den Blättern gelangt. Im Bild 5 sind die langgestreckten Gefäße im Stängel einer Pflanze gut zu erkennen, in denen Wasser und Nährstoffe aufgrund der Kapillarität aufsteigen.

Kapillarität und Häuserbauen. Die Fundamente von Häusern und anderen Bauwerken bestehen aus Beton, Ziegeln oder anderen Steinen. In all diesen Stoffen gibt es kleine Hohlräume.
Damit die Feuchtigkeit nicht in die Fundamente eindringen und in den Wänden aufsteigen kann, werden diese isoliert. Das erfolgt durch einen Anstrich mit Teer und das Anbringen von wasserundurchlässigen Sperrschichten, z. B. Bitumenpappe oder Kunststofffolien. Der Anstrich verschließt die Poren im Mauerwerk. Dadurch kann kein Wasser eindringen (Bild 1).

Außenisolierung eines Fundaments   Feuchte Hauswand   Aufsägen einer Hauswand

Sanierung von Altbauten. In alten Häusern ist oft diese Sperrschicht defekt. So kann die Feuchtigkeit des Erdreiches in das Fundament eindringen und in den Wänden aufsteigen, die Wände werden feucht (Bild 2). Für die Menschen ist das nicht gesund. Krankheiten der Atemwege (Asthma) und der Gelenke (Rheuma) sind häufige Folgen. Solche Bauten müssen saniert werden. Dazu muss das Fundament des Hauses aufgegraben und neu verputzt werden.
Nach dem Austrocknen versieht man es mit einem wasserundurchlässigen Anstrich und umgibt es mit einer Wasser sperrenden Folie. Danach werden die Außenwände des Hauses dicht über dem Erdboden Stück für Stück aufgesägt (Bild 3). In den entstandenen Spalt wird eine Wasser abweisende Schicht gebracht. Danach ist das Haus für Jahrzehnte gegen aufsteigende Feuchtigkeit geschützt.

AUFGABEN

1. Gibt man Wasser etwas Spülmittel zu, so haften die Teilchen nicht mehr so fest zusammen. Wie wird sich danach das Ergebnis deiner Experimente zur Kapillarität ändern? Überprüfe deine Vermutungen!
2. Nimm 4 gleich große Blumentöpfe. Fülle 2 mit trockener Erde und drücke die Erde in einem Topf fest an. In den 3. Topf füllst du trockenen feinen Sand und in den 4. trockenen groben Kies. Stelle alle Töpfe in ein flaches Gefäß, in dem 5 cm hoch Wasser steht. In welchen Töpfen wird die Oberfläche zuerst feucht? Vermute, begründe und überprüfe im Experiment!
3. Wenn du einige Tage verreist, kannst du deine Zimmerpflanzen mit einer Blumentränke bewässern. Überprüfe die Wirksamkeit einer solchen Tränke und erkläre, wie sie funktioniert!

AUFGABEN

1. a) Erläutere den Begriff „Bewegungsänderung"!
   b) Gib an, wann im folgenden Beispiel eine Bewegungsänderung vorliegt und wann nicht!
   - Eine Radfahrerin rollt mit gleich bleibender Geschwindigkeit eine Rampe hinab.
   - Sie fährt eine Kurve, bleibt aber gleichschnell.
   - Sie bremst das Fahrrad ab und kommt zum Stillstand.

2. Gib Beispiele für Wechselwirkungen zwischen zwei Körpern an, bei denen
   a) beide Körper ihre Bewegung ändern,
   b) beide Körper verformt werden,
   c) ein Körper sowohl verformt als auch beschleunigt wird!

3. In der Umgangssprache wird das Wort Kraft häufig anders verwendet als im Sinne der Mechanik. Nenne Beispiele dafür!

4. Überprüfe, ob für ein Gummiband das Hooke'sche Gesetz gilt:
   a) Führe Messungen mit geeigneten Belastungskörpern durch (z. B. Münzen in einem Beutel).
   b) Stelle deine Messwerte in einem Diagramm dar.
   c) Kennzeichne einen Bereich, in dem das Hooke'sche Gesetz näherungsweise gilt, und gib hierfür die Federkonstante an!

5. Äußere dich zu der Behauptung, „nur Lebewesen wie Menschen oder Tiere können Kräfte auf andere Körper ausüben"!

6. a) Aus einer Schraubenfeder soll ein Kraftmesser gebaut werden. Beschreibe, auf welche Weise man zu einer Skala gelangen kann!
   b) Statt einer Schraubenfeder soll ein Gummiband verwendet werden. Was ändert sich dadurch?

7. Was geschieht, wenn in den drei folgenden Situationen der Faden getrennt wird? Fertige jeweils eine Skizze an!

8. Gib Beispiele an, in denen die Verformung oder die Beschleunigung an einem Körper trotz starker Wechselwirkung nur sehr schwach ausgeprägt ist. Nenne jeweils den Grund dafür!

9. In einem Bus wird eine schwere Kugel mit einem Faden an der Decke aufgehängt.
   a) Beschreibe die Richtung des Fadens beim Beschleunigen, beim Abbremsen und bei der Fahrt durch eine Rechtskurve!
   b) Welche Aussagen lassen sich daraus über die jeweilige Kraft auf die Kugel ableiten?

10. Beim Fahrradfahren spielt Reibung an mehreren Stellen eine Rolle. Wo ist sie von Vorteil und wo von Nachteil?

11. Erläutere die Wirkungsweise eines Anti-Blockier-Systems (ABS)!

12. Das Auto sitzt im Schnee fest. Die Hinterräder drehen durch. Tim schlägt vor, sich auf den Kofferraum zu setzen. Julia will Sand unter die Räder bringen. Was bewirken die beiden Methoden?

13. Ein Schlitten ($m = 4$ kg) mit Stahlkufen mit einem Kind darauf ($m = 36$ kg) wird über das Eis eines Sees gezogen. Die Gleitreibungszahl für Stahl auf Eis beträgt $\mu_{GR} = 0{,}01$.
    Wie groß muss die Zugkraft am Schlitten mindestens sein?

14. Ein Körper drückt mit der Normalkraft $F_N = 200$ N auf seine Unterlage. Die Haftreibungszahl beträgt $\mu_{HR} = 0{,}6$.
    a) Welche Zugkraft ist notwendig, um den Körper in Bewegung zu setzen?
    b) Wie groß ist die Reibungskraft bei einer Zugkraft von 80 N? Fertige hierzu eine Skizze mit Kraftpfeilen an!

15. Im täglichen Leben und in der Technik ist Gleitreibung meist unerwünscht. Haftreibung hingegen ist häufig nützlich oder sogar lebenswichtig.
    Erläutere den Unterschied der Reibungsarten an Beispielen!

16. Wenn es nach einer Trockenperiode längere Zeit regnet, platzen zum Beispiel die Kirschen am Baum und die Radieschen in der Erde auf. Worauf ist das zurückzuführen?

17. Stelle 2 Glasplatten so in ein flaches Gefäß, dass sie sich an einer vertikalen Kante berühren (Bild 2). Gieße Wasser in das Gefäß. Erkläre!

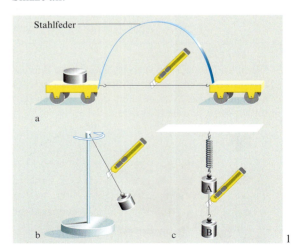

Kraft

ZUSAMMENFASSUNG

Kraft und Wechselwirkung
Ein Körper kann nur durch Wechselwirkung mit einem anderen Körper
- verformt
- beschleunigt bzw. abgebremst oder
- von seiner geradlinigen Bewegung abgebracht werden.

Die Wechselwirkung zweier Körper führt stets bei beiden Körpern zu einer Verformung oder Bewegungsänderung.
Die Kraft gibt an, wie stark ein Körper auf einen anderen einwirkt.
Formelzeichen für die Kraft: F
Einheit der Kraft: Newton (N)
1000 N = 1 kN; 1 000 000 N = 1 MN
Wirkt ein Körper A auf einen anderen Körper B mit einer bestimmten Kraft ein, so gilt:
- Je härter der Körper B ist, desto geringer ist seine Verformung, bzw.
- je größer die Masse von B ist, desto geringer ist seine Beschleunigung.
- Die Verformung von B ist abhängig vom Betrag, von der Richtung und vom Angriffspunkt der Kraft.

Hooke'sches Gesetz
Für Schraubenfedern gilt in einem gewissen Bereich:
$F = D \cdot s$ D Federkonstante (Einheit von D: N/m)
   s Längenänderung

Reibung
tritt an Grenzflächen zwischen Körpern auf.

Haftreibung
hält einen Körper gegen Zugkräfte auf der Unterlage fest.
Haftreibungskraft: $F_{HR} = \mu_{HR} \cdot F_N$ μ_{HR} Haftreibungszahl
   F_N Normalkraft

Gleitreibung
hemmt die Bewegung eines Körpers, der auf seiner Unterlage gleitet.
Gleitreibungskraft: $F_{HR} = \mu_{HR} \cdot F_N$ μ_{HR} Gleitreibungszahl

Unter vergleichbaren Bedingungen ist die Gleitreibungskraft kleiner als die Haftreibungskraft.

Stoffe und Teilchen
Alle Stoffe bestehen aus Teilchen.
Die Teilchen befinden sich in ständiger Bewegung.

Diffusion ist das selbstständige Durchmischen zweier Stoffe.
Brown'sche Bewegung: Kleine Partikel in Luft oder Wasser werden von Luft- bzw. Wasserteilchen angestoßen und bewegen sich daher unregelmäßig.
Kohäsion ist das Zusammenhalten der Teilchen eines Stoffes.
Adhäsion ist das Zusammenhalten der Teilchen verschiedener Stoffe.
Kapillarität ist das Aufsteigen von Flüssigkeiten in engen Hohlräumen.
Osmose ist das gerichtete Durchdringen einer Membran von Wasser in Richtung einer konzentrierten Lösung.

Gewichtskraft und Masse

Astronauten werden auf der Erde gründlich auf ihre Weltraummissionen vorbereitet. Vor einer Mondlandung musste dieser Astronaut den Transport von schweren Geräten und Rucksäcken üben. Ohne fremde Hilfe konnte er sie kaum anheben. Auf dem Mond dagegen trug er dieselben Geräte mühelos fort.

Gewichtskraft an verschiedenen Orten

Wer einen Apfel auf der flachen Hand hält, spürt, wie der Apfel auf die Hand drückt und sie ein wenig verformt. Wäre die Hand nicht da, so fiele der Apfel – wie andere Gegenstände auch – senkrecht nach unten.
Nicht nur bei uns in Mitteleuropa, sondern überall auf der Erde fallen die Körper nach unten (Bild 2). Dieses „Unten" bedeutet also: Die Körper fallen in Richtung Erdmittelpunkt. Auf dem Mond fallen sie in Richtung Mondmittelpunkt.
Um einen Körper am Fallen zu hindern, muss ein anderer Körper eine Kraft auf ihn ausüben: Eine Unterlage muss von unten gegen ihn drücken, oder eine Aufhängung muss von oben an ihm ziehen. Ein ruhender Körper, der z. B. an einem Federkraftmesser hängt, befindet sich im Kräftegleichgewicht. Die nach oben gerichtete Kraft, die der Federkraftmesser auf ihn ausübt, wird ausgeglichen durch die nach unten gerichtete Gewichtskraft $\vec{F}_G$.

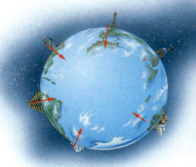

> Auf jeden Körper wird eine Gewichtskraft $\vec{F}_G$ ausgeübt.

Allerdings ist die Gewichtskraft, die auf ein und denselben Körper ausgeübt wird, nicht überall die gleiche. Der Rucksack des Astronauten im Bild 1 ließ sich auf dem Mond viel leichter anheben als auf der Erde.
Genaue Messungen ergeben, dass die Gewichtskraft, die auf einen bestimmten Körper ausgeübt wird, auch auf der Erde nicht überall gleich groß ist. Für die Gewichtskraft eines **1-kg-Wägestückes** ergibt sich in Mitteleuropa ein Wert von **9,81 N**. Bild 3 zeigt Messwerte an anderen Orten.

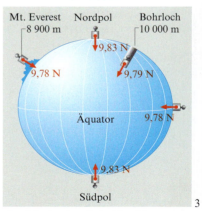

Gewichtskraft auf ein 1-kg-Wägestück. Die „Deformation" der Erde ist übertrieben dargestellt.

> Die Gewichtskraft eines Körpers hängt vom Ort ab, an dem sich der Körper befindet. Am Äquator der Erde ist sie etwas kleiner als an den Polen.
> Auf dem Mond ist sie deutlich kleiner als auf der Erde.

Gewichtskraft und Masse

Proportionalität zwischen Gewichtskraft und Masse. Mithilfe einer Federwaage und mehreren Wägestücken kann man leicht feststellen:
- Gleiche Wägestücke erfahren am selben Ort die gleiche Gewichtskraft.
- Hängt man zwei gleiche Wägestücke zusammen an einen Federkraftmesser, so zeigt dieser die doppelte Kraft an, bei drei Wägestücken die dreifache usw. Dies muss auch so sein, denn jedes Wägestück zieht mit der gleichen Kraft am Federkraftmesser (Bild 1b). Die Beträge der einzelnen Kräfte können zum Betrag der resultierenden Kraft addiert werden (vgl. S. 39).

Die nebenstehende Messwertetabelle zeigt Ergebnisse einer Messung, die man in Mitteleuropa erhält. Würde man das gleiche Experiment auf dem Mond durchführen, ergäben sich die Messwerte der rechten Spalte.
Anstelle von Wägestücken könnte man auch beliebige andere Gegenstände, deren Masse bekannt ist, an den Federkraftmesser hängen, z. B. Schokoladenstücke oder Zuckerwürfel. In allen Fällen gilt: Die Gewichtskraft F_G, die auf einen Körper wirkt, ist proportional zur Masse m des Körpers: $F_G \sim m$. Die Gewichtskraft hängt weder von der Form noch vom Material des Körpers ab – aber vom Ort, an dem sich der Körper befindet. Der Quotient aus Gewichtskraft und Masse hat an einem Ort einen bestimmten Wert, man nennt ihn daher **Ortsfaktor g**.

> Für die Gewichtskraft, die auf einen Körper der Masse m ausgeübt wird, gilt: $F_G = m \cdot g$. Der Ortsfaktor g hat an unterschiedlichen Orten unterschiedliche Werte; in Mitteleuropa beträgt er 9,81 N/kg.

Bestimmung von Massen – Waagen. Ein Obstverkäufer, der auf dem Wochenmarkt seine Äpfel mit einem Federkraftmesser abwiegt, würde sicher von seiner Kundschaft ungläubig bestaunt. Ständig müsste er erklären: „Die Gewichtskraft beträgt 10 N, dann beträgt die Masse der Äpfel gut 1 kg." Wesentlich einfacher hat es ein Verkäufer mit einer Balkenwaage, wie sie vor der Einführung elektronischer Waagen verwendet wurde (Bild 2). Mit der Balkenwaage werden keine Gewichtskräfte bestimmt, sondern es werden Massen miteinander verglichen: Sind die Gewichtskräfte auf beiden Seiten gleich groß, zeigt die Waage Gleichgewicht an. Und wenn die Gewichtskräfte gleich groß sind, dann sind auch die Massen der beiden Gegenstände gleich groß.

> Zwei Körper haben die gleiche Masse, wenn sie eine Balkenwaage ins Gleichgewicht bringen.

Die Messung mit einer Balkenwaage ist unabhängig davon, wie groß der Ortsfaktor an dem betreffenden Ort ist. Angenommen eine bestimmte Menge Äpfel wiegt auf der Erde gerade ein 1-kg-Wägestück auf. Dann beträgt die Gewichtskraft auf beiden Seiten der Waage 9,81 N. Nähme man dieselben Äpfel und dasselbe Wägestück mit auf den Mond, so betrüge dort die Gewichtskraft auf beiden Seiten 1,62 N – die Waage würde auch hier Gleichgewicht anzeigen.

Urkilogramm. Um eine Einheit der Masse verlässlich angeben zu können, wurde ein Prototyp, das Urkilogramm, geschaffen, ein Zylinder aus einer Platin-Iridium-Legierung, der in Sevres bei Paris aufbewahrt wird (Bild 3). Er hat einen Durchmesser und eine Höhe von je 39 mm. 1 kg ist die Masse dieses internationalen Kilogrammprototyps.

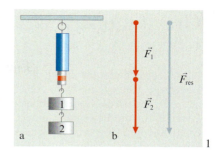

Messwertetabelle

m in g	F_G in N auf der Erde	F_G in N auf dem Mond
100	0,98	0,16
200	1,96	0,32
300	2,94	0,49
1000	9,81	1,62

Ortsfaktoren

Ort	g in $\frac{N}{kg}$
Erdoberfläche	9,78 bis 9,83
in 1000 km Höhe	7,33
auf dem Mond	1,62
auf dem Jupiter	26

Balkenwaage

Gravitation als Wechselwirkung zweier Körper

Alle Gegenstände auf der Erde verformen ihre Aufhängung bzw. ihre Unterlage. Wenn man sie von der Aufhängung trennt oder die Unterlage entfernt, ändern die Gegenstände ihre Bewegung, sie fallen nach unten. Die Ursache für die Bewegungsänderung kann nur die Wechselwirkung mit einem anderen Körper sein (siehe S. 33).

Häufig sind beide Partner einer Wechselwirkung leicht auszumachen, etwa im Experiment 1 auf S. 33: Ohne den linken Magneten würde sich der rechte Magnet nicht in Bewegung setzen und umgekehrt. Aber wo ist der Wechselwirkungspartner, der an einem Apfel zieht, ihn vom Baum löst und in Bewegung setzt?

Die Gewichtskraft, die auf ein 1-kg-Wägestück ausgeübt wird, ist umso kleiner, je größer seine Entfernung von der Erde ist (Bild 1): In 10 000 km Höhe über der Erdoberfläche beträgt die Gewichtskraft 1,49 N, in 20 000 km Höhe 0,57 N. Die Gewichtskraft ist dabei stets zum Erdmittelpunkt gerichtet, egal, wo sich der Körper befindet.

Der Wechselwirkungspartner für einen Apfel bzw. ein Wägestück befindet sich also auf der Erde, oder die Erde selbst ist der Wechselwirkungspartner.

Je größer die Entfernung von der Erde, desto kleiner die Gewichtskraft

Zieht die ganze Erde an einem Wägestück? Da alle Körper in Richtung Erdmittelpunkt fallen, könnte man vermuten, dass sich dort der Körper befindet, der an ihnen zieht. Wenn man in ein tiefes Bohrloch steigt, müsste dann die Gewichtskraft auf ein mitgebrachtes Wägestück immer größer werden. – Aber das Gegenteil ist der Fall: Die Gewichtskraft auf das Wägestück nimmt ab, je tiefer man ins Erdinnere vordringt (vgl. Bild 3, S. 50).

Der Grund liegt darin, dass sich dann große Gesteins- und Wassermassen oberhalb des Wägestücks befinden. Diese ziehen das Wägestück ein wenig nach oben.

Die Wechselwirkung zwischen einem Menschen und der Erde ist im Bild 2 dargestellt. Jeder Teil der Erde übt auf den Menschen eine anziehende Kraft aus. Aus der Addition der einzelnen Kräfte ergibt sich als resultierende die Gewichtskraft F_G. Die Gewichtskraft ist auf den Erdmittelpunkt gerichtet, weil die Richtungen der Einzelkräfte symmetrisch verteilt sind.

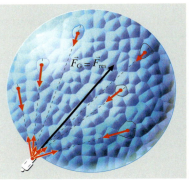

Gewichtskraft als resultierende Kraft

> Ein Körper wird von allen Teilen der Erde angezogen. Die Anziehung zwischen einem Teil der Erde und dem Körper ist umso schwächer, je weiter die beiden voneinander entfernt sind.

Damit kann auch erklärt werden, wie die Unterschiede im Ortsfaktor auf der Erde zustande kommen (Bild 3, S. 50): Auf dem Mount Everest und am Äquator ist die durchschnittliche Entfernung zu den einzelnen Teilen der Erde etwas größer als an den Polen. Die Gewichtskraft auf einen bestimmten Körper ist daher etwas kleiner.

Massenanziehung. Die Gravitation wird manchmal auch als Massenanziehung bezeichnet, weil die Gewichtskraft, die auf einen Körper ausgeübt wird, von der Masse des Körpers abhängt. Die Gewichtskraft ist jedoch unabhängig davon, aus welchem Stoff er besteht, welches Volumen er hat, ob er sich bewegt oder in Ruhe ist.

Auch der Mond zieht alle Körper an, allerdings nicht so stark wie die Erde dies tut; seine Masse ist auch kleiner als die der Erde.

Schon gewusst?

Ein Lot, das frei beweglich aufgehängt ist, zeigt in Richtung der Gewichtskraft. Genaue Messungen ergeben, dass das Lot am Fuße eines Gebirges etwas schräg hängt und Wasseroberflächen zum Gebirge hin ansteigen: Alle Körper werden zum Gebirge hingezogen.

Gewichtskraft und Masse

Erde und Mond. Die Bewegung des Mondes um die Erde ist vergleichbar mit derjenigen eines Steins, der am Faden hängt und von einer Hand schnell im Kreis herumgeschleudert wird. Die Hand zieht dabei am Stein, und der Stein zieht an der Hand. Ohne diese Wechselwirkung mit der Hand – wenn z. B. der Faden reißen würde –, bliebe der Stein nicht auf der Kreisbahn.

In ähnlicher Weise muss der Mond von der Erde angezogen werden, um auf der Kreisbahn zu bleiben. Anderenfalls würde er sich geradlinig davon bewegen. Die Erde zieht den Mond an – nach dem Wechselwirkungsprinzip zieht dann auch der Mond die Erde an. Auf der Erde können wir von dieser Wechselwirkung tatsächlich etwas spüren:

Der Mond bewirkt Ebbe und Flut. Er zieht alle Teile der Erde an, auch das Wasser in den Weltmeeren. Dadurch kommt es zu einem „Flutberg" auf der Seite, die dem Mond zugewandt ist (Bild 1).

Die Erde dreht sich um ihre eigene Achse, aber der Flutberg bleibt immer „unter dem Mond". An den Küsten hebt und senkt sich deswegen der Wasserstand in einem festen Rhythmus. Bei Flut steht das Wasser um bis zu 10 m höher als bei Ebbe.

Solche Gezeiten kann man in kleinerem Maßstab auch an Binnengewässern beobachten, etwa an den fünf großen Seen in Nordamerika. Und mit besonderen geophysikalischen Messmethoden hat man herausgefunden, dass sich sogar die Gebirge im Rhythmus der Gezeiten heben und senken.

Anziehung zwischen Körpern kleiner Masse. Erde und Mond ziehen einander gegenseitig an. Ebenso zieht die Erde einen fallenden Apfel an und dieser zieht die Erde an. Ziehen sich auch zwei Äpfel gegenseitig an?

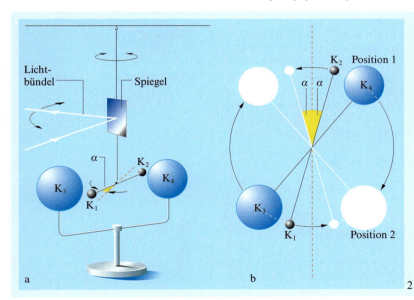

Durch die Bewegung der kleinen Bleikugeln wird die Anziehung auch zwischen Körpern kleiner Masse sichtbar.

> Zwischen allen Körpern gibt es eine anziehende Wechselwirkung, die Gravitation. Die Anziehung zwischen zwei Körpern ist umso stärker, je größer die Masse beider Körper ist und je kleiner ihr Abstand ist.

Zitat

ISAAC NEWTON schrieb: „Zu Beginn des Jahres 1665 begann ich zu denken, dass sich die Schwerkraft der Erde auch auf den Mond erstrecke. Und als ich die Kraft, welche erforderlich ist, um den Mond in seiner Bahn zu halten, mit der Schwerkraft an der Oberfläche der Erde verglich, zeigte es sich, dass alles genau passte."

Die Erde dreht sich, aber der Flutberg zeigt immer in Richtung Mond.

EXPERIMENT 1
1. Zwei kleine Bleikugeln K_1 und K_2 sind an einem drehbaren horizontalen Stab aufgehängt. In ihrer Nähe befinden sich zwei große Bleikugeln K_3 und K_4. Da sich der Faden etwas verdrillt, bewegen sich die kleinen Kugeln nur bis auf einen bestimmten Abstand an die großen Kugeln heran.
2. An dem beweglichen Stab ist ein Spiegel befestigt, der das Licht eines Lasers reflektiert. Am reflektierten Licht kann man erkennen, dass der Stab sich in Ruhe befindet.
3. Die großen Kugeln werden nun jeweils von der anderen Seite den kleinen Kugeln genähert. Die Bewegung des Stabes wird mithilfe des reflektierten Lichtes verfolgt.

Übrigens

Auf der mondabgewandten Seite der Erde gibt es (letztlich auch durch den Einfluss des Mondes) einen zweiten Flutberg. Deswegen kommt es zweimal während einer Erddrehung, also zweimal am Tag, zu Ebbe und Flut.

Schwere und Trägheit

Was fällt aus gleicher Höhe schneller zu Boden, ein schwerer Körper oder ein leichter? Der griechische Philosoph ARISTOTELES (384–322 v. Chr.) vertrat die Auffassung, ein schwerer Körper fiele stets schneller als ein leichter. Nach Ansicht des Italieners GALILEO GALILEI (1564–1642) führt diese Aussage jedoch zu einem Widerspruch:
- Angenommen man koppelt den schweren Körper A und den leichten Körper B zusammen (Bild 1). Dann müsste B den Fall von A bremsen, die Körper müssten also langsamer fallen als A allein.
- Andererseits bilden A und B gemeinsam einen Körper, der schwerer ist als A, sie müssten also nach ARISTOTELES schneller fallen als A allein.

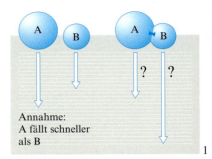

Zum Gedankenexperiment von GALILEI

Aus seinen Überlegungen und aus zahlreichen Experimenten zog GALILEI den Schluss, dass alle Körper gleich schnell fallen müssen. Ihm war dabei allerdings bewusst, dass dies nur gilt, wenn der Luftwiderstand keine Rolle spielt. Lässt man kompakte Gegenstände, etwa eine Stahlkugel und einen Stein aus zwei Meter Höhe gleichzeitig fallen, macht sich der Luftwiderstand nicht bemerkbar: Beide kommen zugleich auf dem Boden an. Schon ein Tischtennisball oder ein Papierknäuel fallen jedoch merklich langsamer: Sie treffen mit einer „Verspätung" gegenüber der Stahlkugel auf den Boden. Extrem stark macht sich der Luftwiderstand bei einer Vogelfeder bemerkbar: Sie gleitet langsam hinab, ohne schneller zu werden.

Beschleunigung während des Fallens. Wenn der Luftwiderstand keine Rolle spielt, spricht man auch vom „freien Fall". Die Geschwindigkeit eines frei fallenden Gegenstands ist beim Aufprall umso größer, je größer die Fallstrecke ist. Die Geschwindigkeit nimmt während des Fallens ständig zu, der Gegenstand wird beschleunigt. Man kennt das auch vom Springen: Ein Sprung aus 0,5 m Höhe macht in der Regel gar nichts aus, einen Sprung aus 1 m Höhe überlegt man sich schon eher, und bei einer Absprunghöhe von 1,5 m kann der Aufprall bereits sehr unangenehm werden.

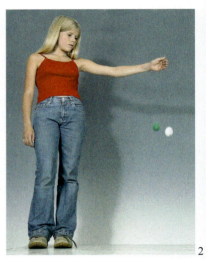

Fallexperiment

Kraft und Trägheit beim freien Fall. Zwei unterschiedliche Körper werden gleichzeitig aus einer Höhe fallen gelassen. Die Körper fallen „frei", die Luftwiderstandskraft ist sehr klein im Vergleich zu den Gewichtskräften.
Körper A hat die Masse 2 kg, er wird also mit einer Kraft von 19,62 N beschleunigt.
Körper B hat die Masse 1 kg, er wird also mit einer Kraft von 9,81 N beschleunigt.
Trotz doppelter „Antriebskraft" setzt sich A nur ebenso schnell in Bewegung wie B. Während des Fallens befinden sich beide Körper zu jedem Zeitpunkt auf gleicher Höhe.
Um Körper A in gleicher Weise zu beschleunigen wie Körper B, ist die doppelte Kraft erforderlich. Daher nennt man A *doppelt so träge* wie B.
Der Körper A in Bild 3 ist auch *doppelt so schwer* wie Körper B, das bedeutet: Er wird von einem anderen Körper, wie z. B. von der Erde oder vom Mond, doppelt so stark angezogen. Ebenso zieht er andere Körper doppelt so stark an. So wie die Trägheit wird auch die Schwere eines Körpers durch die physikalische Größe Masse gekennzeichnet.

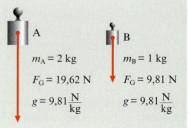

> Die Masse eines Körpers gibt gleichzeitig an, wie schwer der Körper ist und wie träge der Körper ist.

Gewichtskraft und Masse

Kraft und Trägheit bei horizontalen Bewegungen. Die Trägheit macht sich beim gleichmäßigen Fahrradfahren auf gerader Strecke kaum bemerkbar. Aber beim Anfahren an der Kreuzung spürt man deutlich, ob der Gepäckträger leer ist oder voll bepackt (Bild 1).
Um ein Fahrrad mit großer Masse in gleicher Weise zu beschleunigen wie eines mit kleinerer Masse, muss man kräftiger in die Pedale treten. Treten dagegen zwei Personen gleich stark, bleibt das Fahrrad mit der größeren Masse bald zurück.

In einem Experiment kann der Einfluss der Masse bei einer Beschleunigung genauer untersucht werden. Dazu sollte man Wagen verwenden, die möglichst wenig durch Reibung gebremst werden.

Beschleunigen bei unterschiedlicher Masse

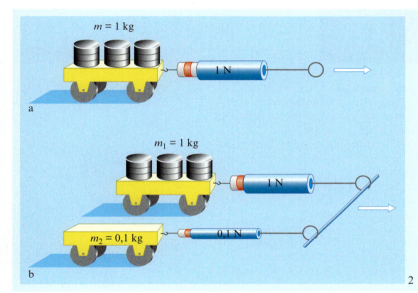

EXPERIMENT 2
1. Auf einer Messstrecke von 1 m Länge wird ein Wagen mit der Masse 1 kg mit gleich bleibender Kraft beschleunigt. Der Federkraftmesser zeigt dabei konstant 0,3 N an. Das Experiment wird mit Kräften von 0,6 N und 0,9 N wiederholt.
2. Zwei Wagen mit Massen von 0,1 kg und 1 kg werden in gleicher Weise beschleunigt. Die Messbereiche der Federkraftmesser betragen 0,1 N bzw. 1 N.

Im ersten Teil des Experiments erreicht der Wagen in immer kürzeren Zeiten das Ende der Messstrecke, auch ist seine Endgeschwindigkeit umso größer, je stärker an ihm gezogen wird. Die Geschwindigkeit des Wagens nimmt also schneller zu, man sagt: Er wird schneller beschleunigt.
Im zweiten Teil des Experiments werden zwei Wagen unterschiedlicher Masse in gleicher Weise beschleunigt: Sie befinden sich stets auf gleicher Höhe. Die Federkraftmesser zeigen jedoch unterschiedlich große Kräfte an. Um die gleiche Beschleunigung zu erzielen, muss der Wagen mit der zehnfachen Masse auch mit der zehnfachen Kraft gezogen werden.

Ein frei beweglicher Körper wird umso schneller beschleunigt, je größer die Kraft ist, die auf ihn ausgeübt wird.
Um zwei unterschiedliche Körper in gleicher Weise zu beschleunigen, muss auf denjenigen Körper mit der größeren Masse eine größere Kraft ausgeübt werden.

Für das Abbremsen eines Körpers gilt im Prinzip das Gleiche: Je größer die Bremskraft ist, umso schneller kommt der Körper zum Stehen. Und auf einen Lkw, der in gleicher Zeit zum Stehen gebracht werden soll wie ein gleich schneller Pkw, muss eine viel größere Kraft ausgeübt werden.

Schon gewusst?

Ortsfaktor und Fallbeschleunigung. Der Ortsfaktor g gibt an, wie groß die Gewichtskraft ist, die am betreffenden Ort auf einen Körper bestimmter Masse wirkt. Die Trägheit eines Körpers ist jedoch ortsunabhängig.
Auf dem Mount Everest werden frei fallende Körper daher nicht ganz so schnell beschleunigt wie z. B. in Mitteleuropa.
Auf dem Mond fallen die Körper viel langsamer als auf der Erde.

In der „Schwerelosigkeit"

Bei Fernsehübertragungen aus Raumstationen sehen wir Astronauten frei umherschweben (Bild 1). Stände ein Astronaut in der Raumstation auf einer Personenwaage, würde diese null anzeigen. Die Astronauten befinden sich in einem Zustand, den man „Schwerelosigkeit" nennt.

Selbstverständlich besitzen die Astronauten auch im All eine Masse und deshalb werden sie auch von der Erde angezogen. Warum spüren die Astronauten von der Anziehung aber nichts?

Auf der Erde bewirkt die Schwerkraft das Fallen aller Körper. Nun kann man aber jene Körper, die die Erde umkreisen – den Mond genauso wie Raumstationen –, ebenso als fallende Körper betrachten.

Um eine Raumstation in eine Umlaufbahn zu bringen, muss sie mit großer Geschwindigkeit in den Weltraum befördert werden. Ist die Geschwindigkeit zu gering, fällt die Raumstation aufgrund der Gravitation wie ein geworfener Stein auf die Erde zurück. Ist die Geschwindigkeit zu groß, verschwindet sie ins All (Bild 3).

Bei einer bestimmten Geschwindigkeit fällt die Raumstation nicht auf die Erde zurück, sondern „um die Erde herum". Alle Geräte und Menschen in ihr fallen mit.

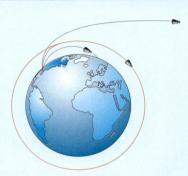

Um den Zustand der „Schwerelosigkeit" zu erfahren, muss man jedoch nicht in den Weltraum. Wenn ein Flugzeug sich für eine gewisse Zeit frei fallen lässt, herrscht im Inneren „Schwerelosigkeit".

Es reicht auch, mit einem Federkraftmesser und einem angehängten Wägestück von einem Dreimeterbrett zu springen (Bild 2) und die Kraft abzulesen, mit der das Wägestück an seiner Aufhängung zieht: 0 N.

In der „Schwerelosigkeit" funktionieren manche technischen Geräte anders als unter Normalbedingungen, Werkstoffe zeigen abweichendes Verhalten. Auch chemische und biologische Vorgänge verlaufen oft überraschend. Dazu führt man in Raumstationen zahlreiche wissenschaftliche Experimente durch.

Da Raumflüge ziemlich teuer sind, haben die Physiker nach Möglichkeiten gesucht, Experimente unter „Schwerelosigkeit" auch auf der Erde durchzuführen. Es wurden so genannte Falltürme entwickelt. Bild 4 zeigt den Fallturm in Bremen. Dieses in Europa einzigartige Großlabor wird von Wissenschaftlern aus aller Welt genutzt. Im Turm befindet sich eine 110 m lange Fallröhre. In den herabfallenden Experimentierkapseln wird für fast 5 s der Zustand der „Schwerelosigkeit" erreicht.

Gewichtskraft und Masse

AUFGABEN

1. Beschreibe den Unterschied zwischen Gewichtskraft und Masse eines Körpers! Wie hängen Gewichtskraft und Masse zusammen?
2. Am Äquator zeigt ein Federkraftmesser, an dem ein Beutel mit Sand hängt, 100 N an. Muss man am Nordpol Sand herausnehmen oder hinzufügen, damit der Federkraftmesser ebenfalls 100 N anzeigt?
3. Begründe, dass der Ortsfaktor
   a) in 10 000 m Höhe kleiner ist als auf Meeresspiegelniveau,
   b) 10 000 m unter der Erdoberfläche ebenfalls kleiner ist als auf Meeresspiegelniveau,
   c) am Erdmittelpunkt den Wert null besitzt!
4. Die Ausrüstung eines Astronauten hat eine Masse von 90 kg. Wie groß ist ihre Gewichtskraft auf der Erde bzw. auf dem Mond?
5. Nimm zu der folgenden Aussage Stellung: „Wenn man von einem Tisch springt, dann hüpft die Erde im selben Moment auch ein kleines Stück hoch." Begründe deine Ansicht!
6. Erkläre, wie durch die Wechselwirkung zwischen Erde und Mond die Rotationsbewegung der Erde um ihre Achse etwas gebremst wird! Wo tritt dabei Reibung auf?
7. Die Masse des Mondes beträgt nur 1/81 der Erdmasse. Begründe, dass die Fallbeschleunigung für Körper auf dem Mond trotzdem deutlich größer ist als 1/81 der Fallbeschleunigung auf der Erde!
8. Erläutere die Funktionsweise einer Gravitationsdrehwaage! Wieso kommen zu Beginn die Kugeln nicht miteinander in Berührung?
9. Beschreibe, wie mit der folgenden Anordnung die Anziehung zwischen den Wägestücken und dem Bleiblock nachgewiesen werden kann!

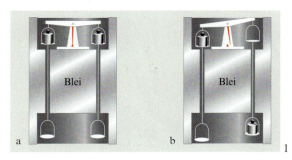

10. Felix sagt: „Zwei unterschiedliche Körper fallen im Vakuum gleich schnell, *obwohl* sie unterschiedliche Masse haben." Anna entgegnet: „Es muss heißen: ‚…,*weil* sie unterschiedliche Masse haben.'"
    Worauf beziehen sich ihre Aussagen?
11. Angenommen, von einem Tag auf den anderen würde sich die Gravitationswechselwirkung zwischen allen Körpern auf ein Tausendstel reduzieren.
    a) Schildere die Auswirkungen auf unsere Bewegungen. Berücksichtige auch Reibungseffekte!
    b) Wie würde sich die Bewegung des Mondes um die Erde verändern?
    c) Würden nach wie vor alle Körper (im Vakuum) gleich schnell fallen? Begründe deine Aussage!
12. Nenne Beispiele dafür, wie man den Zustand der „Schwerelosigkeit" erreichen kann, und erkläre sie!

ZUSAMMENFASSUNG

Zwischen allen Körpern gibt es eine gegenseitige Anziehung. Sie ist umso stärker,
– je größer die Masse der Körper ist und
– je kleiner der Abstand der Körper ist.
Die Masse eines Körpers ist überall dieselbe, die Gewichtskraft, die auf ihn wirkt, ist ortsabhängig.
Die Gewichtskraft, die auf einen Körper wirkt, ist proportional zu seiner Masse. $F_G = g \cdot m$ g: Ortsfaktor

In Mitteleuropa gilt: $g = 9{,}81 \, \frac{N}{kg}$.

Druck

Deine Fahrradreifen sollten immer den richtigen Druck haben. Eigentlich sind die Druckbehälter an den Tankstellen nur zum Auffüllen der Autoreifen gedacht. Wenn du aber besondere Ventileinsätze hast, kannst du mit ihnen auch deine Fahrradreifen aufpumpen.
Wie kommt der Druck in einem Reifen zustande?

Druck als physikalische Größe

Dem Druck und seinen Wirkungen begegnet man bei vielen Gelegenheiten, z. B. beim Einsinken im Schnee:

Der Fußgänger sinkt tief ein.

Das schwere Schneemobil sinkt kaum ein.

Die Ursache für das unterschiedlich tiefe Einsinken kann man erkennen, wenn man mehrere Ziegel auf verschiedene Weise auf Schaumstoff legt:

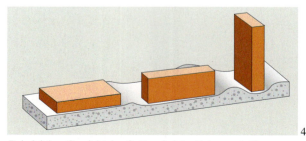

Bei gleicher Gewichtskraft F_G wird der Schaumstoff umso tiefer eingedrückt, je kleiner die Auflagefläche A ist.

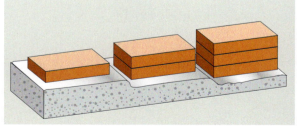

Bei gleicher Auflagefläche A wird der Schaumstoff umso tiefer eingedrückt, je größer die Gewichtskraft F_G ist.

Druck

Berechnung des Drucks. Zur Angabe des Drucks betrachet man die Kraft, die senkrecht auf eine bestimmte Fläche wirkt. Der Druck wird berechnet als Quotient aus Kraft F und Fläche A. Das Formelzeichen für den Druck ist p (nach dem englischen Wort *pressure*).

$$\text{Druck} = \frac{\text{Kraft}}{\text{Fläche}} \quad \text{oder} \quad p = \frac{F}{A}$$

Setzt man in dieser Gleichung für die Kraft die Einheit Newton und für die Fläche die Einheit Quadratmeter ein, so erhält man als Einheit für den Druck Newton je Quadratmeter ($\frac{N}{m^2}$). Diese Einheit bezeichnet man zu Ehren des französischen Forschers BLAISE PASCAL als Pascal (Pa). 1 Pascal ist ein sehr kleiner Druck. Es ist zum Beispiel der Druck, der von einer dünnen Tischdecke ($m = 102$ g) auf einen Tisch ($A = 1$ m²) ausgeübt wird. Man benutzt daher meist die Vielfachen dieser Einheit, nämlich Kilopascal (kPa) und Megapascal (MPa).

BLAISE PASCAL (1623–1662)

$1 \text{ Pa} = 1 \frac{N}{m^2} = 0{,}0001 \frac{N}{cm^2}$

$1 \text{ kPa} = 1\,000 \text{ Pa} = 0{,}1 \frac{N}{cm^2}$

$1 \text{ MPa} = 1\,000\,000 \text{ Pa} = 100 \frac{N}{cm^2}$

Zur Angabe des Drucks wird häufig auch noch eine ältere Einheit verwendet, das Bar (bar).
Es gilt:
$1 \text{ bar} = 100 \text{ kPa}, \quad 1 \text{ bar} = 10 \frac{N}{cm^2}$.

Der Würfel im Bild 2 drückt mit einer Gewichtskraft $F_G = 100$ N auf eine Auflagefläche von 4 cm². Auf eine Fläche von 1 cm² wirkt demnach eine Gewichtskraft von 25 N.

Der Auflagedruck beträgt $25 \frac{N}{cm^2}$.

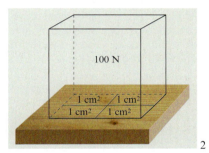

Auflagedruck eines Würfels

Jetzt kann man auch begründen, weshalb der Fußgänger tiefer einsinkt als das Schneemobil. Dazu vergleicht man die Auflagedrücke.

	Schneemobil mit Fahrer	Fußgänger
Gewichtskraft F_G	10 000 N	900 N
Auflagefläche A	30 000 cm²	500 cm²
Auflagedruck $p = \frac{F}{A}$	$0{,}33 \frac{N}{cm^2}$	$1{,}8 \frac{N}{cm^2}$

Breitere Räder erhalten die lockere Bodenstruktur.

Der Spaziergänger sinkt tiefer in den Schnee ein, weil er einen mehr als fünfmal so großen Auflagedruck ausübt, wie das Schneemobil.
Fahrzeuge in der Landwirtschaft und im Bauwesen sind oft groß und schwer. Damit ein Traktor nicht den Ackerboden verfestigt und ein Lkw auf weichem Untergrund nicht zu tief einsinkt, erhalten diese Fahrzeuge besonders breite Reifen (Bild 3). Dadurch werden kleine Auflagedrücke erreicht.
Umgekehrt will man bei Schneidwerkzeugen, wie Kneifzangen oder Messern, extrem hohe Drücke erreichen (Bild 4). Dazu müssen die Schneiden eine besonders kleine Auflagefläche haben.

Erzeugung eines großen Auflagedrucks

Gasdruck

Will man mit Luft gefüllte Bälle, Luftmatratzen oder Fahrradschläuche eindrücken, muss man eine Kraft aufwenden. Lässt man sie los, federn sie elastisch zurück. Das kann man besonders gut beobachten, wenn sie nicht so prall aufgepumpt sind. Dieses Zurückfedern kennst du von einer Hüpfburg in einem Vergnügungspark (Bild 1). Auch andere eingeschlossene Gase zeigen dieses Verhalten, zum Beispiel die Heliumfüllung in einem Kinderballon.

Entstehung des Gasdrucks. Gase bestehen aus Molekülen. Diese können sich frei und ungeordnet bewegen. Oft stoßen zwei Moleküle zusammen. Dabei ändern sie ihre Bewegungsrichtung. Als Folge dieser gegenseitigen Stöße der Moleküle aufeinander entsteht in dem Gas ein „Gedränge", ähnlich wie in einer Menschenmenge.

Befindet sich ein Gas in einem Gefäß, stoßen die Moleküle auch gegen die Wände. Von dort prallen sie zurück und fliegen mit geänderter Richtung weiter, bis sie wieder gegen ein anderes Molekül oder gegen eine Wand stoßen. Es gibt dabei keine bevorzugte Bewegungsrichtung der Moleküle und auch keine bevorzugte Gefäßwand, gegen welche die Moleküle prallen (Bild 2). Der Druck in einem eingeschlossenen Gas ist die Folge der Stöße der Moleküle gegeneinander und gegen die Gefäßwand. An den Gefäßwänden entstehen so nach außen gerichtete Kräfte. Durch diese Druckkräfte auf die Gefäßwände erhalten verformte Bälle, Fahrradreifen und Matratzen ihre alte Form zurück.

> Der Druck in einem eingeschlossenen Gas entsteht durch die Stöße der Gasmoleküle gegeneinander und gegen die Gefäßwände.
> In einem Gefäß ist der Gasdruck an allen Stellen gleich groß. Der Gasdruck wirkt allseitig. Auf die Gefäßwände wirken Druckkräfte.

Messen des Gasdrucks. Zum Messen des Gasdrucks benutzt man Manometer (Bild 3). Manometer messen den Gasdruck auf verschiedene Weise. Eine Ausführungsform zeigt Bild 4.

Das Manometer ist über einen Stutzen oder Schlauch mit dem gasgefüllten Gefäß verbunden. Je größer der Gasdruck in dem Gefäß wird, desto stärker wird der Deckel im Manometer verbogen. Die Bewegung des Deckels wird auf den Zeiger übertragen.

Ändern des Gasdrucks. Es gibt verschiedene Möglichkeiten, in einem Gas den Druck zu ändern. Man kann zum Beispiel mehr Gas in ein Gefäß hineinpumpen. Als Folge davon stoßen die Moleküle noch häufiger gegeneinander. Daher steigt der Druck beim Aufpumpen eines Schlauchs. Man kann aber auch die Temperatur des Gases erhöhen. Dann bewegen sich die Gasmoleküle heftiger und sie stoßen auch häufiger gegeneinander. So erhöht sich der Gasdruck im Fahrradschlauch bei längerer Sonneneinstrahlung.

Beispiele für Drücke			
Pkw-Reifen	200 kPa	Spraydose	1 000 kPa
Lkw-Reifen	600 kPa	Sauerstoffflasche	15 000 kPa
Fahrradreifen	bis 800 kPa	Pressluftflasche	20 000 kPa

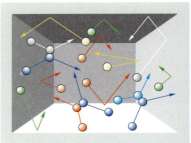

In einem eingeschlossenen Gas stoßen die Moleküle aneinander und gegen die Gefäßwände.

Manometer an der Tankstelle

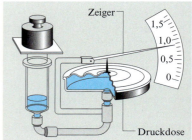

Aufbau eines Manometers

Druck

Eine weitere Möglichkeit, den Druck in einem Gas zu ändern, kennst du von der Luftpumpe: Wenn du die Pumpe vorn mit dem Daumen verschließt und die Luft mit dem Kolben zusammenpresst, dann musst du umso mehr Kraft aufbringen, je mehr du das Volumen verminderst. Der Druck in der Pumpe nimmt also zu, wenn das Volumen der eingeschlossenen Gasmenge verkleinert wird. Beim Aufpumpen eines Reifens kommt es zu einem Druckausgleich, wenn der Druck in der Pumpe größer ist als im Reifen.

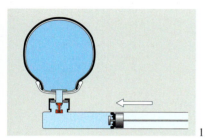
Zunächst wird in der Luftpumpe eine Gasmenge zusammengedrückt. Der Druck in der Pumpe steigt.

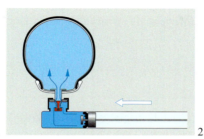
Ist der Druck in der Pumpe größer als im Reifen, so öffnet sich das Ventil und es strömt Luft in den Reifen.

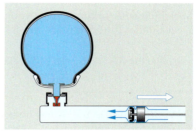
Beim Auseinanderziehen der Pumpe schließt sich das Ventil wieder und es strömt Luft von außen in die Pumpe.

Druck in Flüssigkeiten

Unter Kindern ist es ein beliebtes Spiel, andere mit einer Wasserpistole zu bespritzen. Untersucht man eine solche Spritze genauer, erkennt man einen wasserdichten Zylinder. An einem Ende befindet sich ein beweglicher Kolben. Am anderen Ende ist eine Düse angebracht. Drückt man den Kolben hinein, spritzt es durch die Düse heraus. Ähnliches kann man beobachten, wenn man eine Luftpumpe mit Wasser füllt und dann den Kolben hineindrückt. Das zeigt auch ein Experiment.

EXPERIMENT 1
An einer Spritze befindet sich eine Kugel mit mehreren gleichen Düsen. Man füllt diese Kugelspritze mit Wasser und drückt den Kolben hinein.

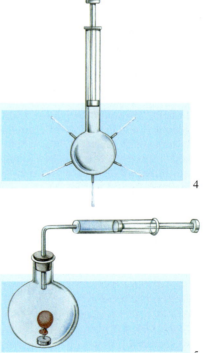

Durch die am Kolben wirkende Kraft wird das Wasser nach allen Seiten herausgepresst. Im Wasser herrscht ein Druck. Auf die Gefäßwände wirken Kräfte. Im folgenden Experiment soll untersucht werden, wie sich die Kraft auf einen Kolben im Inneren der Flüssigkeit auswirkt.

EXPERIMENT 2
Eine Flasche und ein Kolbenprober sind miteinander verbunden und mit Wasser gefüllt. In der Flasche befindet sich ein kleiner Luftballon. Der Kolben wird in den Kolbenprober hineingedrückt.

Mit zunehmender Kraft auf den Kolben wird der Luftballon von allen Seiten zusammengedrückt. Die Kraft auf den Kolben erzeugt in der Flüssigkeit einen Druck. Dieser Druck existiert in der gesamten Flüssigkeit – auch an allen Gefäßwänden.

Flüssigkeiten bestehen aus Molekülen, die sich dicht beieinander befinden. Bei ihren Bewegungen stoßen die Moleküle ständig auf andere Moleküle. Hierdurch entsteht der Druck in Flüssigkeiten. Da die Moleküle auch an die Gefäßwände stoßen, wirkt auf die Gefäßwände eine nach außen gerichtete Kraft.

Drückt ein Kolben auf die Flüssigkeit (Bild 1), so können die Moleküle kaum dichter zusammengedrückt werden. Die vom Kolben ausgeübte Kraft wird auf alle Moleküle und in alle Richtungen weitergegeben. Die Moleküle wirken nun heftiger aufeinander ein als zuvor. Das heißt: Der Druck in der Flüssigkeit erhöht sich.

> In einer eingeschlossenen Flüssigkeit ist der Druck an allen Stellen gleich groß. Er wirkt in alle Richtungen.

Das gilt allerdings nur, wenn man die Gewichtskraft der Flüssigkeit unberücksichtigt lässt.
Der Druck in einer Flüssigkeit lässt sich über die Kraft bestimmen, die auf eine Flächeneinheit der Gefäßwände wirkt.
Wie für den Gasdruck, gilt auch für den Flüssigkeitsdruck: $p = \frac{F}{A}$.

Übertragen und Vergrößern von Kräften. Mit der Apparatur in Bild 2 lässt sich zeigen, wie Bewegungen und Kräfte durch eine Flüssigkeit übertragen werden können. Drückt man den einen Kolben ein Stück hinein, so bewegt sich der Kolben am anderen Ende genau so weit hinaus. Das gilt allerdings nur, wenn beide Kolben dieselbe Querschnittsfläche haben.

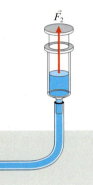
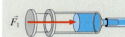

Druckkräfte und Bewegungen können sehr gut durch den Schlauch weitergegeben werden, weil das Volumen der Flüssigkeit sich auch bei Druckerhöhung nicht ändert. Wäre im Schlauch ein Gas, so könnte es zusammengedrückt werden und die Bewegung würde nicht übertragen werden. Unter bestimmten Bedingungen können die Kräfte nicht nur übertragen, sondern auch vergrößert werden. Das wird in **hydraulischen Anlagen** genutzt

EXPERIMENT 3
Zwei Kolbenprober mit unterschiedlichen Querschnittsflächen werden durch einen Schlauch verbunden. Die Apparatur wird mit Wasser gefüllt.
Auf den einen Kolbenprober wird mit einem Federkraftmesser eine Druckkraft ausgeübt.
Mit einem zweiten Federkraftmesser wird die Druckkraft bestimmt, die am anderen Kolbenprober wirkt.

Die beiden Kräfte in Experiment 3 sind unterschiedlich groß. Hat der linke Kolben eine Fläche von 5 cm², so erzeugt die Kraft $F_1 = 10$ N den Druck p:

$p = \frac{F_1}{A}$ $p = \frac{10 \text{ N}}{5 \text{ cm}^2} = 2 \frac{\text{N}}{\text{cm}^2}$.

Mit diesem Druck wirkt die Flüssigkeit auf den rechten Kolben. Seine Fläche beträgt 10 cm². Auf diese Fläche wirkt dann die Kraft F_2:

$F_2 = p \cdot A$ $F_2 = 2 \frac{\text{N}}{\text{cm}^2} \cdot 10 \text{ cm}^2 = 20$ N.

Druck

Hydraulische Anlagen

Die Möglichkeit zur Übertragung und Vergrößerung von Kräften nutzt man in vielen technischen Anlagen.
In hydraulischen Anlagen sind zwei verschieden große Zylinder mit beweglichen Kolben über Schläuche miteinander verbunden (Bild 2). Ihr Vorteil gegenüber anderen Vorrichtungen zur Kraftverstärkung besteht darin, dass sie keine Rollen, Zahnräder, Hebel, Seile oder Stangen enthalten, die im Laufe der Zeit verschleißen.
Als Flüssigkeit in einer hydraulischen Anlage wird meistens Mineralöl verwendet. Gegenüber dem Wasser hat Mineralöl den Vorteil, dass es bei den üblichen Wintertemperaturen nicht einfriert und vor Korrosion schützt.
Der Druck in dem Öl beträgt in vielen Anlagen über 10 bar. Um diesem großen Druck standzuhalten, sind stabile Schläuche mit guten Dichtungen erforderlich.

1

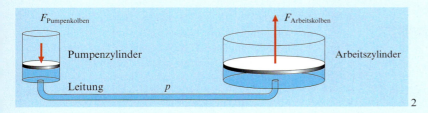
2

Der Pumpenkolben wird durch Muskelkraft oder durch einen Motor bewegt. Sie drückt den Pumpenkolben auf die Flüssigkeit und erzeugt dort den Druck p. Dieser Druck pflanzt sich durch die Leitung bis in den Arbeitszylinder fort.
Die am Arbeitskolben wirkende Kraft kann unter zwei Bedingungen besonders groß werden: Man erzeugt am Pumpenkolben einen besonders großen Druck oder man wählt einen Arbeitskolben mit besonders großer Querschnittsfläche.

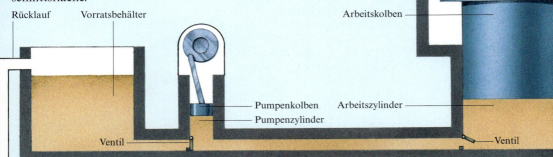
2

Hydraulische Presse. Beim einmaligen Niederdrücken des Pumpenkolbens wird nur wenig Flüssigkeit in den Arbeitszylinder gedrückt, sodass sich der Arbeitskolben nur Bruchteile von einem Millimeter hebt. Deshalb muss der Pumpenkolben bei der Presse mehrmals niedergedrückt werden. Bei großen Pressen übernehmen Elektromotoren das Heben und Senken des Pumpenkolbens.
Ventile sorgen dafür, dass beim Anheben des Pumpenkolbens kein Öl aus dem Arbeitszylinder zurückfließt, aber zusätzliches Öl aus dem Vorratsbehälter eingelassen wird. Soll der Arbeitskolben wieder gesenkt werden, öffnet man das Ventil für den Rücklauf in den Vorratsbehälter.

AUFGABEN

1. Berechne den Auflagedruck, den ein Elefant mit einer Masse von 4 t (Gewichtskraft 40 kN) auf den Boden ausübt ($A = 2800$ cm²). Vergleiche ihn mit deinem Auflagedruck (auf Zehenspitzen)!
2. Miss bei verschiedenen Skiern Breite und Länge der auf dem Schnee aufliegenden Lauffläche! Wie groß ist der Auflagedruck, wenn du darauf stehst?
3. Wie unterscheiden sich die Auflagedrücke bei Langlauf-, Abfahrt- und Sprungskiern?
4. Menschen, die in Eis eingebrochen sind, brauchen Hilfe. Der Helfer im Bild 1 bringt sein Leben selbst in Gefahr. Wie kann sich der Helfer schützen?

1

5. Wie kannst du zahlenmäßig den Auflagedruck von einem Rennrad, einem Tourenrad und einem Mountainbike vergleichen?
6. Mithilfe des Teilchenmodells kann man erklären, warum der Gasdruck größer werden muss, wenn man das Volumen des Gases verkleinert. Versuche es!
7. Die Experimentieranordnung im Bild 2a heißt Heronsball. Durch die Glasröhre wird Luft hineingeblasen. Danach wird sie mit einem Finger verschlossen. Erkläre, was geschieht, wenn man den Finger wegnimmt!

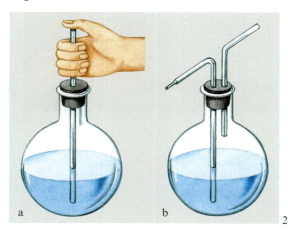
2

8. Erkläre die Wirkungsweise der Spritzflasche im Bild 2b!
9. Beschreibe den Aufbau und erkläre die Wirkungsweise eines Manometers!
10. Mit welcher Kraft drückt die Luft
    a) in einem Pkw-Reifen,
    b) in einem Fahrradreifen,
    c) in einem Lkw-Reifen jeweils auf eine Fläche von 1 cm²?
11. Der Korken einer Sektflasche ($A = 3$ cm²) wird mit einer Kraft von 200 N herausgedrückt.
    a) Wie groß ist der Druck in der Flasche?
    b) Wie groß ist die Kraft auf die Bodenfläche der Flasche ($A = 50$ cm²)?
12. Schätze ab, wie groß die Berührungsfläche zwischen Straße und Reifen bei folgenden Fahrzeugen ist:
    a) Fahrrad,
    b) Pkw,
    c) Lkw!
    Mit welcher Kraft wirkt jeweils die eingeschlossene Luft einer Verformung des Reifens entgegen?
13. Halte beim Vergrößern des Brustkastens Nase und Mund geschlossen! Was geschieht beim plötzlichen Öffnen des Mundes?
14. Jemand behauptet: „Eine Luftpumpe sollte einen möglichst großen Durchmesser haben, damit man einen Reifen besonders hart aufpumpen kann." Stimmt das? Begründe!
15. Begründe, dass sich bei Druckerhöhung das Volumen eines Gases verringern kann, das Volumen einer Flüssigkeit aber nahezu konstant bleibt!
16. Wer drückt hier wen weg? Mädchen und Junge sollen gleich stark sein. Begründe!

3

17. Nenne drei Maschinen, in denen hydraulische Anlagen genutzt werden!
18. Gasdruck und Flüssigkeitsdruck wirken allseitig. Wie ist das beim Auflagedruck?
19. In einer hydraulischen Anlage ist die Kraft am Arbeitskolben 8-mal so groß wie am Pumpenkolben. Der Pumpenkolben wird um 4 cm bewegt. Um welche Strecke bewegt sich dann der Arbeitskolben?
20. Begründe, dass die Bremsanlage eines Autos von Zeit zu Zeit entlüftet werden muss!
21. Hydraulikschläuche haben oft einen relativ kleinen Durchmesser. Versuche eine Begründung dafür zu finden!

Druck 65

ZUSAMMENFASSUNG

Auflagedruck
Körper, die auf anderen Körpern aufliegen, erzeugen durch ihre Gewichtskraft einen Auflagedruck.

Gasdruck
Der Druck in einem eingeschlossenen Gas entsteht durch die Stöße der Gasmoleküle gegeneinander und gegen die Gefäßwände.
Der Gasdruck wirkt allseitig.
Auf die Gefäßwände wirken Kräfte.

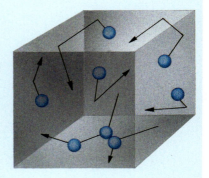

Druck in Flüsigkeiten
In Flüssigkeiten besteht ein Druck. Er kommt dadurch zustande, dass die Moleküle aufeinander und auf die Gefäßwand einwirken.
In einer eingeschlossenen Flüssigkeit breitet sich der Druck nach allen Seiten gleichmäßig aus. Der durch die Kraft auf einen Kolben hervorgerufene Flüssigkeitsdruck ist an allen Stellen des Gefäßes gleich groß.

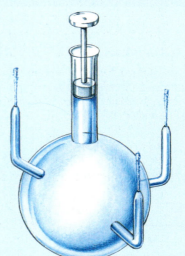

Berechnung des Drucks

Druck = $\frac{\text{Kraft}}{\text{Fläche}}$ oder $p = \frac{F}{A}$

F bezeichnet dabei die Kraft, die senkrecht auf die Fläche A wirkt.
Der Druck kann in Pascal (Pa) oder in Bar (bar) angegeben werden.
Es gelten folgende Beziehungen:

1 Pa = $1 \frac{\text{N}}{\text{m}^2}$

1 bar = $10 \frac{\text{N}}{\text{cm}^2}$

1 bar = 100 kPa

Der Auflagedruck wird meist in $\frac{\text{N}}{\text{m}^2}$ angegeben.

Messung des Drucks
Der Druck in Flüssigkeiten und Gasen wird mit Manometern gemessen.

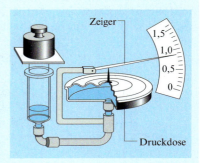

Hydraulische Anlagen
Hydraulische Anlagen sind kraftumformende Einrichtungen.
Die Kraft am Arbeitskolben ist besonders groß, wenn die Fläche des Arbeitskolbens sehr viel größer ist als die Fläche des Pumpenkolbens.

Schweredruck

Im Fahrstuhl eines Hochhauses, beim Aufstieg auf einen Berg oder beim Abstieg kann man von Zeit zu Zeit ein „Knacken" im Ohr bemerken. Wenn du im Auto große Höhenunterschiede überwindest, fühlen sich deine Ohren wie verstopft an. Besonders heftig verspürt man diesen Druck im Ohr während des Steigflugs oder des Landeanflugs im Flugzeug. Auch beim tiefen Tauchen drückt es in unseren Ohren.
Wie kommt dieser Druck zustande?

Schweredruck in Flüssigkeiten

Die Erfahrungen, die du schon beim Tauchen gemacht hast, sollen genauer untersucht werden. In einem Experiment kann man den Druck auf das Ohr veranschaulichen. Dazu braucht man eine Drucksonde und ein U-Rohr-Manometer (Bild 2).

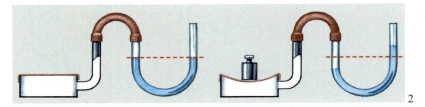

Eine Drucksonde besteht aus einer offenen Metalldose, über die eine Gummihaut gespannt ist. Drückt man auf diese Membran, so vergrößert sich in der Luft unter der Membran der Gasdruck. Diese Druckerhöhung wirkt auf das im U-Rohr befindliche Wasser und drückt es im linken Schenkel etwas nach unten. Zwischen den beiden Wassersäulen im U-Rohr entsteht ein Höhenunterschied. Dieser ist ein Maß für den Druck auf die Membran. Mit einer solchen Sonde lässt sich der Druck in einer Flüssigkeit genauer untersuchen.

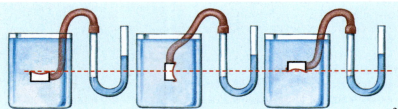

EXPERIMENT 1
Eine Drucksonde wird unterschiedlich tief in Wasser eingetaucht. Danach wird die Drucksonde in gleich bleibender Tiefe in verschiedene Richtungen gedreht.

Schweredruck

Es stellt sich heraus, dass der gemessene Druck umso größer ist, je tiefer die Drucksonde eingetaucht ist. In einer bestimmten Tiefe ist aber der Druck in allen Richtungen gleich groß.

Wird das Experiment mit anderen Flüssigkeiten wiederholt, z. B. Salzwasser oder Alkohol, so erkennt man, dass der Druck auch von der Dichte der Flüssigkeit abhängt: Bei gleicher Tiefe der Drucksonde ist der Druck umso größer, je größer die Dichte der Flüssigkeit ist (Bild 1).

Diese Ergebnisse lassen sich folgendermaßen erklären:
In einem Gefäß lastet in einer bestimmten Tiefe auf der dort befindlichen Flüssigkeit die darüber stehende „Flüssigkeitssäule". Sie wirkt in dieser Tiefe auf die Flüssigkeit wie ein gleich schwerer Kolben. Je länger die Flüssigkeitssäule ist und je größer die Dichte der Flüssigkeit ist, desto schwerer ist die Flüssigkeitssäule.

Die Druckunterschiede in der Flüssigkeit kommen also durch die Gewichtskraft zustande. Man spricht daher auch vom Schweredruck in Flüssigkeiten.

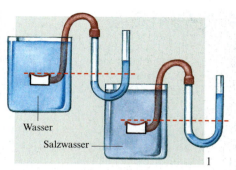

1

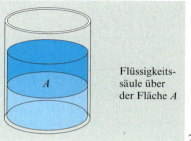

Flüssigkeitssäule über der Fläche A

2

> Der Schweredruck
> – entsteht durch die Gewichtskraft der Flüssigkeit,
> – ist umso größer, je größer die Tiefe ist,
> – ist in einer bestimmten Tiefe in allen Richtungen gleich groß,
> – ist umso größer, je größer die Dichte der Flüssigkeit ist.

Hängt der Schweredruck auch von der Form des Gefäßes ab? Mit einem besonderen Gerät lässt sich die Druckkraft auf die Bodenfläche verschiedener Gefäße bestimmen.

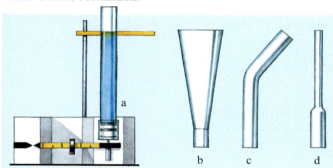

3

EXPERIMENT 2
Auf das abgebildete Gerät werden nacheinander verschieden geformte Röhren mit gleicher Grundfläche aufgesetzt.
Die Röhren werden jeweils bis zur gleichen Höhe mit Wasser gefüllt. Die Druckkraft wird mit einem Wägestück über einen Hebel ausgeglichen.

Das Experiment führt zu einem überraschenden Ergebnis, das auch als *hydrostatisches Paradoxon* bezeichnet wird:

> Der Schweredruck ist von der Form des Gefäßes unabhängig.

Die Zunahme des Schweredrucks mit der Tiefe müssen die Ingenieure bei allen Wasserbauwerken berücksichtigen. Ein wichtiges Beispiel für solche Bauwerke sind Talsperren, die als Talabschluss einen Stauraum zur Wasserspeicherung schaffen. Für deren Konstruktion gibt es verschiedene Möglichkeiten.

Bild 4 zeigt eine so genannte Gewichtsstaumauer, bei der die Dicke von der Krone zur Sohle hin zunimmt. Da Staumauern nicht selten Höhen von 100 m erreichen, müssen die durch den enormen Schweredruck des Wassers hervorgerufenen Kräfte durch elastische Trägerverbindungen auch auf die felsigen Talwände übertragen werden.

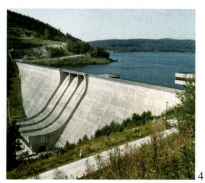

Gewichtsstaumauer

4

Luftdruck

Wenn du beim Abwasch ein vollständig mit Wasser gefülltes Glas mit dem Boden nach oben ziehst, dann fließt das Wasser zunächst nicht aus (Bild 1). Wie kommt das?

Die Erde ist von einer Lufthülle umgeben. Wir leben also gewissermaßen auf dem Grund eines riesigen „Luftmeeres". Ebenso wie das Wasser im Meer erzeugt auch die Luft durch ihre Gewichtskraft einen Schweredruck. Diesen Schweredruck der Lufthülle bezeichnet man als Luftdruck.

Der menschliche Körper hat sich dem Schweredruck der Luft so angepasst, dass man diesen nicht bemerkt. Daher ist man im täglichen Leben oft überrascht, wenn man den Wirkungen des Luftdrucks begegnet.

Wie groß der Luftdruck ist, lässt sich mithilfe eines Experiments abschätzen (Bild 2). Zieht man mit einem Federkraftmesser am Kolben eines Kolbenprobers, so strömt bei offenem Hahn Luft nach. Die Luft wirkt sowohl von innen als auch von außen auf den Kolben. Die vom Luftdruck verursachten Kräfte auf den Kolben heben sich gegenseitig auf. Der Federkraftmesser zeigt daher nur die Reibungskraft zwischen Glaswand und Kolben an (Bild 2a). Diese Kraft ist sehr klein. Wiederholt man die Messung bei geschlossenem Hahn, ist eine viel größere Kraft erforderlich (Bild 2b). Jetzt wirkt der Luftdruck nur von außen auf den Kolben. Zusätzlich zur Reibungskraft muss daher noch die vom Luftdruck auf den Kolbenquerschnitt ausgeübte Kraft F_{Luft} überwunden werden. Wird ein Kolben mit einer Querschnittsfläche von etwa $A = 6\ cm^2$ verwendet, so ergibt sich für die vom Luftdruck ausgeübte Kraft F_{Luft} etwa zu 61 N. Damit kann man den Luftdruck abschätzen:

$$p = \frac{F_{Luft}}{A} \qquad p = \frac{61\ N}{6\ cm^2} \qquad p \approx 10\ \frac{N}{cm^2}$$

Der so ermittelte Luftdruck beträgt annähernd $10\ \frac{N}{cm^2}$ oder 100 kPa. Auf der Erde ist der Luftdruck nicht überall gleich groß. Daher gibt man als Normdruck einen mittleren Wert an:

> Der mittlere Luftdruck beträgt auf dem Meeresspiegelniveau 101,3 kPa.

Im Wetterbericht wird der Luftdruck in Hektopascal (1 kPa = 10 hPa) angegeben. Der Normdruck beträgt 1 013 hPa.

Die Geräte zum **Messen des Luftdrucks** heißen auch Barometer (*barys* griech. für schwer). Ein Dosenbarometer funktioniert ähnlich wie ein Manometer zur Messung des Drucks von eingeschlossenen Gasen (vgl. S. 60). Allerdings wirkt beim Dosenbarometer der zu messende Druck von außen auf die Dose.

Der Luftdruck verhindert, dass das Wasser ausfließt.

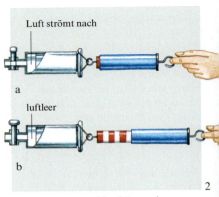

Messungen zum Abschätzen des Luftdrucks

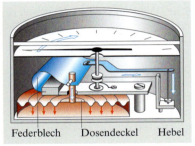

Dosenbarometer. Bei Zunahme des Luftdrucks wird die Dose zusammengedrückt. Die Bewegung des Dosendeckels wird auf den Zeiger übertragen. Dosenbarometer sind heute meist in Hektopascal geeicht.

Schweredruck

Unser Blutkreislauf

Das Blut versorgt alle Organe und Muskeln mit lebenswichtigen Nährstoffen und Sauerstoff. Dazu fließt das Blut in einem geschlossenen Kreislauf durch den Körper. Das Blut fließt in den Blutgefäßen: In den Arterien fließt es vom Herz weg in den Körper, in den Venen fließt es zum Herz zurück. Das Herz besteht aus zwei Herzkammern mit jeweils einem Vorhof (Bild 1). Die Herzhälften wirken wie große schlauchförmige Muskeln, die sich zusammenziehen und wieder weiten können. Zwischen dem Vorhof und der Herzkammer befindet sich jeweils eine Herzklappe. Diese kann man mit einem Ventil vergleichen, welches das Blut nur in eine Richtung, nämlich vom Vorhof zur Kammer hindurchlässt.

Wenn sich die Muskeln vom rechten Vorhof und von der rechten Herzkammer weiten, saugen sie das sauerstoffarme („verbrauchte") Blut an und pumpen es durch die Lungenschlagader weiter in die zwei Lungenflügel. Die Herzklappe verhindert dabei, dass beim Zusammendrücken des Herzmuskels Blut aus der Herzkammer zurück in den Vorhof fließt.

In den Lungen nimmt das Blut Sauerstoff auf. Das sauerstoffreiche Blut strömt aus den zwei Lungenflügeln in die linke Herzhälfte. Die linke Herzkammer drückt das sauerstoffreiche Blut durch die Hauptschlagader, die Aorta, in den Körper. Von der Aorta aus verteilt sich das Blut auf die verschiedenen Regionen des Körpers. Die Arterien verzweigen sich immer feiner, die kleinsten nennt man Kapillaren. In ihnen gibt das Blut Sauerstoff und Nährstoffe ab und nimmt „Abfallstoffe" des Stoffwechsels auf.

Messung des Blutdrucks. Der Druck in den Blutgefäßen gibt wichtige Auskünfte über den Gesundheitszustand des Menschen. Genaue Messungen führt der Arzt mit einem Quecksilbermanometer aus. Als Blutdruck bezeichnet man den Überdruck gegenüber dem äußeren Luftdruck. Zumeist wird er in der Einheit mmHg (Millimeter Quecksilbersäule) angegeben. 1 mmHg = 133 Pa.

Der Herzmuskel erzeugt bei jedem Zusammenziehen für einen kurzen Moment einen hohen Druck, um eine Portion Blut in die Aorta zu pressen. In der Aorta und in den von ihr abzweigenden Arterien breitet sich eine Druckwelle aus. Sie ist als Pulsschlag zu fühlen.

Engstellen an Arterien kann man mit einem Stethoskop nachweisen, denn die Verwirbelung des Blutstromes verursacht ein Strömungsgeräusch. Bei der Blutdruckmessung wird eine Druckmanschette um den Oberarm gelegt und zunächst mit hohem Druck aufgeblasen, sodass die Armschlagader zusammengepresst und der Blutstrom unterbunden wird. Dann wird langsam Luft aus der Manschette abgelassen. Das Auftreten eines Strömungsgeräusches im Rhythmus des Herzschlages zeigt an, dass die Druckwelle jetzt kräftig genug ist, um für einen kurzen Moment die Schlagader zu öffnen. Der dabei in der Manschette vorherrschende Druck wird als *systolischer Blutdruck* bezeichnet. Bei weiterem Ablassen des Drucks wird das Geräusch zunächst stärker, dann aber verschwindet es. Nun ist auch im Intervall zwischen zwei Pulsschlägen der Blutdruck ausreichend, um die Schlagader weit offen zu halten, sodass die Engstelle beseitigt ist. Dieser Wert wird als *diastolischer Blutdruck* bezeichnet.

Typische Werte bei einem gesunden jungen Menschen sind 120 mmHg für den systolischen und 80 mmHg für den diastolischen Blutdruck. Mit zunehmendem Alter steigen Blutdruckwerte aufgrund abnehmender Elastizität der Blutgefäße etwas an. Zu hoher Blutdruck strapaziert und schädigt die Blutgefäße; er muss medizinisch behandelt werden.

Ein Blick in die Natur

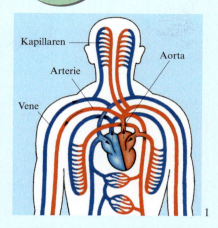

1

Der Blutkreislauf in Zahlen	
Durchschnittsleistung des Herzen	1,1 W
Vom Herz gepumpte Blutmenge	
pro Herzschlag	70 ml
pro Tag	7 000 l
nach 80 Jahren	200 000 000 l
Strömungsgeschwindigkeit des Blutes	
in der Aorta	20 cm/s
in den Kapillaren	0,03 cm/s
Durchmesser der Kapillaren	0,008 mm
Gesamtoberfläche der Kapillaren	22 000 m²
Verteilung des Blutes	
innere Organe	30 %
Muskulatur	25 %
Nieren	25 %
Gehirn	15 %
Herzmuskel	5 %

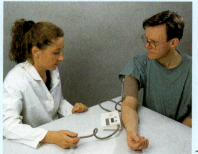

Blutdruckmessung

Mechanik

Vakuum und Luftdruck

Gibt es ein Vakuum? OTTO VON GUERICKE (Bild 1) interessierte sich für die Frage: Könnte man einen luftleeren Raum herstellen? Einen solchen Raum nennt man ein Vakuum. Für seine Untersuchungen beschäftigte er sich zuerst mit dem Bau von Luftpumpen. Mit diesen pumpte er die Luft aus Fässern und kupfernen Hohlkugeln. Zwei Männer mussten eine Stunde pumpen, bis aus einer Kugel mit einem Durchmesser von einem halben Meter fast die gesamte Luft heraus war.

In einem großen Schauversuch wollte GUERICKE den Menschen zeigen, mit welch großer Kraft der Luftdruck auf einen Körper wirkt. Dazu fügte er zwei kupferne Halbkugeln mit einem Durchmesser von 42 cm zusammen und pumpte die Luft heraus. Als Dichtung benutzte er einen mit Wachs und Terpentin getränkten Lederring. Für den Anschluss der Luftpumpe besaß die Kugel einen mit einem Hahn verschließbaren Stutzen. In der Mitte hatten die Halbkugeln starke Ösen. Nach dem Auspumpen konnten so an jede Kugelhälfte acht Pferde angespannt werden. Nur manchmal gelang es den Pferden, die zwei Kugelhälften auseinanderzureißen. Das geschah dann mit einem lauten Knall, als ob eine Kanone abgefeuert würde. OTTO VON GUERICKE wurde durch dieses Experiment in vielen Ländern bekannt, es wurde in anderen Städten wiederholt (Bild 2).

OTTO VON GUERICKE (1602–1686) war fast 50 Jahre Bürgermeister von Magdeburg und zugleich Naturforscher.

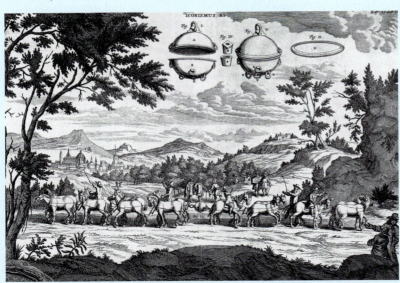

Wiederholung des Experiments auf dem Reichstag zu Regensburg im Jahre 1654

Luftdruck am Fuße und auf der Spitze eines Berges. BLAISE PASCAL untersuchte nicht nur den Schweredruck im Wasser, sondern auch den Luftdruck. So wollte er nachweisen, dass der Luftdruck durch die Gewichtskraft der Lufthülle zustande kommt. Dazu ließ er den Luftdruck am Fuße und auf der Spitze eines hohen Berges messen. Der Beweis gelang, auf dem Berg war der Luftdruck kleiner.

Heute schickt man Barometer mit Wetterballons mit. Die Messungen zeigen, dass die Lufthülle der Erde bis in einige hundert Kilometer Höhe reicht. Mit zunehmender Höhe wird der Luftdruck kleiner. Bereits in 5,5 km Höhe ist der Luftdruck nur noch halb so groß wie auf Meeresspiegelniveau. Daher benutzen Bergsteiger in größeren Höhen Atemgeräte.

Schweredruck

AUFGABEN

1. Baue dir selbst eine Druckdose (Bild 1): Schneide dazu das Mundstück eines Luftballons ab und ziehe das verbliebene Stück vom Luftballon über einen nicht zu großen Trichter. Das geht leichter, wenn du diesen vorher anfeuchtest. Wiederhole damit das Experiment 1 von Seite 66!

2. Auf Baustellen benutzt man manchmal eine Schlauchwaage (Bild 2). Wozu dient diese und wie funktioniert sie? Baue eine solche nach!

3. Beim Blutdruckmessen wird oft die Einheit mmHg („Millimeter Quecksilbersäule") verwendet. Überlege, wie diese Einheit festgelegt wurde!
4. Begründe, dass der Blutdruck am linken Arm in Höhe des Herzen gemessen wird!
5. Füllt man in ein U-Rohr zwei verschiedene, nicht mischbare Flüssigkeiten, so stehen diese in den Schenkeln nicht gleich hoch (Bild 3). Wie ist das zu erklären?
6. Der Saugfuß eines Hakens hat einen Querschnitt von 12 cm². Mit welcher Kraft drückt die Luft auf den Saugfuß?
7. Schätze die Kraft, mit der die Luft auf deine Körperoberfläche drückt ($A \approx 1{,}5$ m²)! Warum wirst du nicht zerquetscht?
8. Bestimme mit einem Dosenbarometer den Luftdruck im Keller und im Dachgeschoss eures Wohnhauses! Was beweisen deine Messungen?
9. Auf einem Gartenfest kam ein Gast auf eine besondere Idee, wie er seine Limonade trinken könnte. Statt eines Strohhalms wollte er von der obersten Sprosse einer Leiter aus einen dünnen Schlauch benutzen. Ob ihm das wohl gelungen ist? Probiere es aus!
10. Das Glasrohr in Bild 4 hat einen Querschnitt von 5 cm² und taucht 30 cm tief in das Wasser hinein. Wie groß muss die Masse des Wägestücks sein, damit es den Schweredruck des Wassers überwindet und die Glasplatte nach unten drückt?

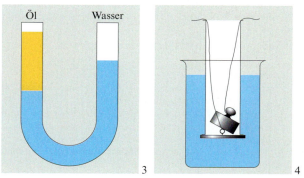

ZUSAMMENFASSUNG

Schweredruck in Flüssigkeiten
Der Schweredruck entsteht durch die Gewichtskraft der Flüssigkeit.
Der Schweredruck wirkt allseitig. Er ist umso größer, je größer die Tiefe und je größer die Dichte der Flüssigkeit sind.
Der Schweredruck ist von der Form des Gefäßes unabhängig.
In verbundenen Gefäßen stehen gleiche Flüssigkeiten gleich hoch.

Luftdruck
Der Luftdruck ist der Schweredruck in der Lufthülle der Erde.
Der mittlere Luftdruck beträgt auf Meeresspiegelniveau 101,3 kPa.

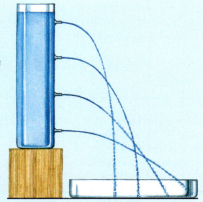

Auftrieb in Flüssigkeiten und Gasen

Wenn du beim Baden einen Ball unter die Wasseroberfläche drücken willst, musst du dich ziemlich anstrengen. Lässt du ihn los, springt er aus dem Wasser heraus.
Ein großer Stein lässt sich unter Wasser leicht anheben. Will man ihn aber auch noch aus dem Wasser herausheben, reicht manchmal die Kraft nicht aus.
Und wirft man ein Stück Holz ins Wasser, schwimmt es. Nimmt man jedoch ein Stück Eisen, geht es unter. Warum schwimmen dann aber Schiffe mit Stahlkörpern wie dieser Raddampfer?

Auftriebskraft

Im Wasser wirkt auf den Ball eine Kraft, die ihn aufwärts treibt. Diese Kraft nennt man Auftriebskraft F_A. Die Auftriebskraft bemerkt man auch beim Tauchen. Durch Schwimmbewegungen muss man ihr beständig entgegenwirken, ansonsten treibt sie einen nach oben.

> **EXPERIMENT 1**
> 1. Hänge einen Körper (Stein, Metallstab oder Wägestück) an einen Federkraftmesser und bestimme seine Gewichtskraft F_G in Luft!
> 2. Tauche den Körper vollständig in Wasser ein und bestimme erneut die Kraft, mit welcher der Körper am Federkraftmesser zieht!
> 3. Wiederhole die Messungen mit anderen Körpern!
> 4. Tauche einen Körper anschließend auch einmal in andere Flüssigkeiten ein!

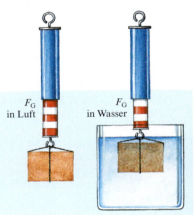

F_G in Luft F_G in Wasser

Es ist zu beobachten: In allen Fällen zeigt der Federkraftmesser eine kleinere Kraft an, wenn der jeweilige Körper in die Flüssigkeit eingetaucht ist. Daraus lässt sich schließen:

> In allen Flüssigkeiten wirkt auf eingetauchte Körper eine Auftriebskraft F_A.

Diese Auftriebskraft F_A wirkt der Gewichtskraft F_G entgegen. Deshalb kann man einen großen Steinbrocken im Wasser zunächst leicht vom Grund anheben.
Sobald der Stein aber aus dem Wasser herausragt, wird die Auftriebskraft kleiner und man muss am Ende die gesamte Gewichtskraft des Steins überwinden. Daher kann man häufig den Steinbrocken trotz größter Mühe nur teilweise aus dem Wasser herausstemmen.

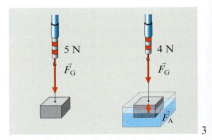

Die Auftriebskraft wirkt der Gewichtskraft entgegen.

Archimedisches Gesetz

Bereits im Altertum kannte man den Auftrieb der Körper in Flüssigkeiten. Der griechische Naturforscher ARCHIMEDES (etwa 285–212 v. Chr.) untersuchte als Erster, wie groß die Auftriebskraft F_A ist. ARCHIMEDES führte seine Untersuchungen in mehreren Schritten durch.

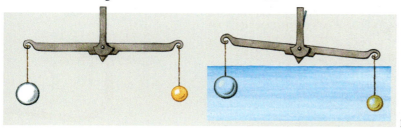
1

ARCHIMEDES wählte zwei unterschiedlich große Stücke Gold und Silber, die sich an einer Waage das Gleichgewicht hielten. Tauchte er die Körper in eine Wasserschüssel ein, hob sich die Seite des Wägebalkens, an der das Silberstück hing. Er vermutete, dass die Ursache hierfür das größere Volumen des Silberstücks ist. Zur Prüfung suchte er zwei Silberstücke aus, von denen eines doppelt so groß war wie das andere (Bild 2). Die Messungen bestätigten: Die Auftriebskraft hängt vom Volumen des eingetauchten Körpers ab. ARCHIMEDES wiederholte die Messungen nun mit anderen Flüssigkeiten wie Öl und Salzwasser. Auch hier stimmte seine Vermutung.
Einmal hatte ARCHIMEDES zuviel Flüssigkeit in die Schüssel eingefüllt. Beim Eintauchen des Körpers lief ein Teil über den Rand heraus. Da kam ARCHIMEDES der Gedanke, die Menge der verdrängten Flüssigkeit mit der Auftriebskraft zu vergleichen. Er tauchte die Körper in randvoll gefüllte Gefäße ein und wog die verdrängte Wassermenge. Er stellte einen Zusammenhang fest, den man heute das **Archimedische Gesetz** nennt:

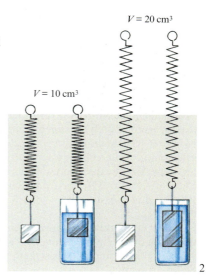
2

> Für einen Körper, der in eine Flüssigkeit eingetaucht ist, gilt:
> Die Auftriebskraft F_A hat den gleichen Betrag wie die Gewichtskraft F_G der vom Körper verdrängten Flüssigkeit.

Ein Stein mit dem Volumen $V = 1$ dm³ verdrängt also 1 l Flüssigkeit. Ist diese Flüssigkeit Wasser, so ist $F_A = F_{G,Wasser} \approx 10$ N. Ist die Flüssigkeit Öl, so ist $F_A = F_{G,Öl} \approx 8$ N. Die Auftriebskraft ist umso größer, je größer die Dichte der Flüssigkeit ist.

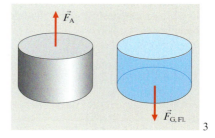
3

Entstehung des Auftriebs. Im Wasser besteht ein Druck. Die Moleküle des Wassers stoßen auf einen eingetauchten Körper. Bild 4 zeigt die Kräfte, die dabei auf die sechs Flächen eines Würfels wirken. Die Kräfte auf die vier Seitenflächen heben sich gegenseitig auf. Die auf die Bodenfläche und die Deckfläche des Würfels wirkenden Kräfte heben sich jedoch nicht auf. Weil der Schweredruck mit der Tiefe zunimmt, ist die von unten wirkende Kraft F_{unten} größer als die von oben wirkende Kraft F_{oben}. Die Auftriebskraft F_A entsteht so als Differenz aus diesen beiden Kräften: $F_A = F_{unten} - F_{oben}$. Das bedeutet:

> Die Ursache der Auftriebskraft ist die Zunahme des Schweredrucks mit der Tiefe.

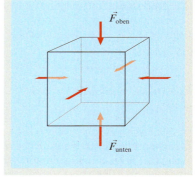
4

74   Mechanik

Auftrieb in Luft. Das Archimedische Gesetz gilt auch für Körper, die in das „Luftmeer" eintauchen. Die Auftriebskräfte sind meist nur sehr viel kleiner als die Gewichtskräfte der Körper. Das folgende Experiment zeigt jedoch das Wirken einer Auftriebskraft in der Luft.

EXPERIMENT 2
Unter einer Glasglocke steht eine empfindliche Balkenwaage; sie befindet sich zunächst im Gleichgewicht. Dann wird aus der Glocke Luft herausgepumpt.

Beim Herauspumpen von Luft neigt sich der Wägebalken zur Seite der Glaskugel. Die Dichte der Luft unter der Glasglocke nimmt ab. Als Folge wird die Gewichtskraft der Luft, die jeweils von der Glaskugel und von dem Wägestück verdrängt wird, kleiner. Da die Glaskugel das größere Volumen hat, wirkt sich bei ihr die Abnahme der Auftriebskraft stärker aus als beim Wägestück.

Berechnung der Auftriebskraft. Den Betrag der Auftriebskraft kann man experimentell durch Messen mit einer Federwaage ermitteln. Bei größeren Körpern, wie einem Boot versagt diese Methode. Dann braucht man eine Gleichung zur Berechnung der Auftriebskräfte. Diese Gleichung kann man aus dem Archimedischen Gesetz ableiten.
Die Auftriebskraft F_A hat den gleichen Betrag wie die Gewichtskraft F_G der verdrängten Flüssigkeit:
$F_A = F_{G,\text{Flüss}}$.
Die Gewichtskraft $F_{G,\text{Flüss}}$ der verdrängten Flüssigkeit kann man nach der Gleichung $F_{G,\text{Flüss}} = m_{\text{Flüss}} \cdot g$ ermitteln. Darin bedeutet $m_{\text{Flüss}}$ die Masse der verdrängten Flüssigkeit, und g ist der Ortsfaktor: $g = 9{,}81\,\text{N/kg}$.
So erhält man:
$F_A = m_{\text{Flüss}} \cdot g$.
Die Masse der verdrängten Flüssigkeit kann man aus Dichte und Volumen berechnen:
$m_{\text{Flüss}} = \varrho_{\text{Flüss}} \cdot V_{\text{Flüss}}$.

> Die Auftriebskraft auf einen Körper in einer Flüssigkeit ist
> $F_A = \varrho_{\text{Flüss}} \cdot V_{\text{Flüss}} \cdot g$.
> In einem Gas ist die Auftriebskraft $F_A = \varrho_{\text{Gas}} \cdot V_{\text{Gas}} \cdot g$.

Beispiel
Wie groß ist die Auftriebskraft auf ein Boot, das 1 m³ Wasser verdrängt?

Gesucht: F_A *Gegeben:* $\varrho_{\text{Wasser}} = 1\,\dfrac{\text{t}}{\text{m}^3} = 1000\,\dfrac{\text{kg}}{\text{m}^3}$

$V_{\text{Wasser}} = 1\,\text{m}^3 \qquad g = 9{,}81\,\dfrac{\text{N}}{\text{kg}}$

Lösung:
$F_A = \varrho_{\text{Wasser}} \cdot V_{\text{Wasser}} \cdot g$
$F_A = 1000\,\dfrac{\text{kg}}{\text{m}^3} \cdot 1\,\text{m}^3 \cdot 9{,}81\,\dfrac{\text{N}}{\text{kg}} = \underline{\underline{9\,810\,\text{N}}}$

Ergebnis: Die Auftriebskraft des Wassers auf das Boot beträgt 9810 N. Wenn das Boot eine Eigenmasse von 100 kg ($\cong$ 1000 N) hat, kann es noch eine Last bis 880 kg ($\cong$ 8800 N) tragen, also etwa 10 Personen.

Auftrieb in Flüssigkeiten und Gasen

Sinken, Schweben, Aufsteigen

Der kartesianische Taucher ist ein beliebtes Spielzeug. In einer mit einer Gummimembran oder mit einem Korken verschlossenen Flasche kann man den teilweise mit Luft gefüllten Glaskörper zum Sinken, Schweben oder Steigen veranlassen (Bild 1).
Auch andere Körper wie eine Tauchkugel können schwimmen, sinken, schweben oder aufsteigen. Welche Bewegung der Körper ausführt, hängt von der Gewichtskraft F_G und der Auftriebskraft F_A ab:

Kartesianischer Taucher

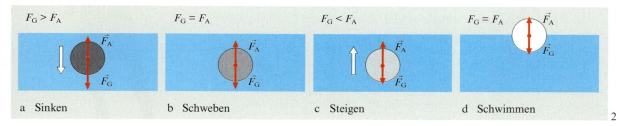

a Sinken b Schweben c Steigen d Schwimmen

Der Körper in Bild 2c steigt auf, bis er so weit aus dem Wasser ragt, dass sich die Auftriebskraft auf die Gewichtskraft verringert hat.
Diese Zusammenhänge nutzt man in der Schifffahrt zum Bau von Schiffen, zu ihrer Reparatur in Schwimmdocks und zum Heben von Wracks. Schiffe schwimmen, obwohl Körper aus Eisen im Allgemeinen sinken. Sie schwimmen, weil ihre Rümpfe hohl sind.
Bereits bei geringer Eintauchtiefe verdrängt ein Schiff so viel Wasser, dass die Auftriebskraft F_A und die Gewichtskraft F_G des leeren Schiffes gleich groß sind. Für jede Tonne Ladung, die das Schiff aufnimmt, muss es 1 m³ Wasser mehr verdrängen. Daher tauchen beladene Schiffe tiefer ein als unbeladene.
Zum Bergen gesunkener Schiffe dienen Hebepontons. Die Pontons werden zunächst mit Wasser gefüllt, wodurch sie zum Wrack hinabsinken (Bild 3a). Nachdem sie daran befestigt sind, presst man mit Druckluft das Wasser aus den Hebepontons heraus. Die auf die luftgefüllten Pontons wirkenden Auftriebskräfte F_A heben das Wrack (Bild 3b).

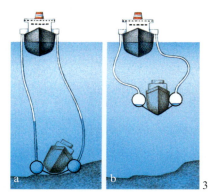

Mit Hebepontons werden Wracks gehoben.

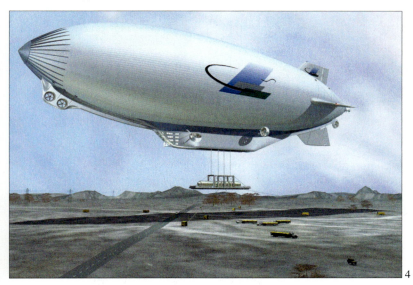

Mit leichtem Gas schwere Lasten heben. Brückenteile, Kraftwerksturbinen und ähnliche schwere Lasten lassen sich oft nur mühsam dorthin bringen, wo sie gebraucht werden. Schwertransporte erfordern nicht nur Absperrungen, sondern auch besonders stabile Straßen und Brücken.
In jüngster Zeit wurden Pläne für große Luftschiffe entwickelt, die mit Helium gefüllt sind. Die Dichte von Helium entspricht nur etwa einem Viertel der Dichte der Luft.
Ein Luftschiff mit 420 000 m³ Helium (260 m Länge, 65 m Durchmesser) könnte eine Last von 160 Tonnen befördern.

Leben und Tauchen im Wasser

Wie Menschen in die Tiefe gelangen

Es gibt zwei unglaublich scheinende Tauchrekorde des Menschen, die ohne die Benutzung jeglicher technischer Hilfen aufgestellt wurden: Gut trainierte Perlenfischer schafften eine Tauchzeit von über 6 Minuten und sie erreichten eine Tauchtiefe von 69 m.

Dennoch ist der Mensch für das Tauchen nur wenig geeignet. Er muss beim Tauchen drei große Probleme lösen: die Versorgung mit Atemluft, die Bewältigung der Druckunterschiede in den verschiedenen Tiefen und das Ausgleichen der Auftriebskraft im Wasser.

Versorgung mit Atemluft. Die Atemluft erhält der Taucher aus Pressluftflaschen. Die Pressluft ist aber nicht nur Sauerstoffspender. Durch den zunehmenden Schweredruck des Wassers in der Tiefe werden die Lungen des Tauchers immer stärker zusammengedrückt. Als Folge davon fiele dem Taucher das Atmen immer schwerer.

Daher muss die Atemluft immer einen solchen Gasdruck haben, dass sie in den Lungen den Gegendruck zum äußeren Schweredruck erbringt. Das besorgt der Atemregler.

Wasser und Luft sind durch eine Membran voneinander getrennt. Beim Einatmen öffnet die Membran über einen Hebel ein Ventil, sodass Luft aus der Flasche in die Luftkammer einströmen kann (Bild 1). Beim Ausatmen schließt der Hebel das Ventil. Über die Auslassventile gelangt die Atemluft nach außen (Bild 2).

Durch die Membran hat die Luft im Atemregler stets den gleichen Druck wie das umgebende Wasser. Auch in den Lungen herrscht dieser Druck. Dadurch fällt dem Taucher das Atmen in der Tiefe nicht schwerer als an der Wasseroberfläche.

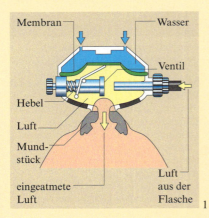

1

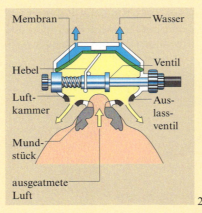

2

Ausgleich der Auftriebskraft. Ein Taucher muss stets versuchen, sein Gesamtgewicht (einschließlich der Ausrüstung) so auszutarieren, dass er im Wasser in jeder Tiefe schwebt. Durch den zunehmenden Schweredruck des Wassers werden die Lufteinschlüsse in den Neoprenanzügen dichter zusammengedrückt, wodurch das Gesamtvolumen des Tauchers und damit sein Auftrieb kleiner wird.

Deshalb ziehen Taucher Tarierwesten an. Sie sind die „Schwimmblasen der Taucher" (vgl. S. 78). Durch dosierte Zufuhr von Pressluft in die Weste wird in jeder Tiefe ein Schweben ermöglicht.

3

Auftrieb in Flüssigkeiten und Gasen

Tauchboote und Tauchkugeln. Die Neugier des Menschen ließ ihn nach Möglichkeiten suchen, auch die größten Tiefen des Meeres zu erforschen. Im Jahre 1960 erreichten Jacques Piccard und Don Walsh im Marianengraben den Meeresboden des Stillen Ozeans in 10 916 m Tiefe.
Der Wasserdruck in dieser Tiefe beträgt 116 000 kPa. Das ist mehr als das 1 000-fache des Luftdrucks. Auf jeden Quadratzentimeter wirkt also dort eine Kraft, die der Gewichtskraft von 1,2 Tonnen entspricht.
Während des 9-stündigen Unternehmens hielten sich Piccard und Walsh in einer Tauchkugel aus Stahl auf, die eine Wandstärke von 12 cm hatte. Auf dem Meeresgrund entdeckten sie auch einzelne Lebewesen.

Die Taucherkrankheit

Beim Auftauchen aus der Tiefe müssen Taucher besonders vorsichtig sein. Anderenfalls droht ihnen eine gefährliche Krankheit, die mit der Löslichkeit von Gasen in Flüssigkeiten wie Wasser und Blut zusammenhängt.
Wie viel Gas in einer Flüssigkeit gelöst sein kann, hängt vom Druck in der Flüssigkeit ab. Das kennt man vom Mineralwasser. In einer geschlossenen Flasche mit Mineralwasser sieht man keine Gasblasen aufsteigen. Der Raum zwischen dem Mineralwasser und dem Verschluss ist mit sehr viel Kohlenstoffdioxid gefüllt, es herrscht dort ein hoher Gasdruck. Dieser ruft auch im Mineralwasser einen Druckzustand hervor.
Der Gasdruck ist so groß, dass kein weiteres im Wasser gelöstes Kohlenstoffdioxid gegen die Kräfte des Gasdrucks aufsteigen kann. Öffnet man die Flasche, entweicht Gas aus dem oberen Raum der Flasche in die Umgebung, in der nur der normale Luftdruck herrscht – es zischt. Da nun der Druck auf das Mineralwasser kleiner geworden ist, tritt nach und nach ein großer Teil des bisher gelösten Kohlenstoffdioxids aus. Das heißt: Unter hohem Druck kann in einer Flüssigkeit mehr Gas gelöst sein als unter geringem Druck.
Dies gilt auch für das Blut. Mit zunehmender Tauchtiefe nimmt der Schweredruck des Wassers zu. Dieser Druck überträgt sich durch den Körper auf das Blut. In großen Tiefen kann das Blut daher mehr Sauerstoff aufnehmen als bei normalem Luftdruck an Land. Aber das Blut enthält dann auch mehr andere Gase, z. B. Stickstoff.
Bis zu einer Tauchtiefe von 9 m kann man mehrere Stunden tauchen, ohne dass es zu einer gefährlichen Situation kommt. Bei größeren Tiefen und langen Tauchgängen nimmt jedoch die Gasmenge im Blut immer mehr zu. Wenn ein Taucher nun zu schnell auftaucht, wird das Gas aus dem Blut in eben solchen Bläschen frei wie in einer plötzlich geöffneten Mineralwasserflasche. Die Gasbläschen verstopfen kleine Blutgefäße und unterbrechen die Blutversorgung. Nach dem plötzlichen Auftauchen führt dies zu Schmerzen, in schweren Fällen sogar zu Lähmungserscheinungen.

Heute nutzt man für Expeditionen auch Roboter, die mit Fernsehkameras Bilder aus der Tiefe senden.

Tauchen ist nicht nur ein Sport. Es gibt viele Arbeiten, die unter Wasser in großen Tiefen ausgeführt werden müssen. Taucher können nach Beendigung ihrer Arbeiten nicht sofort auftauchen.
In **Dekompressionskammern** wird der Druck sehr langsam vermindert und so der Taucherkrankheit vorgebeugt. Beim Auftauchen aus 100 m Tiefe dauert der Druckausgleich mehrere Stunden.

AUFGABEN

1. Neoprenanzüge sind Kälteschutzanzüge für Taucher. Sie bestehen aus einem kautschukartigen Material, in dessen Poren sich Lufteinschlüsse befinden.
   a) Warum schützt der Anzug vor Kälte?
   b) Warum sollte der Taucher für größere Tiefen eine Tarierweste tragen?
2. Erläutere, wie man sich gegen die Taucherkrankheit schützen kann!
3. Wie sieht ein Taucher, wenn er nach oben schaut, die Welt außerhalb des Wassers? Nutze hierzu deine Kenntnisse über die Brechung des Lichtes und fertige eine Skizze an!
4. Informiere dich über Tauchunternehmungen der letzten Jahre und berichte darüber. Welche Ziele hatten sie und welche Technik wurde benutzt. Verwende als Quellen Nachschlagewerke oder auch das Internet!

Die Fische als Überlebenskünstler

Atmung der Fische. Auch Fische müssen atmen. Wie die Landbewohner brauchen sie Sauerstoff zur Energieumsetzung in den Muskeln. Dazu nutzen die Fische den im Wasser gelösten Sauerstoff.
Die Fische nehmen den Sauerstoff in den Kiemen auf. Diese bestehen aus dünnhäutigen, reichlich mit Blut durchflossenen Blättchen, die an knorpeligen Kiemenbögen befestigt sind (Bild 1). Wenn der Fisch die Mundhöhle bei geschlossenen Kiemendeckeln erweitert, entsteht im Mundraum ein Unterdruck gegenüber dem Schweredruck im äußeren Wasser (Bild 2). Als Folge strömt neues, sauerstoffhaltiges Atemwasser ein. Danach wird der Mund geschlossen, die Kiemendeckel pressen nach innen und gleichzeitig hebt sich der Boden der Mundhöhle.
Diese Vorgänge wirken zusammen ähnlich der Erzeugung eines Kolbendrucks. Auf diese Weise wird das Atemwasser durch die geöffneten Kiemendeckel gegen den Schweredruck des äußeren Wassers aus dem Mund gedrückt. Dabei fließt es an den Kiemen vorbei. Sie nehmen einen Teil des Sauerstoffs aus dem Wasser auf und lösen ihn im Blut. Zugleich geben sie das im Blut gelöste Kohlenstoffdioxid an das Wasser ab. Das Kohlenstoffdioxid steigt in Bläschen auf.

Wie kommt der Sauerstoff ins Wasser? In kleinen Bächen mit hoher Fließgeschwindigkeit, Wasserfällen und Wirbeln stammt der im Wasser gelöste Sauerstoff hauptsächlich aus der Vermischung des Wassers mit Luft. Das gilt auch für die offene stürmische See. In stehenden und langsam fließenden Gewässern sowie in Küstengewässern mit Meerestiefen bis zu 200 m stammt der Sauerstoff vor allem aus der Fotosynthese der Pflanzen unter Wasser.
Das Wasser kann jedoch umso weniger Luft aufnehmen, je höher seine Temperatur ist. Während einer Hitzeperiode kann in stehenden Gewässern die Sauerstoffversorgung der Fische problematisch werden.

Regulieren der Tauchtiefe durch Gas. Die mittlere Dichte der Muskeln, Gräten und inneren Organe der Fische ist größer als $1\,g/cm^3$. Ohne Schwimmbewegung müssten sie daher auf den Boden sinken. Die meisten Fische verfügen über einen gasgefüllten Hohlraum, die Schwimmblase. Sie ist eine ideale Auftriebshilfe.
Bei einigen Fischen, wie Hecht, Karpfen und Rotfeder, steht die Schwimmblase zeitlebens durch einen Luftgang mit dem Maul in Verbindung. In anderen Fischen bildet sich diese Verbindung wenige Tage nach dem Schlüpfen zurück, sie haben eine geschlossene Schwimmblase. Dies gilt für Barsch, Stichling und viele Meeresfische. Das erste Gas gelangt bei Jungfischen in die Schwimmblase, wenn sie an der Oberfläche Luft schlucken.
Das Gesamtvolumen des Fisches hängt vom Füllungsgrad der Blase ab. Sie muss also in jeder Wassertiefe so gefüllt sein, dass die Gewichtskraft des vom Fischkörper verdrängten Wassers gleich seiner eigenen Gewichtskraft ist. Dann schwebt der Fisch.
Je tiefer er taucht, desto größer ist der Schweredruck des Wassers, der auf ihn und die Blase wirkt. Hierdurch würde sich das Volumen der Blase verkleinern und der Fisch würde immer tiefer sinken. Dem muss er entgegenwirken. Mit zusätzlichem Gas füllt der Fisch die Schwimmblase auf ihr ursprüngliches Volumen auf. Dazu dienen spezielle Hautabschnitte in der Schwimmblase, in denen das Blut die in ihm gelösten Gase abgeben kann. Umgekehrt muss ein Fisch beim Auftauchen entsprechend der Abnahme des Schweredrucks auch den Gasdruck in seiner Blase vermindern. Ande-

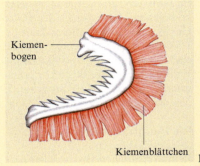

Schnitt durch Kiemen

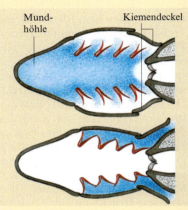

Strömung des Wassers durch Mundhöhle und Kiemen

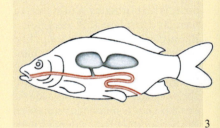

Beim Karpfen steht die Schwimmblase durch einen Luftgang mit dem Verdauungsapparat in Verbindung.

Schon gewusst?

In einem Liter Wasser können bei Atmosphärendruck etwa $17\,cm^3$ Luft gelöst werden. Da sich Sauerstoff besser im Wasser löst als Stickstoff, beträgt der Sauerstoffanteil in der gelösten Luft 35% gegenüber 21% in der Atmosphäre. Dies ist für die Fische von großem Vorteil.

Auftrieb in Flüssigkeiten und Gasen

Gasaustausch zwischen Schwimmblase und Blut eines Fisches

renfalls würde die Blase durch das Nachlassen des äußeren Schweredrucks immer größer und der Fisch würde durch seinen eigenen Auftrieb beständig höher getragen. Damit die Schwimmblase ihr ursprüngliches Volumen behält, nimmt beim Aufsteigen das Blut wieder Gas aus der Schwimmblase auf.

Für eine solche Änderung des Füllungsgrades ist eine bestimmte Zeit erforderlich. So benötigt ein Kabeljau für das Aufsteigen um 40 m aus einer Tiefe von 200 m etwa 1 Stunde, damit das Blut die erforderliche Menge von Gas aufnimmt. Werden Tiefseefische in den Netzen sehr schnell aus großen Tiefen gezogen, kann der Gasdruck in der Schwimmblase nicht schnell genug verringert werden. Als Folge drückt sie die Eingeweide aus dem Maul heraus oder platzt. In Binnengewässern ist dies häufig bei Barschen zu beobachten. Einem Karpfen oder Hecht macht ein schnelles Hochziehen nichts aus, sie pressen Gas aus der Blase durch den Luftgang ins Maul und „spucken" es aus.

Die Tiefe ist ein Lebensraum für Spezialisten. Die Möglichkeiten der Schwimmblase zum Druckausgleich sind begrenzt. In der Tiefsee herrschen derart hohe Schweredrücke, dass die gasgefüllte Schwimmblase völlig zusammengedrückt würde. Viele Fische, die auf dem Meeresboden leben, haben daher gar keine Schwimmblase.

Unterhalb von 600 m Tiefe gibt es so gut wie kein Sonnenlicht mehr. Daher gibt es auch kein pflanzliches Leben. Tiefseefische sind daher in der Regel Raubtiere oder Aasfresser. Sie haben oft große Tastorgane und Körperteile, die Licht aussenden, um Beute anzulocken (Bilder 2 und 3).

AUFGABEN

1. Der Kopf eines Pottwals hat eine Masse von bis zu 10 t. In ihm sind etwa 2 t eines öligen Sekrets enthalten. Es kann eine kristalline Struktur annehmen, wodurch sich das Volumen verringert.
Welche Rolle könnte das beim Tauchen des Pottwals bis in 2 500 m Tiefe spielen?

2. Stelle aus Nachschlagewerken eine Tabelle mit Tauchzeiten lungenatmender Säugetiere, Tauchenten und anderen Tauchvögeln zusammen!

3. Muss oder kann ein Fisch zur Änderung seiner Tiefe im Wasser die Füllung seiner Schwimmblase ändern? Begründe!

Heißluftballons

Das Fahren mit dem Heißluftballon wird immer beliebter. Lautlos treibt der Wind den Ballon in 150 Meter bis 400 Meter Höhe über die Landschaft. Nur einzelne Feuerstöße aus dem Brenner durchbrechen von Zeit zu Zeit die Stille. Bild 1 zeigt wesentliche Teile eines Heißluftballons. Die Hülle besteht aus dünnem, reißfestem Nylon und ist mit Polyurethan beschichtet. Als tragendes Skelett der Hülle dienen vertikale und horizontale Gurte mit großer Reißfestigkeit,

Die Tragkraft eines Heißluftballons hängt von dessen Volumen und von der Temperaturdifferenz zwischen der Heißluft im Inneren und der äußeren Luft ab. In einem mittelgroßen Ballon mit einem Fassungsvermögen von 4 000 m³ hat die Heißluft eine Masse von etwa 4 000 kg, was einer Gewichtskraft von 40 000 N entspricht. Sie verdrängt 4 000 m³ Kaltluft mit einer Masse von etwa 5 200 kg und einer Gewichtskraft von 52 000 N. Als Auftriebskraft stehen so bis zu 12 000 N zur Verfügung. Damit kann die Heißluft eine Last von etwa 1 200 kg in die Höhe tragen. Darin ist jedoch die Eigenmasse des Ballons eingeschlossen. Hülle, Korb und weiteres Zubehör müssen also möglichst leicht sein.

Zum Starten sind umfangreiche Vorbereitungen erforderlich. Zunächst müssen die bis zu 30 Meter langen Stoffbahnen der Hülle ausgebreitet werden. Dann bläst ein leistungsstarker Ventilator Kaltluft in die schlaffe Hülle hinein. Ist sie zu zwei Dritteln gefüllt, entzündet der Pilot den Gasbrenner und richtet ihn in die Öffnung. Die Feuerstöße sind bis zu 2 Meter lang. Damit sie nicht auf den Ballon treffen, verhindert ein Windtuch das seitliche Wegblasen der Flammen.

In Sekundenschnelle erhöht sich die Temperatur der Luft in der Hülle auf 90 °C. Das reicht, damit sich der Ballon aufrichtet. Jetzt müssen Helfer und Passagiere den Korb festhalten, damit er nicht vorzeitig abhebt. Nach vielfältigen Sicherheitskontrollen des Piloten klettern die Passagiere zum Piloten in den Korb. Jetzt wird der Korb von den Helfern freigegeben. Zugleich erhöht der Pilot die Temperatur der Innenluft der Hülle bis auf etwa 120 °C. Die Fahrt beginnt. Ein weiteres Steigen oder Sinken des Ballons steuert der Pilot allein mit der Temperatur der Heißluft. Dazu dient neben dem Brenner die Parachute am Top der Hülle (Bild 3). Dieses fallschirmartige Ventil wird je nach Bedarf mehr oder weniger geöffnet. Beim Landemanöver wird die Parachute kurz vor Erreichen des Erdbodens ganz geöffnet.

Auftrieb in Flüssigkeiten und Gasen

AUFGABEN

1. Warum erfordert es viel Kraft, einen leeren Eimer ins Wasser zu drücken?
2. Wie viel Wasser muss ein Paddelboot (mit einer Eigenmasse von 20 kg) mindestens verdrängen, damit es eine Person mit einer Masse von 80 kg tragen kann?
3. Ein Schiff fährt von der Ostsee über die Nordsee in den Atlantik. Dabei wird der Salzgehalt des Wassers immer größer. Wo taucht das Schiff am tiefsten und wo am wenigsten tief ein?
4. Warum schwimmt Eis im Wasser?
5. Der Raddampfer „Pillnitz" der Sächsischen Dampfschifffahrtsgesellschaft auf der Elbe hat eine Masse von 231 t. Wie viel Kubikmeter Wasser muss er verdrängen, damit er schwimmen kann?
6. Wie erklärst du das wechselnde Aufsteigen und Absinken von Rosinen in einem Glas mit Mineralwasser?
7. Bestimme Volumen und Masse von einem gekochten Ei! Schwimmt, schwebt oder sinkt das Ei in
   a) stark salzigem Wasser ($\varrho = 1{,}18$ g/cm^3),
   b) schwach salzigem Wasser ($\varrho = 1{,}06$ g/cm^3),
   c) Süßwasser ($\varrho = 1{,}00$ g/cm^3)?
   Berechne jeweils die Gewichtskräfte und die Auftriebskräfte. Prüfe dein Ergebnis im Experiment nach!
8. Berechne die Auftriebskraft, die 1 m^3 Helium in Luft erfährt! Wie viele 1-kg-Wägestücke könnte ein entsprechender Ballon in die Luft tragen?
9. Wie würde sich der Waagebalken im Bild 1 auf Seite 74 verhalten, wenn man unter der Glasglocke den Luftdruck erhöht? Begründe!
10. a) Wodurch entsteht bei einem Heißluftballon die Auftriebskraft?
    b) Was muss der Ballonfahrer tun, wenn er aufsteigen oder sinken will?
    c) Warum starten Heißluftballons gewöhnlich früh morgens oder abends nach Sonnenuntergang?
    d) Erfordert eine Ballonfahrt im Winter weniger Brenngas als im Sommer?
11. Ein Aluminiumwürfel der Kantenlänge 20 cm ist in Wasser eingetaucht.
    a) Wie groß ist die Auftriebskraft, die auf ihn wirkt?
    b) Der Schweredruck im Wasser nimmt auf 10 cm Tiefe um etwa 1 000 Pa zu. Berechne die Kräfte auf Deckfläche und Bodenfläche des Würfels, wenn sich über dem Würfel eine 1 m bzw. eine 10 m dicke Wasserschicht befinden!
    c) Ist die Auftriebskraft von der Tiefe abhängig?
12. Bild 1 zeigt einen Wetterballon. Er ist mit Wasserstoff gefüllt. Informiere dich darüber, wozu er dient und welche Höhen er erreicht! Worin unterscheidet er sich von einem Heißluftballon?

1

ZUSAMMENFASSUNG

Auftriebskraft
In Flüssigkeiten und Gasen wirkt auf alle Körper eine Auftriebskraft F_A. Ursache der Auftriebskraft ist die Zunahme des Schweredrucks mit der Tiefe.

Die Auftriebskraft F_A ist gleich der Gewichtskraft F_G des vom Körper verdrängten Stoffs.

Es gilt: $F_A = \varrho_{Stoff} \cdot V_{Stoff} \cdot g$
ϱ_{Stoff} Dichte des Stoffes
V_{Stoff} Verdrängtes Volumen
g Ortsfaktor $g = 9{,}81$ N/kg

Sinken, Schweben und Aufsteigen
Ein Körper, der vollständig in eine Flüssigkeit eintaucht, sinkt, schwebt oder steigt auf. Welche Bewegung der Körper ausführt, hängt allein von der Gewichtskraft F_G und der Auftriebskraft F_A ab:
$F_G > F_A$ – Sinken
$F_G = F_A$ – Schweben
$F_G < F_A$ – Aufsteigen

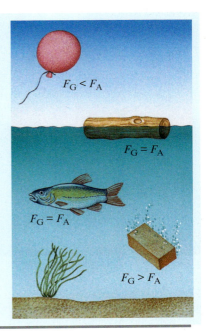

Fliegen

Ballons steigen infolge des statischen Auftriebs in ruhender Luft nach oben. Dieser Auftrieb kann es aber nicht sein, der Flugzeuge in die Luft hebt, denn die Gewichtskraft der von ihnen verdrängten Luft ist wesentlich kleiner als die Gewichtskraft eines Flugzeugs.
Welche Kraft hebt ein Flugzeug in die Luft?

Einfache Fluggeräte

Vor etwa 100 Jahren gelangen OTTO LILIENTHAL als erstem Menschen Flüge bis zu 300 m Weite. Seitdem haben sich Flugpioniere zahlreiche verschiedene Fluggeräte ausgedacht.
Einfache Fluggeräte ohne Antrieb sind Gleitschirme. Sie werden an einem Hang gestartet (Bild 3) und können unter günstigen Bedingungen minutenlang in der Luft bleiben (Bild 2).

Gleitschirm im Kurvenflug

Start eines Gleitschirms

Die Flugeigenschaften solcher Geräte hängen davon ab, in welcher Weise sie von der Luft umströmt werden. Durch die Strömung erfahren sie einen Auftrieb, der ein schnelles Herabsinken zum Boden verhindert.

Auftrieb in strömender Luft

Wenn ein Flugzeug auf der Startbahn eine bestimmte Geschwindigkeit erreicht hat, erhebt es sich in die Luft. Dass die Kraft, die das Flugzeug hebt, durch die Luftströmung verursacht wird, kann man mithilfe eines Experiments nachvollziehen.

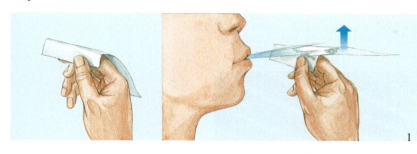

EXPERIMENT 1
1. Falte ein Blatt Papier und blase es über die Kante an!
2. Befestige an der hinteren Kante des Papiers einige Büroklammern und blase das Papier erneut an!

Das Experiment lässt erkennen: Wenn Luft über ein nach unten gewölbtes Blatt Papier strömt, wirken nach oben gerichtete Kräfte.
In der Luft werden Kräfte von Druckunterschieden verursacht. Deshalb soll der Druck an den Flügeln von Flugzeugen in Luftströmungen genauer untersucht werden. Hierfür eignen sich ein Gebläse mit möglichst großem Querschnitt, selbst hergestellte Tragflächenprofile aus Styropor und ein Glasrohr, das durch einen Schlauch mit einem U-Rohr-Manometer verbunden ist.

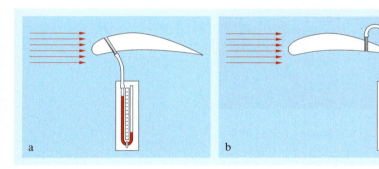

EXPERIMENT 2
Nacheinander wird der Druck oberhalb (a) und unterhalb (b) eines Tragflächenprofils bestimmt.

Oberhalb des Flügels besteht ein Unterdruck, unterhalb des Flügels herrscht ein Überdruck. Dadurch wirkt insgesamt auf den Flügel eine nach oben gerichtete Kraft (Bild 3). Sie heißt dynamische Auftriebskraft F_A.
Die dynamische Auftriebskraft wird größer, wenn
- die Fläche des Flügels größer wird,
- sich die Geschwindigkeit der Luftströmung erhöht,
- der Flügel etwas steiler angestellt wird.

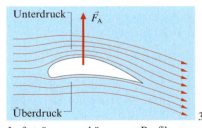

Luftströmungen können an Profilen eine dynamische Auftriebskraft $\vec{F}_A$ erzeugen.

An einer Tragfläche sind die Abweichungen des Unterdrucks und des Überdrucks vom äußeren Luftdruck relativ gering. Bei einem tonnenschweren Passagierflugzeug mit einer Reisegeschwindigkeit von 800 km/h entsteht unter den Tragflächen ein Überdruck von „nur" etwa 1% zum Luftdruck der ruhenden Luft. Auf der Oberseite der Tragfläche erreicht der Unterdruck etwa 2% vom Luftdruck der ruhenden Luft.
Der Unterschied beträgt also 0,3 N je Quadratzentimeter Tragfläche. Jeder Quadratzentimeter der Tragfläche kann folglich eine Last von 30 g tragen. Für einen Quadratmeter ergibt das schon 300 kg!

Strömungswiderstand

In Windkanälen testen Konstrukteure von Flugzeugen, Hochgeschwindigkeitszügen und Pkw das Verhalten ihrer Fahrzeuge bei verschiedenen Geschwindigkeiten. Besonders wichtig ist die Frage, wie die Luft um die Fahrzeuge herum strömt, gleichmäßig oder verwirbelt? Hierfür gibt man in gleichen Abständen gefärbte Gase oder Nebel in den Wind hinein. Sie werden von der Luftströmung mitgerissen. Aus dem Verlauf dieser Nebelbänder beim Umströmen des Pkw werden Rückschlüsse auf die Fahreigenschaften und den Benzinverbrauch gezogen.

1

Vom Skifahren, Rodeln und Radfahren ist bekannt, dass man eine größere Geschwindigkeit erreicht, wenn man dem Fahrtwind weniger Angriffsfläche bietet. Dann setzt die Luft der Bewegung des Körpers einen kleineren Widerstand entgegen. Diesen Widerstand nennt man Strömungswiderstand. Die Haltung und die Kleidung von Rodlern gibt einen Hinweis darauf, wovon der Strömungswiderstand eines Körpers abhängt.

Rennrodlerin 2   Freizeitrodler 3

Fliegen

In einem Experiment soll untersucht werden, wovon der Strömungswiderstand eines Körpers abhängt.

> **EXPERIMENT 3**
> Mit einem Gebläse werden verschiedene Körper angeströmt. Infolge des Luftstroms wird die Leiste fest gegen den Anschlag gedrückt. Das Stativ mit dem Kraftmesser wird so lange verschoben, bis sich die Leiste gerade von dem Anschlag zu lösen beginnt. Der Strömungswiderstand wird am Federkraftmessser abgelesen.
> Die angeströmten Körper unterscheiden sich in der Größe der angeströmten Stirnfläche, der geometrischen Form der Stirnfläche, der Form des Körpers und der Rauigkeit seiner Oberfläche.
> Der Strömungswiderstand der Körper wird nacheinander für unterschiedliche Strömungsgeschwindigkeiten der Luft gemessen.

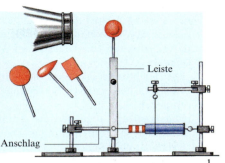

Aus den Messungen ist zu erkennen:

> Der Strömungswiderstand ist umso größer,
> – je größer die Strömungsgeschwindigkeit ist,
> – je größer die Stirnfläche ist,
> – je rauer die Oberfläche ist.

Genauere Messungen lassen erkennen: Wenn sich bei sonst gleichen Bedingungen die Strömungsgeschwindigkeit verdoppelt oder verdreifacht, dann vervierfacht bzw. verneunfacht sich der Strömungswiderstand.
Der Körper, der den kleinsten Strömungswiderstand hat, besitzt die Form des Körpers im Bild 2. Man nennt ihn Stromlinienkörper. Bei ihm umhüllen die Stromlinien den Körper ohne jegliche Unregelmäßigkeit.
Die folgende Übersicht zeigt die Abhängigkeit des Strömungswiderstands von der Form des Körpers. Die Zahlen geben an, wievielmal größer der Strömungswiderstand des jeweiligen Körpers ist als der vom Stromlinienkörper. Dabei werden gleiche Stirnfläche, gleiche Geschwindigkeit und gleiche Rauigkeit der Körper vorausgesetzt.

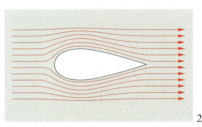

Stromlinienkörper

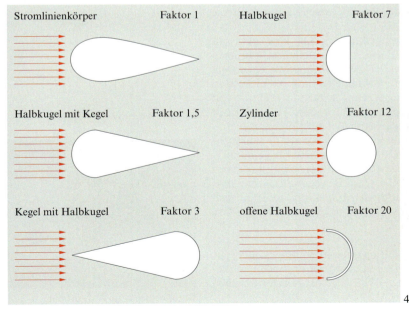

Auto mit extrem hohem Strömungswiderstand (1934)

Auto mit extrem niedrigem Strömungswiderstand (1998)

Kräfte beim Fliegen

An einem Flugzeug mit Antrieb wirken immer vier Kräfte. Im Bild 1 sind diese Kräfte für ein Flugzeug dargestellt, das sich im horizontalen Flug befindet. Als Antrieb dienen bei kleinen Flugzeugen Verbrennungsmotoren, bei größeren Flugzeugen und Militärmaschinen nutzt man Strahltriebwerke.
- Die Triebwerke erzeugen die Schubkraft $\vec{F}_{Vor}$, welche das Flugzeug vorwärts bewegt. Der Bewegung wirkt die Luftwiderstandskraft $\vec{F}_W$ entgegen.
- Die Tragflügel erzeugen die dynamische Auftriebskraft $\vec{F}_A$, sie wirkt senkrecht zur Luftströmung. Dieser Kraft wirkt die senkrecht nach unten gerichtete Gewichtskraft $\vec{F}_G$ entgegen.

Das Flugzeug befindet sich im Kräftegleichgewicht. Es bewegt sich mit konstanter Geschwindigkeit auf einer geradlinigen Bahn.

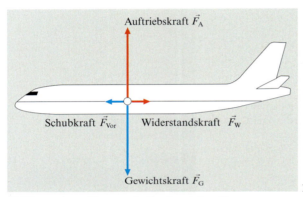

Kräfte an einem Flugzeug bei horizontalem Flug

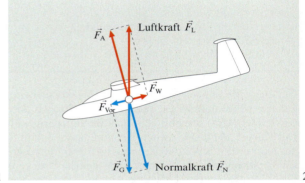

Kräfte an einem Flugzeug im Gleitflug

Segelflugzeuge, Hängegleiter und Gleitschirme haben kein Triebwerk, das ihnen eine vorwärtstreibende Kraft geben könnte. Wenn sie mit einem Schleppflugzeug oder einer Motorwinde ihre Ausgangshöhe erreicht haben, fliegen sie im Gleitflug zur Erde (Bild 2). Welche Kraft treibt sie beim Gleitflug auf ihrer Bahn vorwärts?

Antriebskraft im Gleitflug ist die Gewichtskraft $\vec{F}_G$. Da diese senkrecht nach unten wirkt, kann sie ein Fluggerät nicht unmittelbar schräg nach unten vorwärtstreiben. Man kann sich aber die Gewichtskraft $\vec{F}_G$ in zwei Teilkräfte zerlegt denken. Eine Teilkraft wirkt in Richtung der Flugbahn, die andere senkrecht dazu. Die in Flugrichtung wirkende Teilkraft von der Gewichtskraft ist die Vortriebskraft $\vec{F}_{Vor}$. Die andere Teilkraft heißt Normalkraft $\vec{F}_N$. „Normal" bedeutet hier senkrecht zur Flugbahn.

Auch beim Gleitflug wirkt die dynamische Auftriebskraft $\vec{F}_A$ senkrecht zur Bewegungsrichtung. Im Unterschied zum horizontalen Flug eines Verkehrsflugzeuges ist die Auftriebskraft beim Gleitflug also schräg nach vorn gerichtet. Die Luftwiderstandskraft $\vec{F}_W$ ist der Bewegungsrichtung entgegen gesetzt. Auftriebskraft und Luftwiderstandskraft addieren sich zur so genannten Luftkraft $\vec{F}_L$. Sie ist senkrecht nach oben gerichtet und genauso groß wie die Gewichtskraft.

In gleicher Weise fliegt ein Vogel im Gleitflug ohne jeden Flügelschlag zur Erde. Will ein Vogel jedoch horizontal fliegen oder vom Erdboden auffliegen, dann muss er durch Schlagen der Flügel die dafür erforderlichen Kräfte erzeugen (Bild 3).

Braunkehlchen im Aufwärtsflug

Fliegen

Ein Blick in die Technik

87

Vom Start bis zur Landung

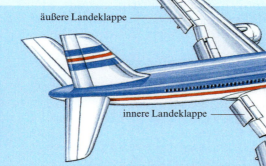

Größe und Wölbung einer Tragfläche können durch Vorflügel, Landeklappen und Bremsklappen verändert werden.

Die Auftriebskraft an den Tragflächen eines Flugzeugs hängt in hohem Maße von dessen Geschwindigkeit ab. Da sich die Geschwindigkeit während eines Fluges mehrfach ändert, muss der Pilot in den einzelnen Flugphasen das Profil und die Größe der Tragflächen den jeweiligen Geschwindigkeiten anpassen.

Vor dem **Start** sind die Vorflügel vollständig und die Landeklappe etwa zu einem Viertel ausgefahren. Nach dem Lösen der Bremsen beginnt die Beschleunigung des Flugzeugs. Mit zunehmender Geschwindigkeit wächst auch die Auftriebskraft am Flügel. Bei einer Geschwindigkeit von etwa 300 km/h übertrifft sie die Gewichtskraft, das Flugzeug hebt ab.

Nach Erreichen einer Höhe von 10 000 m beginnt der **Streckenflug**. Hierbei muss die Auftriebskraft nur noch so groß sein wie die Gewichtskraft. Daher zieht der Pilot die Vorflügel und Landeklappen vollständig ein. Dadurch verkleinert sich auch der Strömungswiderstand des Flugzeugs.

Lange vor Erreichen des Ziels beginnt der **Sinkflug**. In diesem Abschnitt muss die Auftriebskraft etwas kleiner sein als die Gewichtskraft. Dazu reduziert der Pilot den Schub der Triebwerke. Bis zum Ende des Sinkflugs vermindert sich die Geschwindigkeit auf etwa 500 km/h.

Der **Endanflug** beginnt aus etwa 1 000 m Höhe. Da sich bei einer weiteren Verminderung der Geschwindigkeit die Auftriebskraft zu sehr verkleinern würde, muss der Pilot die Größe und die Wölbung der Tragflächen so erhöhen, dass trotz verminderter Geschwindigkeit eine ausreichende Auftriebskraft entsteht. Dazu fährt er die Vorflügel und in mehreren Abschnitten die Landeklappen aus.

Beim **Aufsetzen** hat das Flugzeug noch eine Geschwindigkeit von etwa 250 km/h. Jetzt stellt der Pilot die Bremsklappen fast senkrecht auf. Sie unterstützen durch ihren großen Strömungswiderstand das Abbremsen des Flugzeugs.

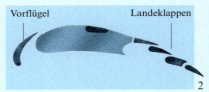

Start

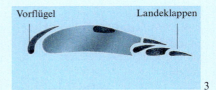

Streckenflug

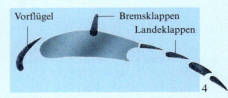

Landung

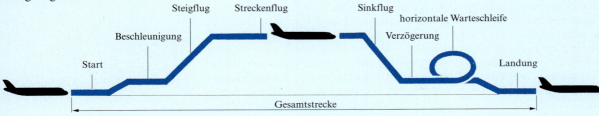

Abschnitte eines Reiseflugs

Ein Blick in die Geschichte

Der Traum vom Fliegen

Viele Menschen bauten und erprobten schon vor OTTO LILIENTHAL (1848–1896) Fluggeräte. Aber erst ihm gelangen weite Flüge. LILIENTHAL träumte bereits als Kind vom Fliegen. Diesem Traum blieb er ein Leben lang treu.
Zusammen mit seinem Bruder baute er mit 14 Jahren sein erstes Fluggerät. Es hatte eine Spannweite von 4 m. Damit hoffte er, den Schlag- und Gleitflug eines Vogels nachmachen zu können. Der Versuch war erfolglos. Mit 19 Jahren baute er ein zweites Gerät. Daran erkannte LILIENTHAL, dass die Muskelkraft des Menschen für einen Schlagflug nicht ausreicht. Deshalb interessierte ihn später nur noch der Gleitflug.
Nach der Schulzeit studierte OTTO LILIENTHAL Maschinenbau. Während dieser Zeit traten Erprobungen von Fluggeräten in den Hintergrund.
Im Jahre 1887 übernahm LILIENTHAL in Berlin eine kleine Maschinenfabrik. Dank eines von ihm entwickelten Patents hatte er mit 42 Jahren genügend Zeit und Geld, um sich wieder seinem Traum vom Fliegen zuwenden zu können. Er führte systematische Messungen zum dynamischen Auftrieb und zum Strömungswiderstand durch. Dabei wurde er auf die gute Eignung gewölbter Flügel aufmerksam.

1

OTTO LILIENTHAL (1848–1896)

Im Frühsommer 1891 gelangen ihm von einem 2 Meter hohen Sprungbrett im Garten seines Hauses Sprünge von sechs bis sieben Metern Weite. Im Sommer desselben Jahres erreichte er aus einer Absprunghöhe von 5 Metern bereits Flüge bis zu 25 Metern. Einen neuen Flugplatz fand er in der Nähe seines Wohnortes, in Berlin-Lichterfelde. Die dort vorhandenen Hügel hatten aber einen Nachteil, sie ließen nur Sprünge in Richtung Westen zu. Da LILIENTHAL nur gegen den Wind starten konnte, musste für einen Flug der Wind aus Westen wehen. Deshalb suchte LILIENTHAL schon bald nach einem besseren Platz, der Sprünge nach allen Richtungen erlaubt. Er sollte wenigstens 20 Meter hoch sein, nach allen Seiten abfallen sowie baum- und strauchlos sein. Zwischen Rathenow und Neustadt an der Dosse fand er solche Hügel in großer Anzahl.

2

LILIENTHALS „Normal-Segelapparat" 1893

Seine Fluggeräte bestanden aus Weidenholz und Leinwand (Bild 2). Die Spannweite der Flügel betrug 7 m, ihre größte Tiefe 2,5 m. Die Flugapparate waren zusammenlegbar und mit einer Masse von 20 kg leicht zu transportieren. Beim Fliegen stützte sich LILIENTHAL mit seinen Armen auf das Fluggerät. Zum Ändern der Richtung verlagerte er den Schwerpunkt seines frei hängenden Körpers nach vorn, hinten, links oder rechts. LILIENTHAL erprobte mehrere Modelle, darunter auch Doppeldecker (Bild 3). Im Jahre 1893 gelangen ihm viele Flüge bis zu 300 Metern.
Im Alter von 48 Jahren stürzte OTTO LILIENTHAL bei einer Flugvorführung ab und verletzte sich so schwer, dass er wenige Tage danach verstarb.

3

LILIENTHALS Doppeldecker 1895

Fliegen

AUFGABEN

1. Warum haben Bremsfallschirme meist die Form einer offenen Halbkugel?

2. Welchen Körpern in der Übersicht auf Seite 85 ähneln die Karosserien moderner Pkw? Warum wählte man diese Form aus?
3. Informiere dich über den „Widerstandsbeiwert" eines Pkw! Was bedeutet diese Zahl? Welche Eigenschaften des Pkw beeinflussen den Widerstandsbeiwert?
4. Halte zwei Blätter aus Papier im Abstand von etwa 2 cm voneinander. Blase zwischen ihnen hindurch! Erkläre den beobachteten Vorgang!
5. Erkläre a) mithilfe des Strömungswiderstandes und b) mithilfe der dynamischen Auftriebskraft die Wirkung des Seitenruders eines Flugzeugs!
6. Stelle zwei brennende Kerzen nebeneinander und blase hindurch! Wie erklärst du deine Beobachtung?
7. Halte einen Löffel mit zwei Fingern und nähere die nach außen gewölbte Seite dem aus einem Hahn auslaufenden Wasserstrahl, sodass die Luftschicht zwischen Wasserstrahl und Löffel immer kleiner wird. Erkläre deine Beobachtung!
8. Erkläre, warum sich ein Schirm bei starkem Wind umklappt!
9. Warum ist beim Start eines Flugzeugs die gesamte Heckflosse nach vorn unten geneigt?
10. Auf welcher Seite des Daches fallen bei Sturm lockere Ziegel zuerst ab, auf der dem Wind zu- oder abgewandten Seite? Warum ist das so?

ZUSAMMENFASSUNG

Entstehung des Auftriebs an Tragflächen
Durch die Form der Tragflächen entsteht in einer Luftströmung unter der Tragfläche ein Überdruck und über der Tragfläche ein Unterdruck. Dieser Druckunterschied ergibt eine senkrecht zur Strömungsrichtung wirkende dynamische Auftriebskraft.

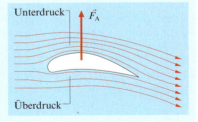

Dynamische Auftriebskraft
Die dynamische Auftriebskraft vergrößert sich, wenn
- die Fläche des Flügels größer wird,
- sich die Geschwindigkeit der Luftströmung erhöht,
- der Flügel etwas steiler angestellt wird.

Strömungswiderstand
Die Luft setzt der Bewegung eines Körpers einen Strömungswiderstand entgegen.
Der Strömungswiderstand hängt von der Form des Körpers ab. Er ist umso größer,
- je größer die Strömungsgeschwindigkeit ist,
- je größer die Stirnfläche des Körpers ist,
- je rauer seine Oberfläche ist.

Mechanische Arbeit und Leistung

Kräftig bläst der Wind in die Segel. Mit großer Anstrengung hält der Segler das Seil des Großsegels, die Schot.
Er reguliert, bei ständig wechselnden Winden, durch Nachgeben und Anziehen die Segelstellung. So kann er jeweils eine optimale Geschwindigkeit des Bootes erreichen.
Die Schot wird mehrmals an Rollen umgelenkt.
Warum ist die Schot nicht direkt mit dem Segel verbunden?

Rollen

Kräfte braucht man oft an Stellen, die nur schwer zugänglich sind. Vielfach werden dann Seile und Rollen eingesetzt. Um die Wirkung von Rollen zu verstehen, kann man versuchen, einen schweren Körper auf unterschiedliche Weise anzuheben. Der Stein im Bild 2 hat eine Masse von 20,4 kg. Um ihn anzuheben, muss eine Kraft von 200 N aufgewandt werden.
Über eine feste Rolle an der Decke kann man nun nach unten statt nach oben ziehen (Bild 3). Das erscheint vielleicht bequemer. Aber obwohl die Richtung umgelenkt wird, bleibt der Betrag der aufzuwendenden Kraft der gleiche. Eine feste Rolle ist bloß eine Umlenkrolle für die Richtung der Kraft, ändert aber nichts an deren Betrag.
Den Weg, um den sich der Stein beim Ziehen nach oben bewegt, nennt man **Lastweg**. Der Weg, den die Hand unten am Seil zurücklegt, nennt man **Kraftweg**. Kraftweg und Lastweg sind gleich groß: Soll der Stein um 1 m gehoben werden, muss man das Seil um 1 m nach unten ziehen.

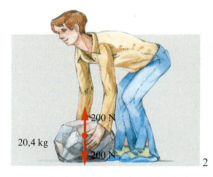

> Mithilfe einer festen Rolle und eines Seils kann man die Richtung einer Kraft ändern. Kraft und Last sind gleich groß: $F_1 = F_2$.
> Der Kraftweg ist gleich dem Lastweg: $s_1 = s_2$.

Mit welcher Kraft zieht die Rolle in Bild 3 an ihrer Aufhängung? Der Stein zieht mit einer Kraft von 200 N nach unten und an dem anderen Ende wird auch mit 200 N gezogen. Insgesamt wird die Rolle also mit 400 N nach unten gezogen. Sie zieht mit 400 N an ihrer Aufhängung. Genauso wäre es, wenn auf beiden Seiten je ein Stein von 20,4 kg hinge.
Bringt man nun an dem Stein eine lose Rolle an (Bild 1, S. 91) und zieht nach oben, wirkt er nur noch halb so schwer. Die Kraft zum Anheben des Steins wird auf zwei Seilstücke verteilt, wie beim gemeinsamen Tragen einer Tasche (Bild 2, S. 91). Um aber den Stein über eine lose Rolle um 1 m anzuheben, muss man das Seil um 2 m nach oben ziehen.

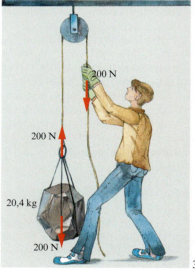

Mechanische Arbeit und Leistung

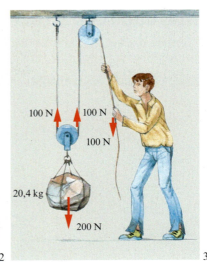

Etwas bequemer ist die Anordnung mit einer Umlenkrolle an der Decke in Bild 3. Mit einer nach unten gerichteten Kraft von 100 N zieht man eine Last von 200 N nach oben.

> An einer losen Rolle verteilt sich die Last gleichmäßig auf zwei Seile. An der losen Rolle braucht man zum Heben einer Last nur eine halb so große Kraft: $F_1 = \frac{1}{2} \cdot F_2$.
> Der Kraftweg ist doppelt so groß wie der Lastweg: $s_1 = 2 \cdot s_2$.

Flaschenzug. Bei einem Segelboot gibt es zwei feste Rollen (auch Blöcke genannt) am Schiff selbst: Eine auf der Travellerschiene und eine am Schiffsboden. Die beiden losen Rollen sind am beweglichen Baum angebracht.
Der Baum des Segelbootes „hängt" an vier Seilstücken. Das heißt, die Last des Segels wird auf vier Seilstücke aufgeteilt. Damit beträgt die aufzuwendende Zugkraft an der Schot auch nur ein Viertel der Kraft am Segel:
$F_1 = \frac{1}{4} \cdot F_2$.
Will man das Segel um 5 cm „dicht holen" (Lastweg), müssen alle vier Seilstücke dabei um 5 cm verkürzt werden. Man muss also die Schot um 20 cm anziehen (Kraftweg). Es gilt: $s_1 = 4 \cdot s_2$.
Im Falle einer größeren Anzahl von Rollen werden diese nicht mehr einzeln, sondern als System gebaut. Da diese Systeme oft die äußere Form einer Flasche haben, heißen solche Einrichtungen Flaschenzug.
Bei einem Flaschenzug mit einer Kombination von 3 losen und 3 festen Rollen gibt es 6 tragende Seilstücke (Bild 4). Zum Heben einer Last F_2 um den Weg s_2 wird nur eine Kraft $F_1 = \frac{1}{6} \cdot F_2$ benötigt. Der Kraftweg ergibt sich zu: $s_1 = 6 \cdot s_2$.

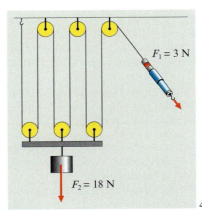

Hier gibt es 6 tragende Seilstücke.

Die Gleichungen für die Kräfte gelten natürlich nur unter zwei Voraussetzungen:
– An den Rollen herrscht keine Reibung.
– Die losen Rollen tragen nicht zur Last bei.

Schon gewusst?

Die Bezeichnungen feste und lose Rolle sind eigentlich willkürlich. Die mit der Decke oder dem Schiff direkt verbundenen Rollen nennt man „fest", die anderen „lose". Wichtig ist, dass sie gegeneinander beweglich sind und so unterschiedliche Last- und Kraftwege ermöglichen.

Mechanische Arbeit

Auf einer Baustelle sollen 60 kg Steine 10 m hoch in den 3. Stock befördert werden. Hierfür stehen zwei Varianten zur Verfügung:

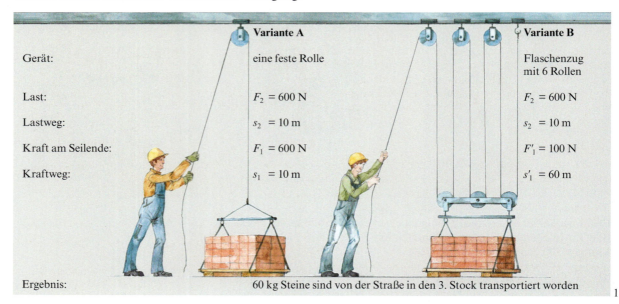

	Variante A	Variante B
Gerät:	eine feste Rolle	Flaschenzug mit 6 Rollen
Last:	$F_2 = 600$ N	$F_2 = 600$ N
Lastweg:	$s_2 = 10$ m	$s_2 = 10$ m
Kraft am Seilende:	$F_1 = 600$ N	$F'_1 = 100$ N
Kraftweg:	$s_1 = 10$ m	$s'_1 = 60$ m
Ergebnis:	60 kg Steine sind von der Straße in den 3. Stock transportiert worden	

Nur das Ergebnis interessiert den Bauherren: In beiden Fällen werden die Steine in den 3. Stock transportiert.
Betrachtet man für die beiden Varianten jeweils Kraft und Kraftweg, so stellt man fest:
$F_1 \cdot s_1 = 600$ N $\cdot$ 10 m = 6 000 N $\cdot$ m
$F'_1 \cdot s'_1 = 100$ N $\cdot$ 60 m = 6 000 N $\cdot$ m.
Das Produkt aus der Kraft und dem Weg ist in beiden Fällen gleich. Die Physiker nennen diese Größe mechanische Arbeit W (engl. *work*).

> Für die mechanische Arbeit gilt: $W = F \cdot s$.
> Dabei ist F eine konstante Kraft, die in Wegrichtung wirkt.

Übrigens

Für einfache Berechnungen und Abschätzungen benutzt man häufig gerundete Werte. Die Gewichtskraft eines Körpers der Masse 1 kg kann dann mit $F_G = 10$ N angegeben werden (statt 9,81 N).

Setzt man in dieser Gleichung für die Kraft die Einheit Newton und für den Weg die Einheit Meter ein, so erhält man als Einheit für die mechanische Arbeit Newtonmeter (N $\cdot$ m).
Anstelle der Einheit Newtonmeter wird auch die Einheit Joule (J) verwendet, benannt nach dem englischen Physikers James Prescott Joule (1818–1889). Es gilt: 1 J = 1 N $\cdot$ m.
Die Arbeit zum Heben eines Körpers nennt man **Hubarbeit**.
Die Hubarbeit wird berechnet als Produkt von Gewichtskraft und Hubhöhe: $W = F_G \cdot h$.

> Wird ein Körper, dessen Gewichtskraft 1 N beträgt, um 1 m gehoben, so wird dabei eine mechanische Arbeit von 1 J verrichtet.

Ein Gewichtheber, der 200 kg um 2 m nach oben stößt, verrichtet eine mechanische Arbeit von etwa 4 000 J (= 4 kJ).

Hubarbeiter

Mechanische Arbeit und Leistung

Zum Begriff Arbeit. Die Physiker verwenden das Wort Arbeit anders, als wir es im täglichen Leben gewohnt sind. Hier verrichtet auch der Büroangestellte Arbeit oder man schreibt eine Mathe-Arbeit.

Der physikalische Begriff Arbeit stammt aus jener Zeit, als man Menschenarbeit durch Maschinenarbeit ersetzte und es notwendig wurde, diese zu vergleichen. So wurden die ersten Dampfmaschinen dazu eingesetzt, um Wasser aus tiefen Bergwerksschächten herauszupumpen. Davor wurde das von Wasserknechten erledigt, die das Wasser eimerweise nach oben reichten. Was kostete mehr, der Lohn für die Arbeiter oder die Kohlen zum Befeuern der Maschinen? Und wie konnte man die Qualität der Maschinen vergleichen? Hierzu musste man die Arbeit berechnen können. Wenn eine Maschine mit 1 kg Kohle 500 Liter Wasser aus 200 Metern Tiefe fördern konnte und eine andere nur 400 Liter, war die erste kostengünstiger.

Arbeit und Energie. Arbeit lässt sich als eine Transportform der Energie auffassen (vgl. S. 12): Wird an einem Körper Arbeit verrichtet, so erhöht sich seine Energie. Zum Beispiel erhöht sich die Lageenergie eines Körpers, wenn Hubarbeit an ihm verrichtet wird. Die Änderung der Lageenergie ist in diesem Fall gleich der verrichteten Hubarbeit.
Es gilt allgemein: $\Delta E = W$.

Schon gewusst?

Wenn das Symbol Δ vor dem Formelzeichen einer physikalischen Größe steht, wird ausgedrückt, dass diese Größe als Differenz zweier Größen gebildet wurde. ΔE bedeutet also die Differenz der Energien am Ende und am Anfang eines Prozesses:
$\Delta E = E_{\text{End}} - E_{\text{Anf}}$.

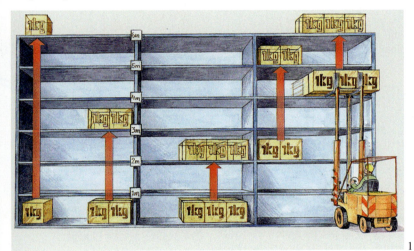

Die physikalische Größe Hubarbeit am Beispiel eines Regals.
1-, 2- oder 3-kg-Stücke werden unterschiedlich hoch gehoben.
In allen Fällen beträgt die Arbeit 60 J.

Mechanische Arbeit entlang einer waagerechten Strecke. Bild 2 zeigt ein Beispiel, wo mechanische Arbeit entlang einer waagerechten Strecke verrichtet wird. Auch hier gilt die Gleichung $W = F \cdot s$.

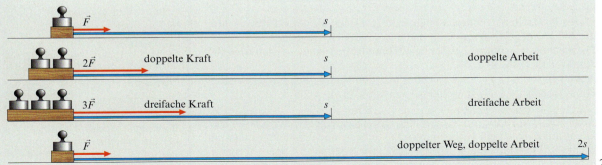

Geneigte Ebene

Was ist einfacher, ein schweres Getränkefass auf einen Lkw zu heben oder es eine Rampe hinaufzurollen?

Zum Anheben muss eine Kraft aufgebracht werden, die so groß ist wie die Gewichtskraft des Fasses. Wird das Fass die Rampe hinaufgerollt, muss weniger Kraft aufgebracht werden. Aber wie viel?
Zieht man einen Wagen einen Hang hinauf, so wirkt auf den Wagen eine Zugkraft $\vec{F}_Z$. Die gleich große aber entgegengesetzt gerichtete Kraft heißt **Hangabtriebskraft** $\vec{F}_H$ (Bild 2).
Im folgenden Experiment soll untersucht werden, wie die Hangabtriebskraft an der geneigten Ebene von der **Neigung** abhängt. Die Neigung ist das Verhältnis $h : l$.

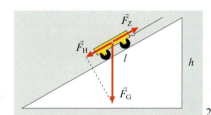

EXPERIMENT 1
Ziehe einen Wagen (m = 100 g) gleichmäßig eine geneigte Ebenen hinauf!
1. Verwende unterschiedliche Neigungen: $h : l$ = 1 : 10, 3 : 10, 5 : 10, 10 : 10. Miss die jeweilige Hangabtriebskraft F_H. Notiere die Messwerte in einer Tabelle!
2. Ziehe Wagen unterschiedlicher Masse (100 g, 200 g, 300 g) auf ein und derselben geneigten Ebene hoch und miss die Hangabtriebskräfte. Trage in eine Tabelle die Messwerte und die zugehörigen Gewichtskräfte F_G ein!

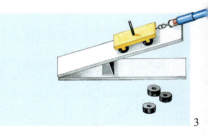

Bei gleicher Gewichtskraft ist die Hangabtriebskraft umso größer, je stärker die Ebene geneigt ist. Bei gleicher Neigung ist die Hangabtriebskraft umso größer, je größer die Gewichtskraft ist. Bildet man jeweils die Quotienten aus F_G und F_H so stellt man fest:

An der geneigten Ebene gilt: $\dfrac{F_H}{F_G} = \dfrac{h}{l}$ oder $F_H = F_G \cdot \dfrac{h}{l}$.

Damit lässt sich berechnen, wie groß die Kraft ist, die der Getränkefahrer im Bild 1b aufbringen muss: F_H = 100 N.
Die mechanische Arbeit ist aber beim Hinaufrollen genau so groß wie beim Anheben des Fasses:
Anheben: $W = F_G \cdot h$ = 500 N · 1 m = 500 N · m = 500 J.
Hinaufrollen: $W = F_H \cdot l$ = 100 N · 5 m = 500 N · m = 500 J.

Auch eine Bergstraße mit Serpentinen ist eine geneigte Ebene, auf der sich mit geringer Kraft ein Höhenunterschied überwinden lässt. Aber hier gilt ebenfalls: Wer statt einer kürzeren steilen Straße die viel längere Serpentinenstrecke nimmt, muss trotzdem die gleiche Hubarbeit verrichten.

Schon gewusst?

Neigung und Steigung. Auf Straßenschildern werden Steigungen und Gefälle in Prozent angegeben. Bei einer Steigung von 10 % gewinnt man 10 m an Höhe, wenn man in waagerechter Richtung (auf der Karte gemessen) 100 m zurücklegt.

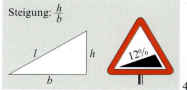

Bei einem Anstiegswinkel von 45° hat die Ebene eine *Steigung* von 100 %. Die *Neigung* h/l beträgt dann etwa 0,7.

Mechanische Arbeit und Leistung

Hebel

Um eine Farbdose zu öffnen, kann man einen Schraubenzieher als Hebel benutzen. Auf den Deckel wirkt eine große Kraft, auch wenn am Griff des Schraubenziehers nur eine kleine Kraft aufgebracht wird (Bild 1).
Um einen schweren Stein zu heben, kann man eine stabile Eisenstange verwenden. Dabei gibt es zwei Möglichkeiten:
– man legt einen Gegenstand daneben und drückt nach unten (Bild 2) oder
– man fasst mit der Stange unter den Stein und zieht nach oben (Bild 3).
In jedem Fall benötigt man einen Drehpunkt. Die beiden Kräfte sollen in senkrechter Richtung zum Hebel wirken.
Die Erfahrung zeigt, dass man mit der Hand am langen Hebelarm einen großen Weg zurücklegen muss, um den Stein ein klein wenig anzuheben.

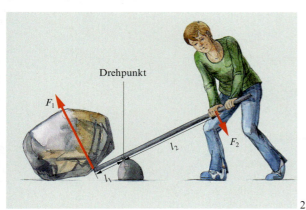

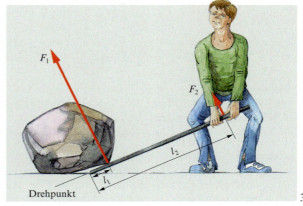

Beim **zweiseitigen Hebel** liegen die beiden Hebelarme beiderseits des Drehpunktes.

Beim **einseitigen Hebel** liegen beide Hebelarme vom Drehpunkt aus gesehen auf derselben Seite.

Auf der Wippe kann selbst ein leichtes Kind mit einem schweren Erwachsenen Gleichgewicht herstellen, wenn die Abstände zur Drehachse richtig gewählt werden. Welches physikalische Gesetz dahintersteckt, soll nun durch Messungen am zweiseitigen Hebel ermittelt werden.

EXPERIMENT 2
1. Es soll immer ein Gleichgewicht am zweiseitigen Hebel hergestellt werden. Hänge dazu rechts einen Körper mit bekannter Gewichtskraft F_1 in einem bestimmten Abstand l_1 von der Drehachse an den Hebel!
2. Miss nun mit einem Federkraftmesser am linken Hebelarm die Kraft F_2 in verschiedenen Abständen l_2, die den Hebel in horizontaler Lage im Gleichgewicht hält!
3. Trage alle deine Messergebnisse in eine Tabelle ein!
4. Bestimme für jeden Gleichgewichtszustand beim rechten und beim linken Hebelarm das Produkt aus l und F!

Aus den Ergebnissen von Experiment 2 lässt sich das **Hebelgesetz** erkennen:

> Ein Hebel ist im Gleichgewicht, wenn die Produkte aus Kraft und zugehörigem Hebelarm auf beiden Seiten gleich groß sind: $F_1 \cdot l_1 = F_2 \cdot l_2$.

Die Hebelarme verhalten sich umgekehrt wie die dazugehörigen Kräfte: $l_1 : l_2 = F_2 : F_1$. Das Hebelgesetz gilt auch für den einseitigen Hebel.

Goldene Regel der Mechanik

Betrachtet man so genannte Kraftwandler wie Flaschenzüge, geneigte Ebenen, Hebel oder hydraulische Anlagen (vgl. S. 62), so stellt man für alle diese Geräte fest: Will man eine kleinere Kraft aufwenden, so wird der Weg länger, den man zurückzulegen hat. Oder es wird der Weg kürzer, den die „Last" zurücklegt.

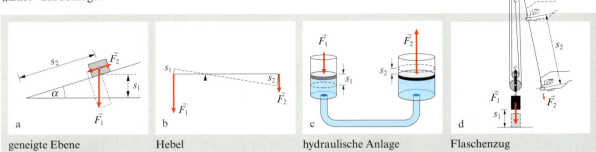

a geneigte Ebene   b Hebel   c hydraulische Anlage   d Flaschenzug

> Bei der Verwendung von Kraftwandlern bleibt das Produkt aus Kraft und Weg konstant. Es kann also niemals Arbeit eingespart, sondern nur Kraft umgeformt werden.

Eigentlich ist die Regel weniger „golden" als „bedauerlich". Sie besagt, einfach ausgedrückt: „Wir bekommen nichts umsonst." Eine Maschine, die Arbeit spart, wäre letztlich ein Perpetuum mobile. Man würde wenig Arbeit hineinstecken und bekäme viel Arbeit heraus. Die Maschine würde Energie produzieren. Dies ist aber nach dem Energieerhaltungssatz nicht möglich (siehe S. 29).

Mechanische Leistung

Wenn man mit einem Fahrstuhl in ein höheres Stockwerk eines Hauses fährt, wird eine mechanische Arbeit verrichtet. Benötigt man mit dem Fahrstuhl aber 10 Minuten bis man den 5. Stock erreicht, so ist das Ergebnis unbefriedigend. Zwar verrichtet der Fahrstuhl die nötige Arbeit, aber es dauert zu lange.

Die Größe, die angibt, wie schnell eine Arbeit verrichtet wird, bezeichnet man als Leistung. Das Formelzeichen der Leistung ist P (engl. *power*).

> Die mechanische Leistung gibt an, wie viel mechanische Arbeit in einer bestimmten Zeit verrichtet wird:
> $$P = \frac{W}{t}$$

Setzt man in dieser Gleichung für die Arbeit die Einheit Joule und für die Zeit die Einheit Sekunde ein, so erhält man als Einheit für die Leistung Joule je Sekunde. Anstelle dieser Einheit wird auch die Einheit Watt (W) verwendet. Sie wurde nach dem Erfinder der Dampfmaschine JAMES WATT (1736–1819) benannt.

$1\,\text{W} = 1\,\dfrac{\text{J}}{\text{s}}$ $1\,000\,\text{W} = 1\,\text{kW}$ (Kilowatt)
$1\,000\,000\,\text{W} = 1\,000\,\text{kW} = 1\,\text{MW}$ (Megawatt)

Mechanische Arbeit und Leistung

Leistung des Menschen – physikalisch gesehen
Wie groß ist die Leistung eines Gewichthebers, der in 2 Sekunden 200 kg 2 m hochhebt?

Gesucht: P in W
Gegeben: $m = 200$ kg
$F_G = 2000$ N
$h = 2$ m
$t = 2$ s

Lösung:
$$P = \frac{W}{t}$$
$$P = \frac{F \cdot s}{t}$$
$$P = \frac{2000 \text{ N} \cdot 2 \text{ m}}{2 \text{ s}}$$
$$P = 2000 \text{ W} = 2 \text{ kW}$$

Ergebnis: Der Gewichtheber erbringt eine Leistung von 2 kW.

Aber das ist ein Extremwert, der nur kurzzeitig von einem Spitzensportler erreicht wird. Im Alltagsleben sind die Werte für menschliche Leistungen niedriger. Hier einige Beispiele:

Gehen	30 W	Pkw-Motor	80 kW
Bergsteigen	100 W	Lkw-Motor	300 kW
Radfahren	150 W	Schiffsmotor	100 000 kW = 100 MW
Treppensteigen	300 W	Kernkraftwerk	1 000 000 kW = 1000 MW

In vielen Fällen ist die verrichtete Arbeit jedoch keine Hubarbeit. Auch bei der waagerechten Bewegung eines Körpers muss wegen der Reibung eine Kraft aufgewendet werden.

Leistung und Geschwindigkeit. Ein Traktor mit einem Pflug hat etwa die gleiche Leistung wie ein schneller Pkw. Die in einer Sekunde verrichtete Arbeit ist also bei beiden gleich groß. Der Traktor kommt in einer Sekunde aber nur 4 m weit, der Pkw dagegen 40 m. Da das Produkt aus Kraft und Weg bei beiden gleich groß ist, muss die Kraft des Traktors zehnmal so groß sein wie die des Pkw.
Ersetzt man in der Gleichung für die Leistung W durch das Produkt $F \cdot s$, so erhält man

$$P = \frac{W}{t} = \frac{F \cdot s}{t} = F \cdot \frac{s}{t}.$$

Der Ausdruck $\frac{s}{t}$ stellt eine Geschwindigkeit v dar. Man kann also schreiben: $P = F \cdot v$.
Diese Gleichung gilt, wenn die Geschwindigkeit konstant ist und wenn die Kraft, die die Bewegung aufrecht erhält, konstant ist (siehe auch S. 210).

Durchschnittsleistung. Beim Verrichten von Arbeit wird Energie übertragen. Ein Körper gibt Energie an einen anderen ab. Wenn Kraft und Geschwindigkeit bei einer Energieübertragung nicht konstant sind, lässt sich eine Durchschnittsleistung angeben: Man betrachtet dabei die Energiedifferenz ΔE und die Dauer des gesamten Prozesses Δt.

Für die Durchschnittsleistung $\overline{P}$ gilt: $\overline{P} = \frac{\Delta E}{\Delta t}$.

Bei der Energieübertragung von einem Körper auf einen anderen spricht man auch von einem Energiestrom (siehe S. 12).

Auf eines der höchsten Häuser der Welt, das 380 Meter hohe Empire State Building mit 102 Stockwerken und 1 575 Treppenstufen, finden Wettrennen im Treppenlaufen statt. Die Rekordzeit beträgt 647 Sekunden.

Schon gewusst?

Die Wärmeleistung des Menschen in Ruhe beträgt etwa 100 W (Grundumsatz). Je nach körperlicher Arbeit kann die Durchschnittsleistung aber auch Werte bis über 1 kW annehmen. Die mechanische Leistung des Herzens wird für einen Erwachsenen mit 1,1 W (in Ruhe) angegeben.

Biomechanik

Gehen, Stehen, Heben oder Tragen sind für uns Selbstverständlichkeiten. Erst wenn wir eine Verletzung oder Krankheit haben, merken wir, wo in unserem Körper Belastungen auftreten. Auch in unserem Körper gelten die Gesetze der Mechanik.

Die Biomechanik ist die Wissenschaft vom Bau und der mechanischen Funktion von Organismen: Menschen, Tieren oder Pflanzen. Steht der technische Gesichtspunkt im Vordergrund, so spricht man auch von Biotechnik oder Bionik.

In der Medizin beschäftigen sich die Orthopäden mit der Mechanik des Skelett- und Muskelsystems. Dazu zählt auch die Entwicklung von Prothesen.

Die Biomechanik ist auch ein wichtiges Teilgebiet der Sportwissenschaft, die sich mit der Erforschung von Bewegungsabläufen befasst: Wie zweckmäßig sind bestimmte Bewegungen und Körperhaltungen in verschiedenen Sportarten, um möglichst gute Leistungen zu erzielen?

Hebelwirkungen am Atlas. Wenn wir wach sind und bei voller Gesundheit, halten wir den Kopf aufrecht. Müde, betrunkene oder erkrankte Menschen lassen ihr Haupt oft nach vorne fallen. Ganz offensichtlich halten unsere Nackenmuskeln den Kopf in einer aufrechten Lage.

Während also die Gewichtskraft des Kopfes den Kopf nach vorne dreht, ziehen hinten die Nackenmuskeln den Kopf nach unten. Der Kopf ist auf dem obersten Halswirbel, dem Atlas, drehbar gelagert. Er stellt den Drehpunkt eines zweiseitigen Hebels dar (Bild 2).

Der hintere Hebelarm ist relativ lang. Der Nackenmuskel braucht nur etwa die Hälfte der Gewichtskraft des Kopfes aufzubringen, um den Kopf aufrecht zu halten.

Der Arm als Hebel. Unser Arm lässt sich physikalisch als einseitiger Hebel auffassen (Bild 3). Drehachse ist das Ellenbogengelenk. Das Eigengewicht des Unterarms wirkt als Kraft nach unten. Der Armbeuger (Bizeps) muss eine Kraft aufbringen, um den Unterarm waagerecht zu halten. Hier wirkt der Muskel am kürzeren Hebel.

Für den Fall, dass man eine Stahlkugel in die Hand nimmt, werden die Kräfte, die der Beugemuskel aufzubringen hat, erheblich größer. Das Verhältnis der Hebelarme ist etwa 1:8. Kein Wunder also, dass der Bizeps, besonders bei Sportlern, eine erhebliche Dicke aufweist.

Das für den Muskel scheinbar ungünstige Hebelverhältnis hat einen Vorteil: Es ermöglicht eine schnelle Bewegung der Hand.

ATLAS ist nach griechischem Mythos der Sohn eines Titanen. Er musste zur Strafe für seine Teilnahme am Kampf gegen ZEUS die „Säulen des Himmelsgewölbes" stützen.

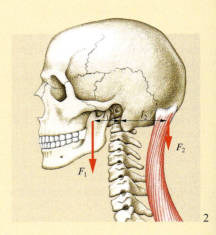

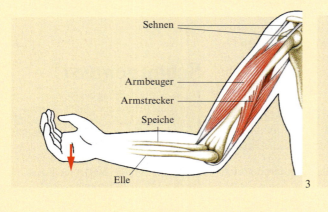

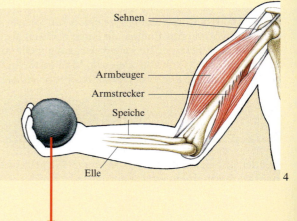

Mechanische Arbeit und Leistung

Richtiges und falsches Heben. Die Wirbelsäule hat eine komplizierte Aufgabe in unserem Skelett. Einerseits soll sie unsere aufrechte Haltung stützen. Andererseits muss sie flexibel sein, um uns vielfältige Bewegungen zu ermöglichen.

Beim Anheben von schweren Gegenständen wird häufig die Wirbelsäule stark belastet. Man kann diese Belastung aber durch richtige Körperhaltung vermindern. Mit gekrümmter Wirbelsäule kann man sich leicht „verheben" (Bild 1). Daher sollte man immer mit geradem Rücken heben und die Beinmuskeln arbeiten lassen (Bild 2).

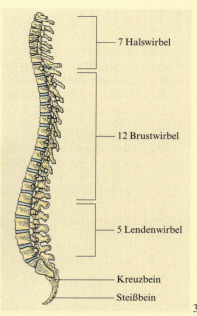

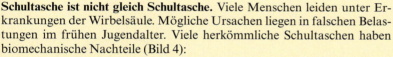
Wirbelsäule von der Seite

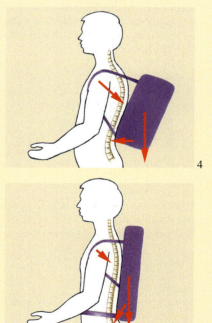

Schultasche ist nicht gleich Schultasche. Viele Menschen leiden unter Erkrankungen der Wirbelsäule. Mögliche Ursachen liegen in falschen Belastungen im frühen Jugendalter. Viele herkömmliche Schultaschen haben biomechanische Nachteile (Bild 4):

– Die gesamte Last der Schultasche ruht auf den Schultern und wird über die Schultergürtelmuskulatur weitgehend an die Halswirbelsäule angehängt. Über die Rippen wird die Last zusätzlich an die Wirbelsäule weitergegeben.
– Die Tragriemen ziehen stark nach hinten und verursachen Rundrückenbildung.
– Die Unterkante der Schultasche stützt sich im Lendenwirbelbereich ab und verursacht ein Hohlkreuz.
– Schultaschen sind oft sehr dick und haben daher einen besonders langen Hebelarm.

Wissenschaftler haben nun eine Schultasche entwickelt, die die dargestellten Mängel nicht aufweist (Bild 5):

– Durch die hohe Form, mit Fächern übereinander, kann ein Beckengurt eine Auflage im Kreuzbeinbereich günstig gestalten.
– Die Zugkräfte nach unten und nach hinten werden erheblich verringert.

So hilft eine genaue Betrachtung der Kräfteverhältnisse an der Tasche und deren Auswirkungen auf das Muskel-Skelett-System zum besseren Verstehen von medizinischen Problemen. Damit kann Schäden frühzeitig vorgebeugt werden.

AUFGABEN

1. Ein Mann hält am abgewinkelten Arm eine Last von 30 kg. Mit welcher Kraft zieht sein Bizeps?
2. Der Bizeps dient zum Beugen des Arms. Versucht herauszufinden, wo der Muskel zum Strecken des Armes sitzt. Macht einmal einen „Kräftevergleich": kann man stärker beugen oder strecken?
3. Vergleiche deine Schultasche mit denen aus den Bildern 4 und 5! Wie kannst du beim Packen die Belastung deiner Wirbelsäule verringern?
4. Falsche Körperbelastungen können zu Haltungsschäden führen. Überlege, welche Fehler du vermeiden kannst!

Hebel am Fahrrad

Auch das Fahrrad ist ein Kraftwandler. Allerdings übt man hier eine Kraft auf einen kurzen Kraftarm aus. Denn die Idee des Fahrrades ist ja: Man möchte mit „einem Schritt" einen längeren Weg zurücklegen als zu Fuß und auf diese Weise schneller vorankommen.

AUFTRAG 1
1. Testet auf dem Schulhof, wie weit ihr mit genau einer Tretkurbelumdrehung fahren könnt. Nehmt hierfür ein Rad mit Gangschaltung. Vergleicht die Wege im größten Gang (s_1) und im kleinsten Gang (s_2)!
2. Zählt die Zähne der Zahnkränze auf dem größten Kranz vorn (a), auf dem kleinsten Kranz hinten (b), auf dem kleinsten Kranz vorn (c) und auf dem größten Kranz hinten (d)!
3. Bildet die Quotienten $Q_1 = \frac{a}{b}$ und $Q_2 = \frac{c}{d}$. Vergleicht $\frac{Q_1}{Q_2}$ mit dem Verhältnis der zuvor gemessenen Wege $\frac{s_1}{s_2}$!

Eigentlich könnte man mit einem extrem großen Zahnkranz vorn und einem extrem kleinen Zahnkranz hinten schneller fahren als jedes Auto – wäre da nicht das Problem mit der Kraft. Ihr könnt die Kraft, die auf die Tretkurbel wirkt, einmal mit der Kraft vergleichen, die am Rand des Hinterrades wirkt, die also „auf die Straße gebracht" wird. Verwendet dazu dasselbe Fahrrad wie zuvor!

AUFTRAG 2
1. Hängt an die Tretkurbel eines aufgebockten Fahrrades ein 5-kg-Wägestück ($F_G \approx 50$ N). Messt mit einem Federkraftmesser die Kraft am Hinterrad
   a) im größten Gang (F_1),
   b) im kleinsten Gang (F_2)!
2. Bildet das Verhältnis der beiden Kräfte $\frac{F_1}{F_2}$ und vergleicht es mit dem Verhältnis $\frac{s_2}{s_1}$ aus dem ersten Auftrag!

Wer also in einem größeren Gang fährt, muss kräftiger in die Pedale treten, um dieselbe Kraft am Hinterrad zu bewirken. Wer es sich leichter machen will, schaltet in einen kleineren Gang, muss aber dafür schneller treten.

AUFTRAG 3
Berechnet, wie groß in den beiden dargestellten Übersetzungen jeweils die Kraft am Hinterrad ist!
Überlegt dazu der Reihe nach: Wie groß ist die Kraft am vorderen Zahnrad, in der Kette, am hinteren Zahnrad?

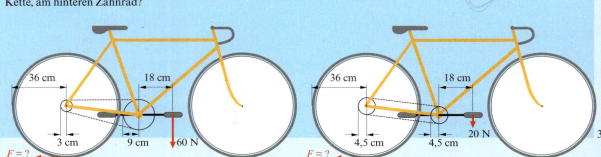

Mechanische Arbeit und Leistung

AUFGABEN

1. Welche Kraft ist notwendig, um mit einer losen Rolle einen Sack mit der Masse 60 kg zu heben?
2. Wie viele Rollen sind notwendig, um einen Körper mit der Masse 500 kg anzuheben, wenn man eine maximale Zugkraft von 400 N aufbringen kann?
3. Welche Last kann hier gehoben werden?

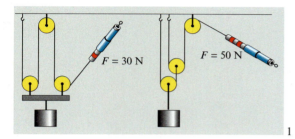

4. Eine elektrische Seilwinde kann eine Kraft von genau 981 N aufbringen. Ein Arbeiter versucht, mit einem Flaschenzug von 2 × 2 Rollen eine Palette von 400 kg mit dieser Seilwinde zu heben. Die Seilwinde schafft das aber nicht. Versuche, eine Erklärung hierfür zu finden!
5. Welche Arbeit verrichtet ein Getränkefahrer, der zum Beladen seines Lkw 100 Kisten ($m = 15$ kg) um jeweils 2 m nach oben hebt?
6. Begründe, dass man mit Rollen, Flaschenzügen oder geneigten Ebenen keine „Arbeit sparen" kann!
7. a) Paul (45 kg) will Tina (40 kg) hochziehen. Welche Kraft muss er aufbringen? Mit welcher Kraft zieht dann die Rolle an ihrer Aufhängung?
   b) Tina will sich selbst hochziehen. Wie groß ist die Kraft, mit der sie ziehen muss? Mit welcher Kraft zieht jetzt die Rolle an ihrer Aufhängung?

8. Berechne die Leistung eines Hochspringers (75 kg), der seinen Körper in 0,2 s um 1,50 m anhebt!
9. Berechne die Leistung des Rekordläufers auf das Empire State Building (siehe S. 97)! (Höhe der Treppen: 315 m, $m = 70$ kg.)
10. Ein Radfahrer benötigt für 200 m auf waagerechter Strecke 30 s. Seine mechanische Leistung beträgt 180 W. Wie groß ist die Kraft (Luftwiderstand und Reibung), die die Bewegung des Radfahrers hemmt?
11. Messt eure Zeit für das Treppenlaufen in einem mehrstöckigen Haus. Bestimmt die Höhe der Treppe und eure Leistungen! Hat der Schnellste auch die größte Leistung?
12. Wie lange braucht eine Pumpe mit der Leistung 4 kW, um 1000 Liter Wasser ($m = 1000$ kg) aus 20 m Tiefe zu fördern?
13. Wie groß ist die Durchschnittsleistung eines Bergsteigers (60 kg), wenn er einen Höhenunterschied von 500 m in 45 min überwindet?
14. Warum wird es immer schwieriger, ein Streichholz in immer kleinere Stücke zu brechen?
15. Gib für die Positionen a–e die Kräfte an, die nötig sind, um den Hebel im Gleichgewicht zu halten!

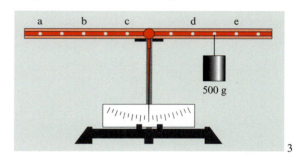

16. Welche Kraft tritt am Hinterreifen eines Fahrrades auf, wenn man an den Pedalen insgesamt 600 N aufbringt? (Radien: Pedalen 18 cm, Pedalzahnkranz 6 cm, Hinterrad 30 cm, Hinterradzahnkranz 4 cm.)
17. Eine Brechstange ist 1 m lang. Sie wird 10 cm unter einen Stein (4500 N) geschoben. Welche Kraft muss man am freien Ende aufbringen, um den Stein anzuheben?
18. Berechne die Kraft, die bei der Kneifzange auf den Nagel wirkt!

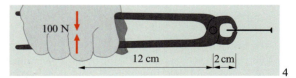

19. Begründe, dass man mit einem Hebel keine Arbeit sparen kann!
20. Kann man die Paddel eines Kanus als Hebel auffassen? Wo liegt der Drehpunkt? Wo greifen die Kräfte an?

ZUSAMMENFASSUNG

Rollen
Mithilfe einer festen Rolle und eines Seils kann man die Richtung einer Kraft ändern:
Kraft F_1 und Last F_2 sind gleich groß.
Kraftweg s_1 und Lastweg s_2 sind gleich groß.
An einer losen Rolle braucht man zum Heben einer Last nur eine halb so große Kraft:
$F_1 = \frac{1}{2} \cdot F_2$.
Der Kraftweg ist doppelt so groß wie der Lastweg:
$s_1 = 2 \cdot s_2$.

Mechanische Arbeit
Für die mechanische Arbeit gilt: $W = F \cdot s$.
Dabei ist F die Kraft, die in Wegrichtung wirkt.
Die Arbeit entspricht einer Energiedifferenz: $W = \Delta E$.
Einheit: Joule (J), $1\,\text{J} = 1\,\text{N} \cdot \text{m}$.
1 J ist die Arbeit, die nötig ist, um einen Körper, dessen Gewichtskraft 1 N beträgt, um 1 m zu heben.

In allen drei Fällen wird die gleiche mechanische Arbeit verrichtet.

Hebelgesetz
Ein Hebel ist im Gleichgewicht, wenn die Produkte aus Kraft und zugehörigem Hebelarm auf beiden Seiten gleich groß sind:
$F_1 \cdot l_1 = F_2 \cdot l_2$.

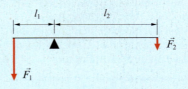

Goldene Regel der Mechanik
Bei der Verwendung von Kraftwandlern bleibt das Produkt aus Kraft und Weg konstant. Es kann also niemals Arbeit eingespart, sondern nur Kraft umgeformt werden.

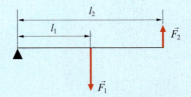

Mechanische Leistung
Die mechanische Leistung gibt an, wie viel mechanische Arbeit in einer bestimmten Zeit verrichtet wird:
$P = \frac{W}{t}$.

Ihre Einheit ist Watt (W), $1\,\text{W} = 1\,\frac{\text{J}}{\text{s}}$.

Für F = konst. und v = konst. gilt: $P = F \cdot v$.

Wärmelehre

Temperatur und Wärme begleiten uns jeden Tag. Viele Vorgänge in Natur und Technik hängen von der Temperatur ab und in jedem Gegenstand vollziehen sich Änderungen, wenn ihm Wärme zugeführt wird.
Das haben sich die Menschen vielfältig zunutze gemacht: Nicht nur fahren die Autos mit erhitzten Gasen, sondern auch bei der Herstellung fast aller Dinge, die uns umgeben, spielen Erwärmung und Abkühlung eine große Rolle.

Energieübertragung und Temperatur

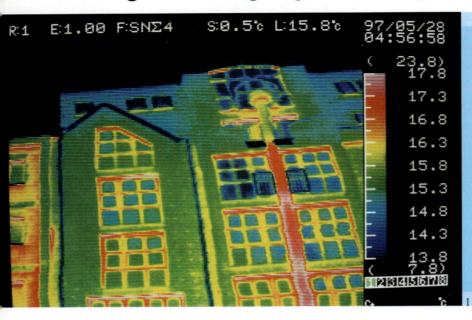

Dieses Haus wurde in den frühen Morgenstunden mit einer Spezialkamera fotografiert. Die Farben dieses Fotos zeigen nicht die Farben des Hauses, sondern die Temperatur der Außenwände, des Daches und der Fenster. Solche Bilder heißen Thermografien.
Jede Farbe entspricht einer bestimmten Temperatur.
Aus Thermografien kann man ablesen, wo im Winter besonders viel Wärme verloren geht.

Wie kommt die Wärme aus dem Haus?

Ein Osterfeuer lodert hoch in den Himmel. Als es entzündet wurde, standen die Menschen noch dicht davor. Inzwischen hält es aber keiner mehr in seiner Nähe aus. Warum ist es neben dem Feuer so heiß? Wärmeleitung kann nicht der Grund sein, denn Luft ist ein sehr schlechter Wärmeleiter. Ähnlich wie ein großes Feuer versorgt uns die Sonne mit thermischer Energie. Sie wärmt uns, obwohl sie 150 Mio. km entfernt und zwischen Sonne und Erde der leere Weltraum ist. Dabei handelt es sich um eine Energieübertragung, für die weder ein Kontakt noch ein Stofftransport zwischen den Gegenständen notwendig ist. Die thermische Energie wird durch Wärmestrahlung übertragen.
Nicht nur das Feuer und die Sonne senden **Wärmestrahlung** aus:

EXPERIMENT 1
Beleuchte einige Stücke Schokolade aus etwa 20 cm Entfernung 5 min lang mit einer Schreibtischlampe. Falte zuvor für ein Schokoladenstück einen „Sonnenschutz" und stülpe über ein zweites Stück ein kleines Trinkglas. Wickle ein drittes Stück in Aluminiumfolie, ein weiteres in dunkles Papier ein!
Welches Schokoladenstück wird am weichsten?

Durch die Wärmestrahlung der Lampe gelangt thermische Energie zur Schokolade. Die unverpackte Schokolade und auch das Stück im dunklen Papier werden weich. Die Stücke im Schatten und das Stück unter dem „Glasdach" bleiben fester. Die Aluminiumfolie schützt die Schokolade am besten vor der Wärmestrahlung. Die Wärmestrahlung wird reflektiert.

> Alle Gegenstände senden Wärmestrahlung aus. Je höher ihre Temperatur ist, desto mehr thermische Energie geben sie ab.

Schon gewusst?

Wärmestrahlung und Kleidung. Ein dicker Winterpullover verringert den Verlust von Körperwärme durch Wärmestrahlung. Die Außenfläche des Pullovers ist viel kühler als die Hautoberfläche, man strahlt also weniger Wärme ab.

Sonne und Temperatur auf der Erde

Seit Millionen von Jahren beleuchtet die Sonne unsere Erde. Stets wird eine Hälfte der Erde von der Sonne beschienen, dort ist es Tag. Die andere Hälfte liegt im Dunkeln, dort ist es Nacht. Das Sonnenlicht liefert die für das Leben auf der Erde notwendige Wärme. Aber obwohl das Licht fast alle Teile der Erde erreicht, ist es an den Polen so kalt, dass dort ewiges Eis herrscht. Am Äquator ist es dagegen fast unerträglich heiß.

> **EXPERIMENT 2**
> Stell ein Schokoladenei in einen Eierbecher und beleuchte es aus ca. 20 cm Entfernung mit einer Schreibtischlampe! Du kannst das Ei auch in das Licht der Sonne stellen.
> Welche Stellen des Eies werden zuerst weich?

Obwohl das ganze Ei beleuchtet wird, wird zuerst die Stelle weich, die direkt zur Lampe hin gerichtet ist. Noch deutlicher wird dies bei dem sonnenbeschienen Ei: Die Stelle, auf die die Sonne senkrecht scheint, wird zuerst weich, dorthin gelangt je Sekunde die meiste Energie.

Ein ähnliches Experiment lässt sich mit einer Solarzelle bzw. mit einem Solarmodul durchführen:

> **EXPERIMENT 3**
> Eine Solarzelle wird mit einem Strommeser verbunden und so ins Licht der Sonne oder einer Lampe gebracht, dass sie senkrecht beschienen wird.
> Anschließend wird die Stromstärke bei verschiedenen Neigungen der Solarzelle abgelesen.

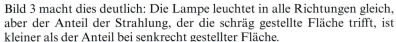

Obwohl stets die ganze Solarzelle von der Lampe bzw. Sonne beleuchtet wird, liefert sie nicht immer den gleichen elektrischen Strom: Je flacher die Solarzelle beleuchtet wird, desto geringer ist die Stromstärke, desto geringer ist also die elektrische Energie, die sie liefert. Da die elektrische Energie durch Umwandlung aus der Energie des Lichtes entsteht, folgt:

> Je flacher Licht bzw. Wärmestrahlung auf eine Fläche trifft, desto weniger Energie wird pro Zeit auf die Fläche übertragen. Fällt die Strahlung senkrecht ein, erhält die Fläche die meiste Energie pro Zeit.

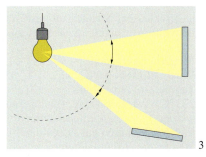

Bild 3 macht dies deutlich: Die Lampe leuchtet in alle Richtungen gleich, aber der Anteil der Strahlung, der die schräg gestellte Fläche trifft, ist kleiner als der Anteil bei senkrecht gestellter Fläche.
Genau wie dem Schokoladenei geht es der Erde. Die Stellen, der Erde, die senkrecht von der Sonne beschienen werden, erhalten durch Licht bzw. Wärmestrahlung mehr Energie als geneigte Flächen. In der Nähe der Pole trifft die Strahlung in flachem Winkel auf die Erde, dort bleibt es also kühler als am Äquator. Im Winter steht die Erdachse so, dass in unserer Region das Sonnenlicht ziemlich flach auf die Erde trifft. Im Sommer trifft es steiler auf, sodass es wärmer wird.
Ebenso wird bei uns ein Stück Land von der steil stehenden Mittagssonne mehr erwärmt als von der flach stehenden Morgensonne. Und ein Weinberg wird von der Sonne mehr erwärmt als ein Stück Land in der Ebene.

Die Erde im Licht der Sonne

Die Kelvinskala der Temperatur

Die höchsten heute bekannten Temperaturen herrschen im Inneren unserer Sonne und vieler anderer Sterne. Auch in einem Kernfusionsreaktor muss eine sehr hohe Temperatur erreicht werden, denn dort sollen die gleichen Prozesse wie in der Sonne ablaufen.

15 Millionen °C Sonneninneres
6000 °C Sonnenoberfläche
327 °C Blei schmilzt
100 °C Wasser siedet
0 °C Eis schmilzt
−39 °C Quecksilber erstarrt
−114 °C Alkohol erstarrt
−183 °C Sauerstoff wird flüssig
−273 °C tiefste erreichbare Temperatur

Die tiefste Temperatur, die heute technisch erzeugt werden kann, beträgt etwa −273 °C. Im Vergleich zur Sonnentemperatur scheint diese Temperatur gar nicht so fern von unserer normalen Umgebungstemperatur von 20 °C zu sein.
Kann man noch tiefere Temperaturen als −273 °C erreichen?

Schon vor mehr als 150 Jahren haben die Physiker entdeckt, dass es vermutlich eine untere Grenze für tiefe Temperaturen geben wird: Der Physiker LOUIS JOSEPH GAY-LUSSAC (1778–1850) hat beobachtet, dass sich eine abgeschlossene Menge Luft ausdehnt, wenn sie erwärmt wird, und dass sich ihr Volumen verringert, wenn sie abgekühlt wird (Bild 2).

Messungen ergaben:
Wird 1 l Luft von 0 °C auf 273 °C erwärmt, dann nimmt die Luft bei dieser Temperatur ein Volumen von 2 l ein. Bei weiterer Erhöhung um wiederum 273 °C nimmt sie 3 l ein. (Dabei muss der Druck jeweils konstant gehalten werden.) Bei Abkühlung unter 0 °C nimmt das Volumen der Luft ab. Welches Volumen hat sie wohl bei −273 °C?
Würde die Volumenänderung bei Abkühlung ebenso verlaufen wie bei Erwärmung, dann hätte die Luft das Volumen null! Dies müsste dann die tiefste mögliche Temperatur, der *absolute Nullpunkt* sein, denn eine weitere Abkühlung wäre unmöglich.
Obwohl diese Überlegung vor 150 Jahren noch Spekulation war, hat die Temperatur −273 °C (genauer −273,15 °C) schon damals einen neuen Namen erhalten: 0 K (null Kelvin) nach dem Physiker WILLIAM LORD KELVIN (1824–1907). Die Kelvinskala hat keine negativen Werte. Man kann sie als eine „um 273 Grad verschobene Celsiusskala" bezeichnen: Wasser gefriert bei +273 K, wir fühlen uns bei 293 K Raumtemperatur wohl, und Wasser siedet bei 373 K.

> Die Zahlenwerte bei Temperaturangaben auf der Kelvinskala sind um 273 höher als die auf der Celsiusskala.

In dieses Glasgefäß wurde zunächst mit einem Föhn heiße Luft geblasen. Danach wurde es schnell mit einer Gummihaut verschlossen und in einen Kühlschrank gestellt. Kann sich das Gasvolumen bei weiterer Abkühlung immer weiter verringern?

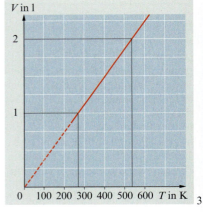

Energieübertragung und Temperatur

Angaben von Temperaturen und Temperaturdifferenzen. Für Temperaturen gibt es zwei Formelzeichen: Wird die Temperatur in °C angegeben, so verwendet man das ϑ (also z. B. $\vartheta = 20\,°C$); wird die Temperatur in K angegeben, so verwendet man das T (also z. B. $T = 293\,K$).
Temperaturdifferenzen werden zumeist in K angegeben. Die Temperaturdifferenz $\Delta T = 1\,K$ ist genau so groß wie die Temperaturdifferenz $\Delta\vartheta = 1\,°C$.

Der absolute Nullpunkt. Der Physiker GAY-LUSSAC war noch überzeugt, den absoluten Nullpunkt der Temperatur durch dauerndes Abkühlen von Luft erreichen zu können. Luft wird jedoch schon bei etwa –183 °C flüssig und bei etwa –219 °C fest. Heute sind die Physiker davon überzeugt, dass der absolute Nullpunkt selbst mit dem Edelgas Helium nicht erreicht werden kann. Helium wird erst bei –269 °C, also bei 4 K, flüssig und unter normalem Luftdruck überhaupt nicht mehr fest.
Mit raffinierten Experimenten kommen die Physiker dem absoluten Nullpunkt aber sehr nahe: 0,000 000 02 K gilt derzeit als Rekord. Allerdings ist es nicht nur schwierig, solche tiefen Temperaturen zu erreichen – auch ihre Messung ist nicht einfach. Um zu entscheiden, ob die Temperatur nun 0,000 000 02 K oder 0,000 000 03 K beträgt, reichen gewöhnliche Thermometer längst nicht aus.
Was macht die Physiker so sicher, dass es keine Temperatur von –1 K oder noch tiefer gibt?
Die Temperatur eines Körpers und die Bewegung seiner kleinsten Bausteine, seiner Moleküle und Atome, hängen eng miteinander zusammen: Je höher die Temperatur des Körpers ist, desto schneller ist die ungeordnete Bewegung seiner Teilchen (Bild 1). Die ungeordnete Bewegung der Teilchen eines Körpers heißt **thermische Bewegung**.

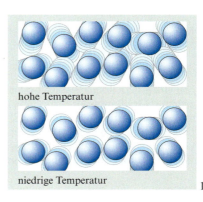
hohe Temperatur

niedrige Temperatur 1

Ein einfaches Experiment macht die thermische Bewegung am Beispiel des Wassers sichtbar:

EXPERIMENT 4
Fülle auf eine vorgewärmte Untertasse etwas heißes Wasser, auf eine zweite sehr kaltes Wasser. Lege in beide gleichzeitig je ein Stück Würfelzucker! Welches Stück löst sich schneller auf?

2

Die „schnellen" Moleküle des heißen Wassers dringen schneller in den Zuckerkristall und lösen ihn schneller als die „langsameren" des kalten Wassers.

Wenn man einen Körper abkühlt, nimmt die thermische Bewegung seiner Teilchen ab. Die tiefste Temperatur wäre erreicht, wenn die Teilchen sich gar nicht mehr bewegen würden.

In einem Körper mit der Temperatur 0 K gäbe es keine thermische Bewegung seiner Teilchen.

Verglichen mit 0 K ist es hier gemütlich warm.

Thermische Energie

Manche physikalische Größen lassen sich auf einfache Weise messen, wie etwa die Länge, die Zeit oder die Masse. Auch Temperaturen kann man in vielen Fällen einfach mit dem Thermometer bestimmen. Wer allerdings glaubt, die thermische Energie eines Körpers einfach mit Waage und Thermometer bestimmen zu können, der kann eine Überraschung erleben:

EXPERIMENT 5
1. Erhitze 100 g Wasser (also 100 ml) bis zum Sieden. Gieße dieses Wasser in ein Becherglas mit 1 l Wasser. Miss vorher und nachher die Temperatur des Wassers im Becherglas!
2. Erhitze 100 g Bleischrot ebenfalls auf 100 °C, indem du es in einem Netz einige Zeit in siedendes Wasser hältst. Gib das Blei dann in ein Becherglas mit 1 l Wasser und rühre eine Weile um. Miss vorher und nachher die Temperatur des Wassers im Becherglas!

Mit 100 g siedendem Wasser wird eine Temperaturerhöhung von fast 6 °C erreicht. Die Temperaturerhöhung durch 100 g Blei von 100 °C ist kaum zu messen, sie beträgt nur etwa 0,2 °C!
Offensichtlich können 100 g Wasser mit einer Temperatur von 100 °C einen Gegenstand stärker erwärmen als 100 g Blei derselben Temperatur. Das Wasser hat mehr thermische Energie als das Blei.

> Die thermische Energie eines Körpers hängt von dem Material ab, aus dem er besteht.

Meistens geht die Zufuhr von Wärme mit einer Temperaturerhöhung des Körpers einher. Wenn man Wasser mit einem Gasbrenner erhitzt, wird seine thermische Energie erhöht, denn seine Temperatur steigt.

EXPERIMENT 6
1. Fülle ein Becherglas mit 1 l Wasser und miss die Temperatur. Erwärme das Wasser 5 min lang mit einem Gasbrenner. Miss jeweils im Abstand von einer Minute die Temperatur, notiere sie in einer Tabelle und zeichne ein Temperatur-Zeit-Diagramm!
2. Wiederhole das Experiment mit demselben Gasbrenner mit 0,5 l Wasser!
3. Wiederhole das Experiment mit 0,5 l Speiseöl!

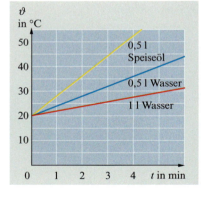

Die Temperatur des Wassers steigt gleichmäßig an: In der 2. Minute ist sie um 2 °C gestiegen, in der 3. Minute genauso viel und ebenso z. B. in der 5. Minute. Im zweiten Teil von Experiment 6 steigt die Temperatur in jeder Minute um 4 °C an, also doppelt so viel wie zuvor. Bei der halben Masse des Wassers wird für eine Temperaturerhöhung um 2 °C nur die halbe Wärme (also die halbe Zeit) benötigt. Es gilt:

> Die einem Körper zugeführte Wärme Q ist proportional zur Temperaturerhöhung ΔT: $Q \sim \Delta T$.
> Die für die Temperaturänderung ΔT erforderliche Wärme Q ist proportional zur Masse m des Körpers: $Q \sim m$.

Energieübertragung und Temperatur

Im dritten Teil von Experiment 6 steigt die Temperatur des Speiseöls deutlich stärker an als bei der gleichen Menge Wasser. Dieselbe Wärme bewirkt bei verschiedenen Stoffen unterschiedliche Temperaturänderungen: Wenn man 1 kg eines bestimmten Stoffes um 1 °C (also 1 K) erwärmen will, so benötigt man dafür eine für den Stoff typische Menge an Wärme. Diese Wärme wird durch die **spezifische Wärmekapazität** c gekennzeichnet.

> Die spezifische Wärmekapazität c eines Stoffes gibt an, wie viel Wärme notwendig ist, damit sich die Temperatur von 1 kg dieses Stoffes um 1 K erhöht.

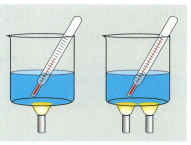

Doppelte Wärmezufuhr bewirkt doppelte Temperaturerhöhung

Als Einheit der spezifischen Wärmekapazität wird $\frac{kJ}{kg \cdot K}$ verwendet.

Mithilfe dieser Stoffkonstanten kann berechnet werden, welche Wärme Q einem Körper, der die Masse m hat, und dessen Stoff die spezifische Wärmekapazität c besitzt, zugeführt werden muss, damit sich seine Temperatur um $\Delta T = T_{End} - T_{Anf}$ erhöht. Wird ihm diese Wärme Q entzogen, erniedrigt sich seine Temperatur um denselben Betrag:

> Durch Zufuhr der Wärme Q ändert sich die thermische Energie des Körpers um den Betrag $c \cdot m \cdot \Delta T$. Es gilt: $Q = c \cdot m \cdot \Delta T$.

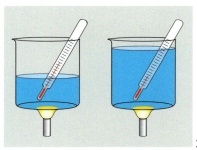

Trotz gleicher Wärmezufuhr nur halbe Temperaturerhöhung

In dieser Gleichung kommen die experimentell gefundenen Proportionalitäten $Q \sim m$ und $Q \sim \Delta T$ zum Ausdruck. Es muss allerdings vorausgesetzt werden, dass sich der Aggregatzustand des Körpers nicht ändert.
Die spezifische Wärmekapazität von Wasser ist sehr groß im Verhältnis zu derjenigen von Blei. Dies ist der Grund, weshalb sich das Wasser im Experiment 5 fast gar nicht erwärmt:
Angenommen, zunächst hat das Wasser eine Temperatur von 20 °C, und das Blei hat eine Temperatur von 100 °C. Wenn sich 100 g Blei um $\Delta T_{Blei} = 80$ K abkühlen würden, würde das Blei dabei eine Wärme von

$$Q = 0{,}13 \, \frac{kJ}{kg \cdot K} \cdot 0{,}1 \, kg \cdot 80 \, K = 1{,}04 \, kJ \text{ abgeben.}$$

Mit dieser Wärme ließe sich aber die Temperatur von 1 kg Wasser nur um

$$\Delta T = \frac{1{,}04 \, kJ}{4{,}19 \, \frac{kJ}{kg \cdot K} \cdot 1 \, kg} = 0{,}25 \, K \text{ erhöhen.}$$

Schon gewusst?

Weil beim Erwärmen von Flüssigkeiten Temperatur und thermische Energie gleichmäßig ansteigen, hat man bereits vor mehr als 200 Jahren für die Einheit der Energie festgelegt: „Um die Temperatur von 1 kg Wasser um 1 °C zu erhöhen, ist die Energie 1 Kilokalorie (1 kcal) nötig." Heute wird für die Energie die Einheit Kilojoule (kJ) benutzt. Für die Umrechnung der beiden Einheiten gilt: 1 kcal = 4,19 kJ.

Spezifische Wärmekapazitäten					
Stoff	c in $\frac{kJ}{kg \cdot K}$	Stoff	c in $\frac{kJ}{kg \cdot K}$	Stoff	c in $\frac{kJ}{kg \cdot K}$
Aluminium	0,90	Keramik	0,85	Aceton	2,10
Beton	0,84	Kunststoffe	1,3 bis 2,1	Alkohol (Ethanol)	2,40
Blei	0,13	Kupfer	0,39	Glycerin	2,39
Diamant	0,50	Messing	0,38	Petroleum	2,00
Eisen	0,45	Porzellan	0,84	Quecksilber	0,14
Glas	ca. 0,8	Stein	ca. 0,75	Wasser	4,19
Graphit	0,78	Styropor	1,5		
Gold	0,13	Ziegel	0,84	Helium (p = konstant)	5,23
Holz	ca. 1,5	Zinn	0,23	Luft (p = konstant)	1,01

Auf unterschiedlichen Wegen zum selben Ziel

Wasser kann auf sehr unterschiedliche Weise erwärmt werden: In Bild 1 erwärmen Sonnenkollektoren auf dem Dach das Duschwasser, das Teewasser wird im elektrischen Wasserkocher erhitzt und die Gasflammen im Brenner der Zentralheizung erwärmen das Heizungswasser.

Tina hat sich verschiedene Möglichkeiten überlegt, wie sie die Temperatur einer Stahlkugel erhöhen kann:

Sehr verschiedene Prozesse können hier zum selben Ziel führen, nämlich zur Änderung der Temperatur eines bestimmten Körpers um einen bestimmten Betrag. Dabei nimmt auch die thermische Energie des Körpers jeweils um den gleichen Betrag zu.
In den Bildern 2 und 3 ist dargestellt, wie dem Körper **Wärme** zugeführt wird. Im Bild 4 wird an dem Körper **mechanische Arbeit** verrichtet. Dadurch wird jedoch seine mechanische Energie nicht erhöht, nur seine thermische Energie nimmt zu.

Die Änderung der thermischen Energie des Körpers ist in den beiden ersten Fällen gleich der zugeführten Wärme; im dritten Fall ist sie gleich der verrichteten mechanischen Arbeit. Eine weitere Möglichkeit wäre es, die thermische Energie des Körpers gleichzeitig durch Zufuhr von Wärme und z. B. durch Reibungsarbeit zu erhöhen.

> Durch die Zufuhr von Wärme oder das Verrichten von mechanischer Arbeit kann die thermische Energie eines Körpers geändert werden.

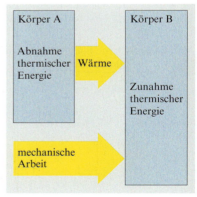

Der Unterschied zwischen Wärme und thermischer Energie. In der Mechanik wird unterschieden zwischen der Arbeit und der Energie. Die Energie kennzeichnet den Zustand eines Körpers (z. B. in welcher Höhe er sich befindet), die Arbeit kennzeichnet einen Prozess (z. B. um welche Höhendifferenz der Körper angehoben wird).
Ähnlich verhält es sich mit den Begriffen thermische Energie und Wärme: Die thermische Energie kennzeichnet den Zustand eines Körpers. Die Wärme kennzeichnet eine Änderung der thermischen Energie, die z. B. dadurch entsteht, dass der Körper mit einem Körper anderer Temperatur in *thermischem Kontakt* ist. Der thermische Kontakt zwischen Körpern unterschiedlicher Temperatur bewirkt eine Wärmeübertragung durch Stöße von Teilchen. Auch durch Strahlung kann Wärme übertragen werden.

Energieübertragung und Temperatur

Längenänderung fester Körper

Die Längenänderung von Metallteilen ist normalerweise recht klein, sie lässt sich aber mit einer besonderen Anordnung messen:

EXPERIMENT 7
Ein Stahlrohr von 1 m Länge wird an einem Ende fest eingespannt und liegt mit dem anderen Ende auf einer Walze, die mit einem Zeiger verbunden ist. Durch das Rohr wird Wasser geleitet, dessen Temperatur schrittweise erhöht wird. Nach jeder Temperaturerhöhung um $\Delta T = 10$ K wird die Längenänderung Δl abgelesen.

Bild 2 zeigt die Auswertung eines solchen Experimentes. Man erkennt einen proportionalen Zusammenhang zwischen Längenänderung Δl und Temperaturänderung ΔT: Beispielsweise ergibt sich bei der doppelten Temperaturänderung ΔT eine doppelte Längenänderung Δl.

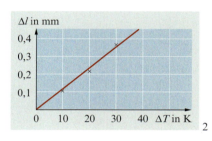

Der Abstand zwischen der Befestigung des Stahlrohres und der Walze im Experiment 7 betrug stets 1 m. Wird die Temperatur eines 1 m langen Stahlrohres um $\Delta T = 10$ K erhöht, verlängert es sich um $\Delta l = 0{,}12$ mm. Bei $\Delta T = 1$ K wird es sich um $\Delta l = 0{,}012$ mm verlängern.

Die Längenänderung des Stahlrohres ist der Temperaturänderung proportional. Ähnliche Messungen zeigen, dass eine solche Proportionalität für viele andere Metalle und auch für Stein gilt. Für sehr hohe Temperaturen gibt es allerdings Abweichungen von der Proportionalität.
Ein 3 m langes Stahlrohr wird sich bei der Temperaturerhöhung um 1 K um $\Delta l = 3 \cdot 0{,}012$ mm $= 0{,}036$ mm verlängern. Die Längenänderung nimmt bei Erwärmung gleichmäßig zu.

> Die Längenänderung ist der Temperaturänderung und der Ausgangslänge l_0 proportional.

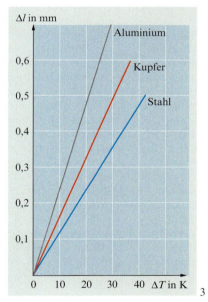

Jeder Abschnitt des Materials nimmt an der Längenänderung in gleichem Maße teil. Auch diese Überlegung kann durch Messungen bestätigt werden: Wird der halbe (oder viertel) Stab um dieselbe Temperaturänderung erwärmt, zeigt er auch nur die halbe (viertel) Längenänderung.
In einem Gedankenexperiment kann man die Teilung immer weiter fortsetzen bis zu den einzelnen Teilchen: Auch die Abstände zwischen den Teilchen müssen bei Temperaturerhöhung zunehmen. Und zwar im gleichen Verhältnis wie die Länge des ganzen Stabes. Wenn wir die thermische Längenänderung beobachten, „sehen" wir also zugleich die Abstandsänderung der Teilchen (Bild 4).

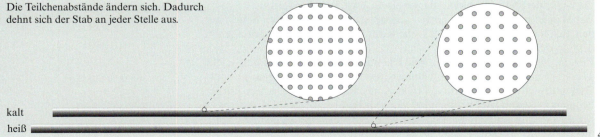

Die Teilchenabstände ändern sich. Dadurch dehnt sich der Stab an jeder Stelle aus.

Wärmelehre

Berechnung der Längenänderung. Die Längenänderung eines Stabes hängt auch vom Stoff ab, aus dem der Stab besteht. So ändert ein 1 m langer Stab aus Kupfer bei einer Temperaturänderung von $\Delta T = 1$ K seine Länge um 0,017 mm.

Für jedes Material kann eine Stoffkonstante ermittelt werden, der so genannte **lineare Ausdehnungskoeffizient** α.

Seine Einheit ist $\frac{1}{K}$.

> Für die Längenänderung eines Stabes Δl bei Erwärmung um ΔT gilt:
> $\Delta l = l_0 \cdot \alpha \cdot \Delta T$.

Beispiel
Angenommen, der stählerne Eiffelturm hätte im Winter bei –20 °C eine Höhe von 300,00 m. Wie hoch wäre er dann im Sommer bei +40 °C?
Gesucht: l
Gegeben: $l_0 = 300,00$ m
$\alpha = 0,000\,012\, \frac{1}{K}$
$\Delta T = 60$ K

Lösung: $\Delta l = l_0 \cdot \alpha \cdot \Delta T$
$\Delta l = 300,00$ m $\cdot\, 0,000\,012\, \frac{1}{K} \cdot 60$ K
$\Delta l = 0,22$ m
$l = l_0 + \Delta l = \underline{\underline{300,22 \text{ m}}}$

Ergebnis: Der Eiffelturm hätte im Sommer eine Höhe von 300,22 m.

Ein Loch im Blech. Früher wurden die Küchenherde mit brennendem Holz geheizt (Bild 1). Der Topf stand über einem Loch, das je nach Bedarf größer oder kleiner gemacht werden konnte. Dazu konnte man einzelne Ringe abnehmen oder einsetzen. Dehnt sich ein Loch in einem Blech bei Temperaturerhöhung aus oder wird es kleiner?
Würde man einen Eisenstab zu einem Kreis biegen, dann hätte dieser Kreis im Warmen einen größeren Umfang als im Kalten. Ebenso hat der erwärmte Ring einen größeren Durchmesser als der kalte. Ein Blech mit Loch kann man sich aus lauter Ringen zusammengesetzt denken, wie bei alten Küchenherden. Das ganze Blech, und damit auch jeder Ring, wird bei Temperaturerhöhung größer, also auch das Loch im Blech.
Ein Blech wird sich bei Temperaturerhöhung vergrößern, Länge und Breite nehmen zu, also wird seine Fläche größer.

Zerstörung durch Volumenänderung. Wenn die thermische Volumenänderung verhindert wird, entstehen Spannungen im Material, die zu Zerstörungen führen können. Wird z. B. Glas an einer Stelle stark erwärmt, dehnt es sich dort aus, während andere Bereiche kalt bleiben: Das Glas zerspringt.

Längenänderung und Volumenänderung. Ein Stab aus Metall wird bei Temperaturerhöhung nicht nur länger, er wir auch etwas dicker. Aber diese Dickenänderung ist nur klein im Vergleich zur Längenänderung.
Ein Würfel mit der Kantenlänge l_0 dehnt sich aber nach allen Seiten um den gleichen Betrag aus (Bild 2). Die Kanten des Würfels werden alle um $\Delta l = l_0 \cdot \alpha \cdot \Delta T$ länger.
Für die Volumenänderung des Würfels mit dem Anfangsvolumen V_0 gilt $\Delta V = V_0 \cdot \gamma \cdot \Delta T$ mit dem **Volumenausdehnungskoeffizienten** γ. Diese Gleichung gilt nicht nur für würfelförmige Körper, sondern für Körper beliebiger Gestalt. Auch γ hat die Einheit $1/K$.
Bei Abkühlung wird das Volumen der Körper in der Regel kleiner. Die Volumenänderung wird in gleicher Weise berechnet wie bei der Erwärmung.

Übrigens

Der lineare Ausdehnungskoeffizient von Stahl $\alpha_{Stahl} = 0{,}000\,012\,\frac{1}{K}$ bedeutet, dass sich ein **1 m** langer Stahlstab bei Temperaturerhöhung um **1 K** um **0,000 012 m** ausdehnt, also um 0,012 mm.

Lineare Ausdehnungskoeffizienten	
Stoff	α in $\frac{1}{K}$
Aluminium	0,000 024
Beton	0,000 012
Blei	0,000 031
Eisen, Stahl	0,000 012
Glas	0,000 008
Kupfer	0,000 017
Silber	0,000 020

Alter Herd mit Loch

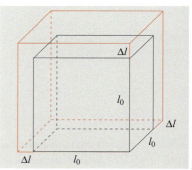

Energieübertragung und Temperatur

Volumenänderung von Flüssigkeiten

Nicht nur feste Stoffe dehnen sich bei Erwärmung aus. Auch Flüssigkeiten brauchen mehr Platz, wenn sie erwärmt werden.
Was dehnt sich stärker aus, Wasser oder Glas?

EXPERIMENT 8
Fülle eine vorgewärmte Glasflasche randvoll mit etwa 80 °C heißem Wasser. Warte, bis Wasser und Glas abgekühlt sind, und beobachte den Wasserstand!

Der Wasserspiegel in der Flasche sinkt bei Abkühlung. Würde man die Flasche wieder erwärmen, stiege der Wasserspiegel wieder an.
Ganz ähnlich wie das Loch im erwärmten Blech größer ist als im kalten, so nimmt auch das Innenvolumen eines Hohlkörpers, also z. B. einer Flasche, bei Temperaturerhöhung zu. Auch für diese Volumenänderung gilt $\Delta V = V_0 \cdot \gamma \cdot \Delta T$ mit dem Volumenausdehnungskoeffizienten γ.
Wenn also der Wasserspiegel im Experiment 8 bei Abkühlung gesunken ist, hat sich das Volumen des Wassers stärker verringert als das Innenvolumen der Flasche oder des Messzylinders. Tatsächlich gilt fast immer:

> Flüssigkeiten ändern ihr Volumen bei Erwärmung stärker als feste Körper. Der Volumenausdehnungskoeffizient für Flüssigkeiten ist größer als der für feste Stoffe.

Volumenausdehnungskoeffizienten

Stoff	γ in $\frac{1}{K}$
Aluminium	0,000 072
Beton	0,000 036
Blei	0,000 093
Eisen, Stahl	0,000 036
Glas	0,000 025
Gold	0,000 042
Kupfer	0,000 051
Silber	0,000 060
Alkohol (Ethanol)	0,001 10
Glycerin	0,000 49
Petroleum	0,001 00
Quecksilber	0,000 18
Wasser (bei 18 °C)	0,000 18

Volumenänderung von Gasen

Ebenso wie feste Stoffe und Flüssigkeiten dehnen sich auch Gase bei Erwärmung aus, beispielsweise die Luft.

EXPERIMENT 9
1. Besorge dir einen (billigen) Tischtennisball und drücke eine Beule hinein!
2. Erwärme etwas Wasser in einem Topf und lass den Ball mit der Beule nach unten darin schwimmen!
3. Wiederhole das Experiment mit einem Ball, in den du zuvor ein Loch gestochen hast. Tauche diesen erwärmten Ball mit dem Loch voran in kaltes Wasser!

Das warme Wasser hat den Kunststoff des Balles etwas erweicht und die Luft in ihm erwärmt. Dabei hat sich die Luft ausgedehnt und die Beule herausgedrückt.
Bei dem Ball mit Loch verschwindet die Beule nicht. Ein Teil der Luft entweicht durch das Loch. Wenn der Ball an Luft abkühlt, strömt wieder Umgebungsluft hinein. Wird der warme Ball jedoch in kaltes Wasser getaucht, „saugt" er statt Luft Wasser ein, und zwar umso mehr, je heißer er zuvor war. Bei einer Temperaturdifferenz von 80 K füllt sich etwa 1/5 seines Volumens mit Wasser. Die Luft hatte sich bei Erwärmung um 80 K also sehr stark ausgedehnt.

> Luft und alle anderen Gase dehnen sich bei Erwärmung erheblich mehr aus als Flüssigkeiten und feste Körper, wenn sie nicht in geschlossenen Gefäßen daran gehindert werden.

Schon gewusst?

Ein Würfel der Kantenlänge l_0 hat das Volumen $V_0 = l_0^3$. Bei Erwärmung um ΔT hat jede Kante die Länge $l = l_0 (1 + \alpha \cdot \Delta T)$.
Das Volumen beträgt nun
$V = [l_0 (1 + \alpha \cdot \Delta T)]^3 = l_0^3 (1 + \alpha \cdot \Delta T)^3$
Weil $\alpha \cdot \Delta T$ eine sehr kleine Zahl ist, macht man nur einen sehr kleinen Fehler, wenn man $(1 + \alpha \cdot \Delta T)^3$ durch $(1 + 3 \alpha \cdot \Delta T)$ ersetzt. Probiere dies einmal mit dem Taschenrechner aus!
Also ergibt sich:
$V \approx V_0 (1 + 3 \alpha \cdot \Delta T)$ oder
$V = V_0 (1 + \gamma \cdot \Delta T)$. Es gilt: $\gamma \approx 3 \alpha$.

Gefühlte Temperatur

Ihr macht eine Bergwanderung, 12 °C zeigte das Thermometer an der Berghütte, die Sonne scheint, es weht ein leichter Wind. Den dicken Pullover hast du bald ausgezogen und du fühlst dich richtig wohl – nicht zu warm und nicht zu kalt. Da schiebt sich eine große Wolke vor die Sonne. Sofort wird dir kühler und bald ziehst du den Pullover wieder an.
Es hat sich eigentlich nicht viel geändert: Das Thermometer wird immer noch 12 °C anzeigen. Nur die Wärmestrahlung der Sonne fehlt und schon beginnst du zu frieren.
Die Sonne kommt wieder durch und ihr findet eine geschützte Mulde für eine Pause. Schon nach kurzer Zeit ist dir selbst im Hemd noch zu warm. Wieder hat sich am Wetter nicht viel geändert und noch immer würde das Thermometer 12 °C anzeigen. Nur der leichte Wind, der euch zuvor noch abgekühlt hat, fehlt in eurer Nische.
12 Grad empfindet man nicht immer als 12 Grad! Je nachdem, welche Witterungsbedingungen noch dazu kommen, kann uns diese Temperatur höher oder niedriger erscheinen.
Der Mensch ist eben kein Thermometer. Man kann ihn eher mit einem Ofen vergleichen. Allerdings mit einem ganz besonderen Ofen, der im Inneren immer genau dieselbe Temperatur haben muss, nämlich genau 37 °C. Schon eine Abweichung von 5 °C führt beim Menschen zu schweren Schäden oder sogar zum Tod. Deshalb muss die in den Muskeln und Gefäßen erzeugte Wärme dauernd abtransportiert, abgeleitet werden.
Und diese Temperaturregelung muss bei kräftiger Arbeit genauso exakt funktionieren wie im Schlaf, im heißen Sommer wie im kalten Winter. Eine tolle Leistung unseres Organismus!

Die Wärmeabgabe des Menschen muss über die Haut und durch die Kleidung reguliert werden. Dabei gilt:
– Je niedriger die Lufttemperatur ist, desto größer ist die Wärmeabgabe.
– Der Wind erhöht die Wärmeabgabe.
– Je höher die Luftfeuchtigkeit ist, desto geringer ist die Wärmeabgabe.
– Je dicker die Kleidung und je mehr Körperfläche damit bedeckt ist, desto geringer ist die Wärmeabgabe.
– Wenn die Sonne scheint, erwärmt sie uns zusätzlich von außen.

Erst wenn all diese Einflüsse richtig miteinander kombiniert werden, kann man vorhersagen, wie ein passend gekleideter Mensch dieses Wetter empfindet, kalt oder warm, vielleicht sogar heiß.
Im Wetterbericht wird deshalb manchmal nicht nur die Lufttemperatur angegeben, sondern auch die „gefühlte Temperatur". Sie wird mit einer komplizierten Formel aus den genannten und von der Wetterstation gemessenen Werten – Lufttemperatur, Sonneneinstrahlung, Windgeschwindigkeit und Luftfeuchtigkeit – berechnet.
Bei Angabe der gefühlten Temperatur werden die tatsächlichen Witterungsbedingungen mit derjenigen Temperatur verglichen, die in einer Standardumgebung herrschen müsste, um dasselbe Wärmegefühl zu haben. Die Standardumgebung ist ein tiefer Schatten bei einem leichten Windzug von 0,1 m/s. Außerdem wird vorausgesetzt, dass der Mensch sich etwas bewegt (Gehen mit 5 km/h) und sich angemessen kleidet.
Wenn es im Wetterbericht heißt „gefühlte Temperatur 15 °C", dann wird dir das Wetter angenehm sein, sofern du passend gekleidet bist. Im Winter solltest du eine warme Jacke tragen und im Sommer vielleicht ein T-Shirt.

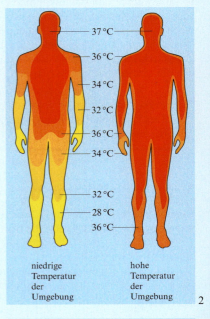

gefühlte Temperatur in °C	thermisches Empfinden	Belastung des Körpers
< −30	sehr kalt	extrem
−20 bis −30	kalt	stark
−5 bis −10	kühl	mäßig
+5 bis −5	leicht kühl	gering
+5 bis +17	behaglich	keine
+17 bis +20	leicht warm	gering
+20 bis +26	warm	mäßig
+26 bis +34	heiß	stark
> +34	sehr heiß	extrem

Hohe und tiefe gefühlte Temperaturen können zu einer Belastung des Körpers führen.

Energieübertragung und Temperatur

Vorsicht vor Volumenänderungen!

Auf dem Bau. Auf jeder Baustelle wird heute Beton benutzt, um schnell große und stabile Flächen herzustellen, beispielsweise Geschossdecken. Solche Decken bestehen nicht nur aus Beton – eine Mischung aus Sand und Zement, gebunden durch Wasser – sondern sie enthalten auch Stahlgeflechte. Welche Aufgabe haben diese?

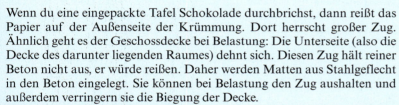

Belastung einer Tafel Schokolade

Wenn du eine eingepackte Tafel Schokolade durchbrichst, dann reißt das Papier auf der Außenseite der Krümmung. Dort herrscht großer Zug. Ähnlich geht es der Geschossdecke bei Belastung: Die Unterseite (also die Decke des darunter liegenden Raumes) dehnt sich. Diesen Zug hält reiner Beton nicht aus, er würde reißen. Daher werden Matten aus Stahlgeflecht in den Beton eingelegt. Sie können bei Belastung den Zug aushalten und außerdem verringern sie die Biegung der Decke.

Viele Bauwerke aus Beton, z. B. Brücken und Türme, werden im Sommer warm und im Winter kalt. Sie dehnen sich aus und ziehen sich wieder zusammen. Hätten Beton und Stahl nicht fast den gleichen Längenausdehnungskoeffizienten, würden bei Temperaturänderungen große Kräfte im Stahlbeton auftreten. Es käme zu Rissen und das Bauwerk würde nach und nach zerstört.

Während Stahl und Beton problemlos miteinander verbunden werden können, gibt es viele andere Kombinationen von Baumaterialien, bei denen stets ein Sicherheitsspielraum eingeplant werden muss, z. B. bei Aluminium und Glas.

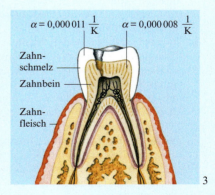

Beim Zahnarzt. Unsere Zähne haben eine feste Oberfläche aus Zahnschmelz, darunter befindet sich das Zahnbein. Zahnschmelz hat einen größeren Volumenausdehnungskoeffizienten als Zahnbein.
Hat der Zahn ein „Loch" ist die Oberfläche unterbrochen. Bei Temperaturänderung wird er sich nun wie ein Bimetall verhalten: Beim Eisessen kann der Zahn bis auf 16 °C abkühlen und wird sich dabei ein klein wenig nach außen biegen, das Loch „öffnen". Bei heißen Getränken kann der Zahn bis zu 43 °C warm werden und sich dabei nach innen biegen.
Hat der Zahn eine Füllung aus Amalgam ($\alpha_{\text{Amal}} = 0{,}000\,026 \cdot 1/\text{K}$) ändert auch diese ihr Volumen. Obwohl diese Bewegungen von Zahnrand und Füllung nur winzige Spalte zwischen Zahn und Füllung öffnen, kann sich die Füllung lockern und es können dort Bakterien eindringen.

AUFGABEN

1. Warum wird bei Sonnenschein ein Wohnraum durch ein schräges Dachflächenfenster mehr erwärmt als ein gleich großer Raum mit einem gleich großen senkrechten Fenster?
2. Warum ist die mittlere Jahrestemperatur in Norwegen geringer als in Italien?
3. Wie sollten Sonnenkollektoren – große flache Kästen, in denen Wasser durch Sonnenlicht erwärmt wird – ausgerichtet werden?
4. Besorge dir eine Tafel Schokolade und entferne nur das Papier. Schneide mit einem spitzen Messer ein Fenster in der Größe eines Stückes in das Silberpapier. Lege die Tafel flach auf den Tisch und beleuchte das „Fenster" aus 15 cm Entfernung 5 Minuten mit deiner Schreibtischlampe. Teste mit der Fingerspitze, wie weich die Schokolade wurde! Schneide ein zweites Fenster in das Silberpapier und beleuchte das Fenster nun schräg von der Seite wieder aus 15 cm Entfernung. Teste wieder nach 5 Minuten die Weichheit!
5. Begründe, dass es eine tiefste Temperatur geben muss! Müsste es nicht auch einen „absoluten Maximalwert" der Temperatur geben, so wie es den absoluten Nullpunkt gibt?
6. Nenne Temperaturskalen, bei denen eine Temperaturdifferenz von 1 Grad nicht einer Temperaturdifferenz von 1 °C entspricht!
7. Erläutere den Unterschied zwischen thermischer Energie und Wärme!
8. Nenne mehrere Möglichkeiten, die thermische Energie eines Körpers zu erhöhen!
9. Paula sagt: „Gestern waren es bei uns 30 Grad im Schatten." Christoph will sie übertrumpfen: „Bei uns waren es 38 Grad in der Sonne!"
    a) Erkläre, weshalb stets die Temperatur im Schatten angegeben wird!
    b) Welche Temperatur hat Christophs Thermometer tatsächlich angezeigt? Kann diese Temperatur auch mit der Farbe der Thermometerflüssigkeit zusammenhängen?
10. 1 Liter Wasser wird mit einer bestimmten Wärmequelle erhitzt. Zeichne das Temperatur-Zeit-Diagramm. Zeichne auch den Verlauf der Kurven für 0,5 l und für 2 l Wasser ein, die mit derselben Wärmequelle erhitzt werden!
11. Eine Wärmflasche wird mit einem Liter heißem Wasser gefüllt. Wie viel Wärme gibt sie beim Abkühlen um $\Delta T = 60$ K ab? Wie viele kg Ziegelsteine derselben Temperatur müsste man verwenden, um den gleichen Effekt zu erzielen? Wie viel Blei würde man brauchen?
12. 500 g Wasser ($T = 293$ K) sollen in einem Glasgefäß ($m = 100$ g) zum Sieden gebracht werden.
    a) Wie viel Wärme ist hierfür erforderlich?
    b) Wie viel Wärme ist erforderlich, wenn ein Kupfergefäß der Masse 150 g verwendet wird?
13. 200 g Wasser von 20 °C werden mit 200 g Wasser von 70 °C gemischt.
    a) Welche Endtemperatur ergibt sich?
    b) Wie viel Wärme wird zwischen den beiden Wassermengen ausgetauscht?
14. 250 g heißer Tee (80 °C, also 353 K) werden in einen Keramikbecher ($m = 300$ g, 20 °C, also 293 K) gegeben. Nach einiger Zeit stellt sich eine Temperatur von 68 °C ein (bei Vernachlässigung der Wärmeabgabe an die umgebende Luft).
    Zeige, dass die vom Wasser abgegebene Wärme betragsmäßig gleich der vom Becher aufgenommenen Wärme ist!
15. a) Vergleiche die Energien, die nötig sind, um 1 kg Wasser 1 m anzuheben bzw. um 1 K zu erwärmen!
    b) Wasser fließt in einem Bach 500 m in die Tiefe. Wie stark würde es sich erwärmen, wenn dabei die gesamte Lageenergie in thermische Energie umgewandelt würde?
16. Begründe, dass Regenrinnen nur in Halteeisen eingelegt aber weder verschweißt noch angeschraubt werden!
17. Unterhalb von 4 °C dehnt sich Wasser bei Abkühlung aus. Begründe, dass der Volumenausdehnungskoeffizient von Wasser hier einen negativen Wert hat!
18. Ein 2 m breites Glasfenster hat einen Rahmen aus Aluminium. Berechne die Längenänderung der beiden Materialien für einen Temperaturunterschied von 30 K! Welche Schlussfolgerung kannst du ziehen?
19. Die Fahrdrähte von Eisenbahnen bestehen aus Kupfer. Angenommen, ein einzelner Fahrdraht hat eine Länge von 500 m.
    a) Um welchen Betrag dehnt sich der Fahrdraht bei Erwärmung um 40 K aus?
    b) Wie wird das Problem der Ausdehnung technisch gelöst?

Energieübertragung und Temperatur

ZUSAMMENFASSUNG

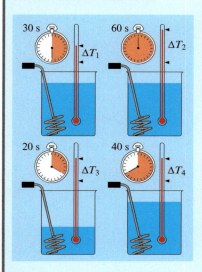

Energieaufnahme in Form von Wärme
Durch die Zufuhr von Wärme oder das Verrichten von mechanischer Arbeit kann die thermische Energie eines Körpers geändert werden.

Durch Zufuhr oder Abgabe der Wärme Q ändert sich die thermische Energie des Körpers um den Betrag $c \cdot m \cdot \Delta T$.

$Q = c \cdot m \cdot \Delta T$
   c spezifische Wärmekapazität des Stoffes, aus dem der Körper besteht; Einheit von c: kJ/(kg · K)
   m Masse des Körpers
   ΔT Temperaturdifferenz $\Delta T = T_{End} - T_{Anf}$

Je flacher Licht bzw. Wärmestrahlung auf eine Fläche trifft, desto weniger Energie wird pro Zeit auf die Fläche übertragen. Fällt die Strahlung senkrecht ein, erhält die Fläche die meiste Energie pro Zeit.

Temperaturausgleich von zwei Körpern (ohne Beteiligung eines dritten):
$Q_1 = -Q_2$
   Q_1 vom Körper 1 abgegebene Wärme
   Q_2 vom Körper 2 aufgenommene Wärme

Kelvinskala der Temperatur

T in K	0	73	173	273	293	373
ϑ in °C	−273,15	−200	−100	0	20	100

Die Kelvinskala der Temperatur beginnt am absoluten Nullpunkt.

Die Zahlenwerte bei Temperaturangaben auf der Kelvinskala sind um 273 höher als die auf der Celsiusskala.

Aufgrund seiner ungeordneten (thermischen) Bewegung besitzt jedes Teilchen eines Körpers eine bestimmte kinetische Energie. Die Summe dieser kinetischen Energien ist die thermische Energie des Körpers.

Am absoluten Nullpunkt würde die thermische Bewegung der Teilchen völlig verschwinden.

Beim Stoß zweier Körper und durch Reibung kann mechanische Energie in thermische Energie umgewandelt werden.

Volumenänderung bei Temperaturänderung

Längenänderung eines Stabes
$\Delta l = l_0 \cdot \alpha \cdot \Delta T$
   l_0 Anfangslänge
   α linearer Ausdehnungskoeffizient des Stoffes
   ΔT Temperaturänderung $T_{End} - T_{Anf}$

Volumenänderung von festen oder flüssigen Körpern
$\Delta V = V_0 \cdot \gamma \cdot \Delta T$
   V_0 Anfangsvolumen
   γ Volumenausdehnungskoeffizient des Stoffes

Volumenänderung eines Gases
$\Delta V = V_0 \cdot \gamma \cdot \Delta T$
   V_0 Volumen des Gases bei 0 °C
   $\gamma = \dfrac{1}{273} \cdot \dfrac{1}{K}$ für alle Gase

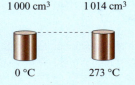
Kupfer

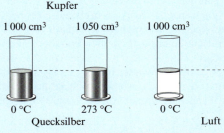
Quecksilber   Luft

Aggregatzustandsänderungen

Auf der Insel Hawaii fließt die noch heiße Lava zischend ins Meer. Ein faszinierendes Naturschauspiel! Lava ist flüssiges Gestein aus dem Erdinneren. Solange sie heißer als etwa 700 °C ist, fließt sie wie flüssiges Blei. Mit dieser Temperatur stürzt die Lava ins Meer und wärmt das Wasser an.
Die Lava erstarrt zu Klumpen, die auf den Grund sinken.
Durch dieses Erstarren wird das Wasser zusätzlich erwärmt – aber durch das Verdampfen wird es gleichzeitig gekühlt.
Was geschieht hier?

Wärme beim Schmelzen

Getränke werden oft mit Eiswürfeln gekühlt, die aus dem Eisfach kommen und dann im Glas schmelzen. – Warum gibt man nicht einfach etwas kaltes Wasser hinein?

EXPERIMENT 1
1. Erhitze 100 g Wasser in einem Becherglas auf 90 °C!
2. Wiege 100 g trockenes zerstoßenes Eis ab, gib das Eis in ein Thermosgefäß und gieße das heiße Wasser dazu!
3. Warte ab, bis das gesamte Eis geschmolzen ist, rühre kurz um und miss die Temperatur!

Die Mischungstemperatur ist vielleicht niedriger, als du erwartet hast. Hätte man zweimal 100 g flüssiges Wasser von 0 °C bzw. 90 °C gemischt, so hätte die Mischungstemperatur mit Sicherheit bei 45 °C gelegen. – Wo ist im Experiment die Wärme geblieben?
Werden Eisstücke und Wasser gut gemischt, so stellt sich stets eine Temperatur von 0 °C ein. Führt man einem solchen Gemisch dann Wärme zu, so ändert sich seine Temperatur zunächst nicht. Nur das Eis schmilzt nach und nach. Erst wenn alles Eis geschmolzen ist, steigt die Temperatur an (Bild 3). Zum Schmelzen muss Wärme zugeführt werden. Die Wärme, die nur für das Schmelzen eines Körpers notwendig ist, heißt **Schmelzwärme**.
Wenn man das Experiment 1 mit heißem Wasser von 80 °C durchführt, dann reicht die thermische Energie des heißen Wassers gerade aus, um das Eis zu schmelzen, also um aus Eis von 0 °C Wasser von 0 °C werden zu lassen. Die Temperatur der gesamten Wassermenge beträgt am Ende 0 °C.
Damit kann man berechnen, wie viel Wärme notwendig ist, um 1 kg Eis zu schmelzen: Wenn 1 kg Wasser von 80 °C auf 0 °C abgekühlt wird, gibt es dabei die Wärme $Q = 4{,}19 \, \frac{\text{kJ}}{\text{kg} \cdot \text{K}} \cdot 1 \, \text{kg} \cdot 80 \, \text{K} = 335 \, \text{kJ}$ ab.

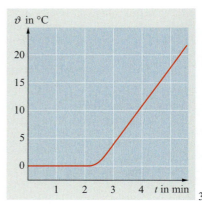

Trotz gleichmäßiger Wärmezufuhr kein gleichmäßiger Temperaturanstieg

Aggregatzustandsänderungen

Auch für alle anderen Stoffe kann ein solcher Wert gefunden werden, der angibt, wie viel Wärme erforderlich ist, um 1 kg dieses Stoffes zu schmelzen. Diese Stoffkonstante heißt **spezifische Schmelzwärme** q_S.

> Die spezifische Schmelzwärme q_S eines Stoffes gibt an, wie viel Wärme zugeführt werden muss, um 1 kg dieses Stoffes zu schmelzen.

Spezifische Schmelzwärme in $\frac{kJ}{kg}$	
Alkohol (Ethanol)	108
Aluminium	397
Blei	23
Eisen	277
Gold	64
Kupfer	205
Silber	105
Wasser (Eis)	335

Schmelzen und Erstarren. Während für das Schmelzen eines Körpers Energie aufgewandt werden muss, wird beim Erstarren eines Körpers Energie frei. Dies wird zum Beispiel von den Wein- und Obstbauern genutzt: In manchen Jahren kommt es während der Obstbaumblüte im Frühjahr zu Nachtfrost. Wenn die Blüten einfrieren würden (also wenn die Flüssigkeit in den Blüten erstarren würde), käme es in einem solchen Jahr zu einem erheblichen Ernteausfall.
Um ein Einfrieren zu verhindern, werden bei drohendem Nachtfrost die Blüten mit Wasser besprüht. Beim Erstarren gibt das Wasser Wärme an die Blüten ab. Die Blüten werden geschützt.

> Die Wärme, die zum Schmelzen eines festen Körpers erforderlich ist, ist genauso groß wie die Wärme, die beim Erstarren der entstandenen Flüssigkeit wieder frei wird.

Beim Erstarren gibt das Wasser Wärme an die Blüten ab.

Wärme beim Verdampfen

Als es noch keine Kühlschränke gab, musste man sich anderweitig helfen, um Lebensmittel kühl zu halten. Eine Methode bestand darin, z.B. ein Gefäß mit Butter in ein größeres Gefäß aus Ton zu stellen, das mit Wasser gefüllt war. Durch die poröse Tonwand konnte das Wasser nach außen dringen und verdunsten. Die Butter blieb dadurch deutlich kühler als die Umgebung. Auch heute gibt es noch Weinkühler, die nach diesem Prinzip funktionieren (Bild 2).
Lebewesen müssen eine „Klimaanlage" haben, damit sich ihre Körpertemperatur nicht übermäßig erhöht. Wenn wir Sport treiben, fangen wir an zu schwitzen: Von unserer Haut verdunstet Wasser (Bild 3). Hunde können nicht schwitzen. Sie öffnen aber ihre Schnauze, die feuchte Zunge hängt weit heraus. Sie hecheln, um die Verdunstung zu beschleunigen (Bild 4).
Unter **Verdampfen** versteht man den Übergang eines Stoffes vom flüssigen in den gasförmigen Zustand. Der gasförmige Stoff wird auch als Dampf bezeichnet. **Verdunsten** ist eine besondere Form des Verdampfens: Bereits bei Umgebungstemperatur und ohne Wärmezufuhr bildet sich an der Oberfläche der Flüssigkeit Dampf.

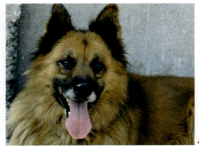

Für die Umwandlung einer Flüssigkeit in Dampf ist Wärme erforderlich. Diese wird **Verdampfungswärme** genannt. Wird von außen keine Wärme zugeführt, so wird die Verdampfungswärme von der Flüssigkeit selbst geliefert. Die Flüssigkeit kühlt sich dabei ab.

Wenn man Wasser gleichmäßig erwärmt, also mit einer Wärmequelle konstanter thermischer Leistung in Kontakt bringt, erhält man für die Temperatur Messergebnisse wie im Bild 1: Im Temperatur-Zeit-Diagramm liegen die Messwerte zunächst auf einer Geraden. Sobald das Wasser jedoch zu verdampfen beginnt, wird die Kurve flacher. Ein Teil der zugeführten Wärme wird für das Verdampfen benötigt. Und je stärker das Wasser verdampft, desto flacher wird die Kurve.

Bei 100 °C schließlich steigt die Temperatur nicht weiter an. Das Wasser siedet. Die gesamte zugeführte Wärme bewirkt ausschließlich ein weiteres Verdampfen des Wassers. Die Menge des Dampfes, die nun pro Zeit entsteht, richtet sich nach der thermischen Leistung der Wärmequelle. Bild 2 zeigt zwei Töpfe, die schon lange auf einem Herd stehen: In beiden herrscht die gleiche Wassertemperatur von 100 °C, aber der Schalter der einen Herdplatte steht auf „6", der Schalter der anderen nur auf „3".

Im folgenden Experiment soll die Verdampfungswärme einer Wassermenge bestimmt werden.

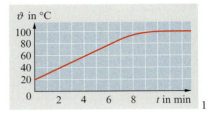

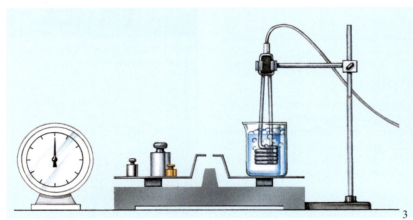

EXPERIMENT 2
Wasser wird in einem Becherglas erwärmt, das auf einer Waage steht. Als Wärmequelle wird ein 1 000-W-Tauchsieder verwendet. Wenn das Wasser siedet, wird die Waage genau austariert. Dann wird eine Stoppuhr eingeschaltet und ein 50-g-Wägestück von der Waage genommen.
Sobald 50 g Wasser verdampft sind – die Waage also wieder Gleichgewicht anzeigt –, wird die Uhr gestoppt.

Nach etwa 120 Sekunden sind 50 g Wasser verdampft. Der Tauchsieder hat dem Wasser in dieser Zeit eine Wärme von $Q = 1000$ W $\cdot$ 120 s = 120 kJ zugeführt.

Spezif. Verdampfungswärme in $\frac{kJ}{kg}$	
Alkohol (Ethanol)	850
Aluminium	10 600
Blei	860
Eisen	6 300
Gold	1 600
Kupfer	4 800
Wasser	2 260

> Die spezifische Verdampfungswärme q_V eines Stoffes gibt an, wie viel Wärme zugeführt werden muss, um 1 kg dieses Stoffes zu verdampfen.

Verdampfen und Kondensieren. Bei manchen Espressomaschinen gibt es ein kleines Rohr, aus dem heißer Wasserdampf ausströmt (Bild 4). Damit kann man Milch aufschäumen und gleichzeitig stark erhitzen. Der Wasserdampf kondensiert in der kalten Milch und gibt dabei sehr viel Wärme an die Milch ab.

> Die Wärme, die 1 g Wasserdampf beim Kondensieren abgibt, ist genauso groß wie die Wärme, die erforderlich ist, um 1 g Wasser von 100 °C in Dampf von 100 °C umzuwandeln.

Aggregatzustandsänderungen

Änderung der Dichte

Fast alle festen Stoffe werden bei starker Erwärmung flüssig. Zwar machen Holz, Gummi und manche Kunststoffe eine Ausnahme, sie fangen an zu brennen. Aber Glas und Metalle wie Eisen, Kupfer und Aluminium werden oberhalb einer bestimmten Temperatur flüssig. Sie schmelzen. Selbst Stein quillt als flüssige Lava aus den Vulkanen.

Als Flüssigkeiten verhalten sich auch diese Stoffe wie gewöhnliche Flüssigkeiten, die du aus dem Alltag kennst: Sie fließen (Bild 1), das heißt, sie füllen den gebotenen Raum aus und sie bilden eine ebene, horizontale Oberfläche; ganz anders als die festen Körper, die ihre eigene Gestalt beibehalten.

Obwohl sich das Verhalten der Stoffe beim Schmelzen stark ändert, ändert sich doch kaum deren Dichte ϱ: 1 kg flüssiges Eisen hat fast das gleiche Volumen wie 1 kg festes Eisen. Das Gleiche gilt für fast alle Stoffe.

Flüssiges Eisen

Stoff	im festen Zustand		im flüssigen Zustand	
	ϱ in g/cm³	ϑ in °C	ϱ in g/cm³	ϑ in °C
Alkohol (Ethanol)	0,85	–115	0,80	0
Aluminium	2,7	25	2,4	660
Blei	11,3	25	10,7	327
Eisen	7,9	25	7,2	1538
Kupfer	9,0	25	8,0	1085
Wasser	0,92	0	1,0	0

Daraus kann man schließen:

> Der Abstand der Teilchen nimmt beim Übergang vom festen zum flüssigen Zustand nur wenig zu.

Wasser macht eine Ausnahme: Eis von 0 °C hat eine kleinere Dichte als Wasser von 0 °C, schwimmt also.

Beim Schmelzen, also beim Übergang vom festen zum flüssigen Zustand, vergrößert sich das Volumen nur geringfügig. Aber beim Übergang vom flüssigen zum gasförmigen Zustand nimmt das Volumen sehr stark zu (falls nicht großer Druck herrscht). Unsere Luft besteht zu etwa 80% aus Stickstoff. Flüssiger Stickstoff hat eine Temperatur von unter –196 °C, denn das ist seine Siedetemperatur. Wenn man eine Tasse voll flüssigen Stickstoff in einen großen, luftleeren Müllbeutel schüttet, bläht sich dieser auf, als würde er gleich platzen: Aus 1 cm³ flüssigem Stickstoff werden bei Raumtemperatur etwa 650 cm³ gasförmiger Stickstoff (Bild 2). Noch größer ist der Unterschied beim Verdampfen von Wasser: Aus 1 cm³ Flüssigkeit werden bei 100 °C etwa 1 600 cm³ Wasserdampf.

Um wie viel nimmt der Abstand der kleinsten Bausteine eines Stoffes zu, wenn aus 1 cm³ Flüssigkeit 1 000 cm³ Gas werden? In einem Gedankenexperiment kann man sich vorstellen, dass es nur einen Baustein pro cm³ Flüssigkeit gibt; der Abstand zu den Nachbarn beträgt dann 1 cm. Wird diese Flüssigkeit zum Gas, gibt es nur einen Baustein in 1 000 cm³, dessen Abstand zu den Nachbarn 10 cm wäre (Bild 3).

> Der Abstand der Teilchen eines Stoffes nimmt beim Wechsel vom flüssigen zum gasförmigen Zustand etwa um das 10fache zu.

Schon gewusst?

Anomalie des Wassers. Wasser hat bei 4 °C seine größte Dichte. Das hat viele Konsequenzen: In tiefen Seen hat das Wasser am Grund eine Temperatur von ca. +4 °C, selbst wenn es oben kälter oder sogar schon gefroren ist; so können die Fische im Winter überleben.

Modell der Volumenzunahme beim Verdampfen

Verdunsten und Energie der Teilchen

Jedes Molekül des Wassers in einem Becherglas hat als Folge seiner thermischen Bewegung eine bestimmte Geschwindigkeit. Aber nicht alle Moleküle haben die gleiche Geschwindigkeit, obwohl das Wasser genau *eine* Temperatur hat. Einige Moleküle sind schneller, einige sind langsamer.

Wird die Anzahl der Moleküle mit einer bestimmten Geschwindigkeit gegen die Geschwindigkeit aufgetragen, ergibt sich eine **glockenförmige Verteilung** (Bild 1): Die meisten Moleküle haben eine mittlere Geschwindigkeit, einige sind langsamer, einige schneller und nur ganz wenige sind sehr schnell. Die Bewegungsenergie ist also nicht für alle Moleküle dieselbe.

Wird das Wasser erwärmt, so verschiebt sich das Maximum (die höchste Stelle) der Verteilung nach rechts, zu höheren Geschwindigkeiten.

Nicht nur für Wasser, sondern für alle Flüssigkeiten und auch für feste Körper und Gase, gilt:

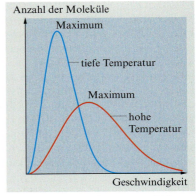

Bei Temperaturänderung verschiebt sich das Maximum der Verteilung.

> Bei einer bestimmten Temperatur haben die Teilchen eines Körpers nicht alle dieselbe Bewegungsenergie.

> **EXPERIMENT 3**
> Fülle zwei gleiche Bechergläser mit der gleichen Menge warmen Wassers von 40 °C bzw. 60 °C. Stelle sie auf die Waagschalen einer empfindlichen Balkenwaage. Stelle Gleichgewicht her und beobachte einige Zeit!
> Was geschieht, wenn du Wasser mit 20 °C statt mit 40 °C nimmst?

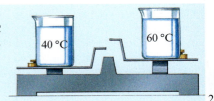

Warum wird die Seite mit dem wärmeren Wasser leichter? Die Moleküle mit der größten Bewegungsenergie sind so schnell, dass sie – wenn sie gerade in der Nähe der Wasseroberfläche sind – das Wasser verlassen können. Die Kräfte zwischen den Molekülen, die das Wasser zusammenhalten, reichen nicht mehr aus, solch schnelle Moleküle zu halten: Das Wasser verdunstet. Je höher die Temperatur des Wassers, desto mehr Moleküle mit großer Bewegungsenergie enthält es, desto mehr Wasser kann also verdunsten. Das Gleiche gilt für alle anderen Flüssigkeiten.

Wie die Verdunstungskühlung funktioniert. Wenn beim Verdunsten die schnellsten Moleküle das Wasser verlassen, nehmen sie ihre Bewegungsenergie mit. Diese „fehlt" jetzt im Wasser. Und wenn dem Wasser von außen keine Wärme zugeführt wird, dann wird es mit jedem verdunsteten Molekül etwas kälter. Der Mittelwert der Bewegungsenergie der Moleküle sinkt – und das bedeutet: Die Temperatur sinkt.

Frischer Wind fördert das Verdunsten.

> Beim Verdunsten sinkt die Temperatur einer Flüssigkeit: Die durchschnittliche Bewegungsenergie der Teilchen nimmt ab, da Moleküle mit hoher Bewegungsenergie die Flüssigkeit verlassen.

Was würde wohl passieren, wenn es gelänge, die Moleküle mit der geringsten Bewegungsenergie aus einem Stoff zu entfernen? – Dann würde der Mittelwert der Bewegungsenergien der zurückbleibenden Moleküle, also auch die thermische Energie des Stoffes ansteigen: Die Temperatur müsste also steigen.

Übrigens

Wenn sich in einer Wolke Tröpfchen bilden, verliert der Wasserdampf seine „langsamsten" Moleküle. Die Temperatur des restlichen Wasserdampfes und der Luft werden dabei etwas erhöht.

Wasser in der Luft

Überall auf der Erde wird Wasser in Dampf verwandelt. In unterirdischen Vulkanen wird Wasser erhitzt, bis es als Dampf in Geysiren aus der Erde tritt; alle Pflanzen verdunsten mit ihren Blättern viele Kubikmeter Wasser, und die Sonne erwärmt die Meere, Seen und Flüsse, sodass Wasser verdunstet.

Dieses Wasser wird von der Luft aufgenommen. Wir können das Wasser in der Luft nicht sehen, und meistens spüren wir auch nichts von ihm. Wenn es aber im Sommer schwül ist, geraten wir leicht ins Schwitzen, und bei geringer Luftfeuchtigkeit in einem geheizten Raum wird uns der Mund trocken.

Dass die Luft Wasser enthält, weiß jeder, der einmal eine kalte Flasche oder eine kalte Schale aus dem Kühlschrank genommen hat: Nach kurzer Zeit ist sie von einem Wasserfilm überzogen, bei besonders hoher Luftfeuchtigkeit bilden sich sogar dicke Tropfen (Bild 1).

1 Wasser aus der Luft kondensiert an kalten Flächen.

Gesättigter Dampf und relative Luftfeuchtigkeit. Je höher die Temperatur der Luft ist, desto mehr Wasser kann sie aufnehmen. Die Tabelle rechts gibt an, wie viel Gramm Wasser 1 m³ Luft bei unterschiedlichen Temperaturen maximal aufnehmen kann. Hat die Luft die maximale Wassermenge aufgenommen, spricht man von gesättigtem Dampf, anderenfalls von ungesättigtem Dampf.

Der Wasserdampfgehalt in der Luft wird in Prozent angegeben und relative Luftfeuchtigkeit genannt: 100% relative Luftfeuchtigkeit entspricht dem gesättigten Dampf bei dieser Temperaur. Bei 50% relativer Luftfeuchtigkeit ist nur halb so viel Wasser in der Luft wie beim gesättigten Dampf.

Wird Luft mit einem bestimmten Wassergehalt abgekühlt, so steigt die *relative* Luftfeuchtigkeit an. Denn bei dieser niedrigeren Temperatur enthielte der gesättigte Dampf weniger Wasser. Wird dagegen Luft mit einem bestimmten Wassergehalt erwärmt, sinkt die relative Luftfeuchtigkeit.

\multicolumn{2}{l}{Maximale Wassermenge, die 1 m³ Luft aufnehmen kann}
ϑ in °C	m in g
−20	0,9
−10	2,1
0	4,9
10	9,4
20	17,3
30	30,4

Übersättigter Dampf. Wenn gesättigter Dampf so schnell abgekühlt wird, dass das überschüssige Wasser nicht sofort kondensieren kann, steigt die relative Luftfeuchtigkeit auf über 100%. In diesem Fall liegt übersättigter Dampf vor. Erst nach und nach bilden sich dann aus dem überschüssigen Wasser kleine Tröpfchen, die man als Nebel oder als Wolken sehen kann.

Bild 2 zeigt die Verhältnisse an einer Wasseroberfläche für ungesättigten, gesättigten und übersättigten Dampf.

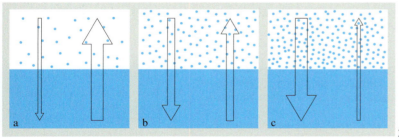

2

Ungesättigter Dampf: Die Anzahl der Wassermoleküle, die die Flüssigkeit verlassen, überwiegt.

Gesättigter Dampf: Es besteht ein Gleichgewicht zwischen eindringenden und austretenden Wassermolekülen.

Übersättigter Dampf: Die Anzahl der Wassermoleküle, die in die Flüssigkeit eindringen, überwiegt.

Schon gewusst?

Tau. Vor allem in wolkenlosen Nächten verliert die Erde viel Wärme durch Abstrahlung in den Weltraum. Der Boden und die direkt über dem Boden liegende Luft kühlen sich ab. Der nun überschüssige Wasserdampf sammelt sich in Tropfen an Gräsern und Zweigen.

Reif. Statt Tautropfen bilden sich in kalten klaren Winternächten Eiskristalle an Gräsern und Zweigen.

Herbstnebel. Sobald die tief stehende Abendsonne hinter Hügeln und Wäldern verschwindet, kühlen sich die schattigen Bereiche ab: Der übersättigte Dampf bildet Tröpfchen, die wir als Nebel sehen.

Messung der relativen Luftfeuchtigkeit. Zur Messung der relativen Luftfeuchtigkeit werden neben elektronischen Instrumenten so genannte Haar-Hygrometer verwendet (griech. *hygros:* feucht). Ein menschliches Haar ändert seine Länge in Abhängigkeit von der relativen Luftfeuchtigkeit. Diese Längenänderung wird auf einen Zeiger übertragen (Bild 1).

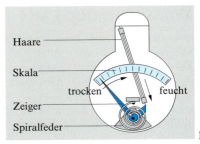

Haar-Hygrometer

Die Lufttemperatur in verschiedenen Höhen. Die Erde wird vom Licht der Sonne getroffen. Das Licht durchdringt die Atmosphäre nahezu ungehindert. Es gibt so gut wie keine Energie an die Luft ab. Trifft aber das Licht auf einen dunklen Boden, so wird es dort fast vollständig absorbiert: Die Energie des Lichtes wird in thermische Energie umgewandelt, die Temperatur des Bodens steigt.

Die untere Luftschicht, die im direkten Kontakt mit dem Boden ist, wird dadurch erwärmt. So kommt es, dass an gewöhnlichen Tagen die Temperatur der Luft am Boden relativ hoch ist und nach oben hin abnimmt.

Luft, die am Boden erwärmt wird, steigt auf. Von der Seite strömt Luft nach, die wir als Wind spüren. Oben kühlt sich die Luft ab. Sie sinkt in großer Entfernung wieder nach unten (Bild 2).

Übrigens

In der Stratosphäre, also oberhalb von 12 km Höhe, wird es nach oben hin *wärmer*. Hier nimmt die Ozonschicht Energie aus der ultravioletten Sonnenstrahlung auf.

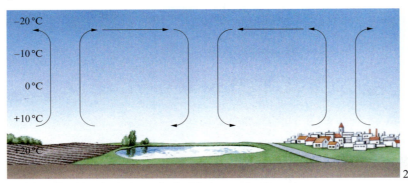

Gleichmäßige Durchmischung der Luft bei normaler Wetterlage

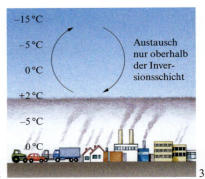

Inversionswetterlage

Inversionswetterlage. Wenn sich der Boden in einer klaren Nacht stark abkühlt, kann sich der Temperaturverlauf in der Atmosphäre umkehren (*invertieren*): In einem bestimmten Bereich ist es dann unten kälter als oben. Eine Durchmischung der Luft findet in dieser Schicht kaum noch statt: Aufsteigende Warmluft trifft weiter oben auf noch wärmere Luft. Der Grund für weiteres Aufsteigen entfällt.

Smog. Besonders leicht bilden sich im Wasserdampf Tröpfchen, wenn kleinste Staubkörnchen oder Rußpartikel in der Luft sind. An diesen winzigen Teilchen beginnt die Kondensation, sie werden deshalb Kondensationskerne oder -keime genannt.

Im Falle einer Inversionswetterlage werden Staub und Ruß über einer Stadt nicht abtransportiert. Es bildet sich ein nebliger Schleier aus Schadstoffpartikeln, an denen Wasser kondensiert. Dieses Phänomen wird als Smog bezeichnet – ein zusammengesetzter Begriff aus den englischen Wörtern **sm**oke und **f**og.

Smog reizt vor allem die Atemwege und Schleimhäute der Menschen. Besonders gefährlich ist er für Menschen mit Herz-, Kreislauf- oder Bronchialleiden; auch Kleinkinder sind stark gefährdet. Daher gibt es ein Frühwarnsystem, an das zahlreiche Luftgüte-Messstationen angeschlossen sind. Bei Überschreitung bestimmter Grenzwerte wird der Autoverkehr und der Betrieb von Industrieanlagen eingeschränkt.

Schon gewusst?

Der Smog, der bei einer Inversionswetterlage entsteht, wird auch als Wintersmog bezeichnet. Häufiger tritt in vielen Gebieten der so genannte Sommersmog ein: Bei einer hohen Konzentration von Autoabgasen entstehen unter dem Einfluss starker Sonnenstrahlung gefährliche Schadstoffe wie Ozon.

Aggregatzustandsänderungen

Wolken und Niederschlag

Jeder Segelflieger sucht Gebiete, in denen die Luft nach oben steigt. Denn nur in aufwärts gerichteten Luftströmungen kann er mit seinem Segelflugzeug aufsteigen. Solche Strömungen findet er unter den großen Schönwetterwolken (Bild 1). Sie entstehen über Feldern und Bergrücken, die sich im Sonnenlicht besonders stark erwärmt haben. Dort steigt die warme Luft auf. Sie gelangt so in große Höhen und kühlt sich dabei ab. Die relative Luftfeuchtigkeit steigt an und überschreitet in bestimmter Höhe den Wert von 100%. Der Wasserdampf ist jetzt übersättigt, es bilden sich Tröpfchen, die wir als weiße Wolke sehen.

Die Tröpfchen müssten eigentlich nach unten fallen. Aber bei der Kondensation des Dampfes zu Tropfen wird die Kondensationswärme frei (siehe S. 122). Die Temperatur der Luft steigt deshalb weiter an, und ein kräftiger Luftstrom nach oben reißt die Tröpfchen mit. Es entstehen Turbulenzen und Wirbel, die die typische Wolkenform erzeugen: Die „still dahinsegelnde" Wolke ist in ihrem Inneren sehr unruhig.

Besonders leicht wachsen die kleinen Tröpfchen zu Tropfen an, wenn die Wolke in höhere, kältere Schichten aufsteigen muss, z. B. weil ein Berg „im Wege" steht. In großen, hohen Wolken vereinigen sich die Tröpfchen zu immer größeren Tropfen; sie können nicht mehr vom Luftstrom getragen werden, sondern fallen nach unten. Meistens verdunsten solche Tropfen jedoch, bevor sie den Boden erreichen.

Segelflugzeug im Auftrieb unter einer Schönwetterwolke

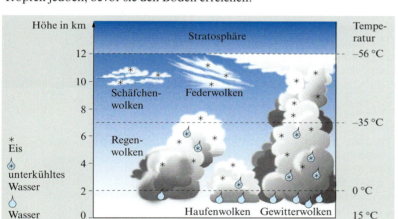

Übrigens

Wolken, die aus Regentröpfchen bestehen, haben zumeist scharfe Ränder und sehen kompakt aus. Wolken, die aus Eiskristallen bestehen, sind in der Regel weiß und an den Rändern „ausgefranst".

Dicke Regentropfen entstehen auf andere Weise:
– In den oberen Schichten einer hohen Wolke bilden sich Eiskristalle.
– Größere Eiskristalle fallen herab und gelangen in eine Schicht, in der *unterkühlte Wassertröpfchen* vorhanden sind. Sie haben eine Temperatur von unter 0 °C. Sie sind nicht gefroren, weil nicht genügend Kristallisationskeime vorhanden sind.
– Beim Herabfallen lagern sich immer mehr dieser Wassertröpfchen an die Eiskristalle an. Sie gefrieren sofort, die Eiskristalle wachsen.
– Bevor sie zur Erde fallen, tauen sie auf dem langen Weg meist wieder auf und werden zu Regen.

Manchmal jedoch entstehen so große Wirbel in der Wolke, dass diese Eiskügelchen sogar im Sommer bis zur Erde fallen: Es hagelt.

Im Winter entstehen in den Wolken statt kleiner Tröpfchen feine, verzweigte, sternförmige Eiskristalle (Bild 3), die dann als Schnee zur Erde fallen.

Eiskristall einer Schneeflocke

Wasser, Wind und Wetter

  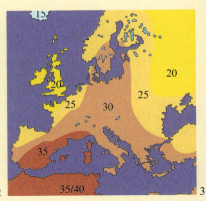

Alle Nachrichtensendungen enden mit dem Wetterbericht. Vielleicht heißt es auch heute: „Ein Tief über England bringt warme Luft und Regen." In bewegten Satellitenbildern sieht man Wolken über Europa hinweg ziehen. Landwirte und Gärtner freuen sich über den Regen. Die Urlauber an der Ostsee wünschen sich eher Sonnenschein. Ein „Hoch über Skandinavien" würde ihnen sonniges und trockenes Wetter bringen.
Manchmal aber wird über das Wetter direkt in den Nachrichten berichtet: Sintflutartige Regenfälle führen zu Überschwemmungen oder wochenlange Hitzeperioden vernichten die Ernte und lösen eine Hungerkatastrophe aus. In manchen Jahren – so auch in den Jahren 1982/83 und 1997/98 – hängen solche Katastrophenmeldungen miteinander zusammen: El Niño hat uns dieses Klima beschert.

Die Sonne macht das Wetter

Die Sonne ermöglicht nicht nur das Leben auf der Erde, sie bedroht es manchmal auch. Sie macht das **Wetter**, so nennt man die täglichen atmosphärischen Erscheinungen in einer Region, also etwa in Sachsen-Anhalt. Die Sonne ist aber auch für das **Klima**, den Zusammenhang der Wettererscheinungen auf der ganzen Erde, verantwortlich.
Das Wetter, das wir täglich beobachten, spielt sich nur in der relativ dünnen Schicht der Atmosphäre ab, der Troposphäre. Sie hat eine Dicke von etwa 10 km. Oberhalb der Troposphäre befindet sich die Stratosphäre mit der Ozonschicht (Bild 5). In der Troposphäre nimmt die Temperatur nach oben hin ab (etwa 7 °C pro Kilometer), in der Ozonschicht dagegen nimmt sie zu. Der Grund dafür ist, dass in der Ozonschicht ein Teil der Sonnenstrahlung absorbiert wird und thermische Energie entsteht.
Die von den oberen Schichten „gefilterte" Sonnenstrahlung kann aber die Luft der Troposphäre nahezu ungehindert durchdringen.
Scheint die Sonne einige Zeit über einem Landstrich, so erwärmt sich nicht nur die Erde sondern auch die Luft darüber. Denn die Luft nimmt Wärme von der Erde auf. Die erwärmte Luft steigt wie ein Heißluftballon in die Höhe. Ein gleichmäßiger Luftstrom kann dabei entstehen, in dem Bussarde stundenlang kreisen können und den Segelflieger nutzen, um Höhe zu gewinnen.
Wenn Luft nach oben steigt, muss am Boden neue Luft nachströmen, denn ein „Luftloch" kann nicht entstehen. Aus allen Richtungen weht am Boden Wind zum Fuß der aufsteigenden Luft (siehe S. 124).

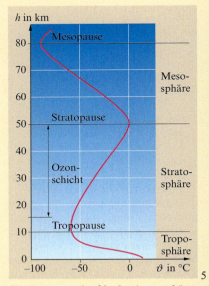

Temperaturverlauf in der Atmosphäre: Die Stratosphäre wird von oben geheizt, die Troposphäre von unten.

Aggregatzustandsänderungen

Wie entsteht unser Wetter?

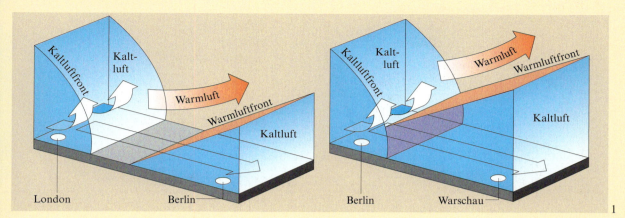

Auf der Nordhalbkugel der Erde weht in unseren Breiten meist der Wind von West nach Ost, also vom Atlantik über Nordeuropa nach Asien, weiter über Nordamerika zum Atlantik. In dieser Westwindzone strömt der Wind nicht einfach geradeaus: Landmassen, Gebirge und hohe Meereswellen stören die Strömung der Luft. Es entstehen Wellen und Wirbel.

Was ist ein Tief? In einem Luftwirbel, der sich entgegen dem Uhrzeigersinn dreht, strömt (auf der Nordhalbkugel) die Luft hinein; in seinem Zentrum herrscht niedriger Luftdruck (**Tief *T***). Die Luft kann nicht im Zentrum bleiben. Sie steigt auf, kühlt dabei ab – der Wasserdampf in der Luft kondensiert und bildet Wolken. Weil der Wind zur Mitte des Tiefs weht, treibt er oft unterschiedlich warme Luftmassen zusammen (Bild 1). Wenn die Kaltluftfront die Warmluft auf der Warmluftfront in die Höhe schiebt, entstehen Wolken, die Dauerregen bringen. Wenn sich einige Stunden oder Tage später die Kaltluft unter die Warmluftfront schiebt, gibt es heftige Winde und kräftige Schauer. Wie im Bach ein Wirbel mit dem Wasser „schwimmt", so wandert der Tiefdruckwirbel Richtung Ost: Das Tief zieht über uns hinweg.

Was ist ein Hoch? Bei einem Luftwirbel, der sich im Uhrzeigersinn dreht, strömt (auf der Nordhalbkugel) die Luft heraus; in seinem Zentrum herrscht hoher Luftdruck (**Hoch *H***). Weil in seinem Zentrum kein Loch entstehen kann, strömt Luft aus der Höhe herab, erwärmt sich dabei und Wolken lösen sich auf, die Sonne kann scheinen.
Im Sommer verspricht ein stabiles Hoch über Skandinavien wolkenlosen Himmel und warme Winde von Osten.
Im Winter wehen die Winde dann auch von Ost; dort ist es aber eiskalt. Das Winterhoch bringt zwar Sonne doch zugleich klirrenden Frost.

Oft bekommt ein Tief ein Hoch „zu packen": Am Boden strömt dann die Luft vom Hoch ins Tief und in der Höhe fließt sie vom Tief zum Hoch zurück. Daraus kann für längere Zeit ein stabile Strömung entstehen, ja diese Strömung kann das Tief und das Hoch sogar verstärken, also sich selber antreiben.
Wenn wir einen schönen Sommer haben, liegt das oft an einem Hoch über Skandinavien, das mit einem Tief über Island „zusammenarbeitet."

AUFGABEN

1. Beschreibe den Unterschied zwischen einem Hoch- und einem Tiefdruckgebiet!
2. Warum schiebt sich eine Kaltluftfront meist unter die Warmluftfront? Warum regnet es dann?
3. Welchen Weg hat das Tief in Bild 2 auf Seite 126 vermutlich genommen?
4. Informiere dich in Nachschlagewerken über verschiedene Wolkenarten. Beschreibe die Wolken und gib an, welches Wetter sie ankündigen!
5. Beschreibe, wie sich die Temperatur in der Atmosphäre mit der Höhe ändert! Warum ist es am Boden und in der Ozonschicht besonders warm?
6. Im Gebiet nördlich der Alpen gibt es häufig Föhn. Beschreibe, wie er entsteht (Bild 2)!

Wärmelehre

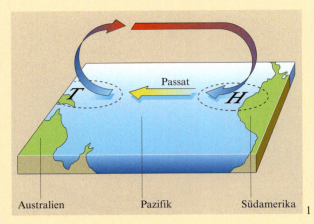

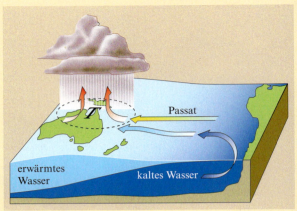

Australien — Pazifik — Südamerika

El Niño: Das Klima spielt verrückt

Die Wettermaschine über dem Pazifik. Ein Kreislauf riesigen Ausmaßes entsteht praktisch jedes Jahr über dem Pazifik. Über Südostasien, in der Höhe des Äquators – Indonesien, Philippinen, Papua-Neuguinea – entwickelt sich ein gewaltiges Tiefdruckgebiet. Über der Ostküste von Südamerika entsteht zugleich ein riesiges Hochdruckgebiet. Im Tief steigt die feuchtwarme Luft auf und bewegt sich in fünf bis zehn Kilometern Höhe Richtung Osten. Auf diesem Weg kühlt sich die Luft ab und sinkt an der Küste Südamerikas im Hoch nieder. Dort wird sie von dem von Ost nach West wehenden Passatwind erfasst und fließt über den Pazifik zurück nach Westen. Diese Strömung (Bild 1) bildet eine riesige und stabile Walze über dem Pazifik.

Die Passatwinde sind beständige Winde in Richtung Westen. Sie sind eine Folge der starken Erwärmung am Äquator und der Rotation der Erde in Richtung Ost.

Der kräftige Passatwind schiebt die oberen Wasserschichten des Pazifik in Richtung Australien (Bild 2). Dadurch wird das kalte Tiefenwasser des Pazifik an der Küste Südamerikas an die Oberfläche getrieben. Die Wassertemperatur liegt dort nur bei etwa 20 °C – ziemlich kühl für tropische Regionen! Über dem Kaltwassergebiet sinkt die Luft ab, die Wolkenbildung wird verhindert, die Küstenregion Südamerikas ist sehr trocken.
Wasserbewegungen wie im Pazifik kannst du auch im Urlaub an der See bemerken: Hat der Wind einen Tag lang vom Meer aufs Land geweht, ist das Wasser am Strand recht warm. Der Wind hat das von der Sonne gewärmte Wasser herangeschoben. Weht es jedoch einige Zeit vom Land zum Meer, dann wird das warme Oberflächenwasser weggeschoben und von unten strömt das spürbar kühlere Tiefenwasser zum Strand.

Wenn die Wettermaschine nicht mehr läuft. In manchen Jahren sind die Tiefs und Hochs über dem Pazifik nur schwach. Wenn dann gleichzeitig die Passatwinde nachlassen, kommt die riesige Walze zum Stillstand. In der Zeit vor Weihnachten wird dann in Südamerika schrecklich spürbar, dass das kalte Tiefenwasser ausbleibt: El Niño (span.: das Christkind) ist da.

Die Folgen im Wasser. Wie ein Deckel liegt nun das im Sommer aufgeheizte Wasser auf dem kälteren Wasser, es gibt keine Durchmischung von unten nach oben mehr. Das sauerstoffreiche und deshalb nährstoffreiche Tiefenwasser wird nicht mehr vor der Küste von Südamerika an die Oberfläche gespült. Die Fische und Kleintiere des Meeres müssen tief tauchen, um Nahrung zu finden.

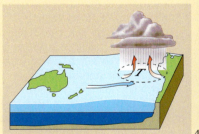

Warmes Wasser bei Peru, keine Durchmischung des Pazifikwassers

Aggregatzustandsänderungen

Sardellen, die sonst wenige Meter unter der Oberfläche leben, müssen in 120 m Tiefe absteigen. An der Küste Perus leben die Menschen hauptsächlich vom Fischfang (Bild 1). Die peruanischen Fischer erreichen die Sardellen nicht mehr mit ihren Netzen.
Die Jacobsmuschel findet in dieser Situation hervorragende Lebensbedingungen vor und vermehrt sich gewaltig. Viele Fischer werden daher zu Tauchern und ernten die Muscheln. Auch Tintenfische mögen Jacobsmuscheln und vermehren sich mehr als sonst. Die Nahrungsketten dieser Regionen geraten völlig durcheinander. Mit dem warmen Wasser kommen auch Raubfische und Schwimmkrabben in die Region, die die Netze der Fischer zerstören.

Die Folgen für das Wetter. Wenn das Wasser im Pazifik nicht mehr durchmischt wird, gerät auch das Wetter durcheinander. Das ungewöhnlich warme Wasser vor Peru wärmt die Luft. Feucht und warm steigt sie auf und lässt große Tiefs entstehen. Durch die Regenfälle entsteht in der Wüste plötzlich Leben (Bild 2). Oft regnet es aber an der Küste Südamerikas so heftig, dass es zu katastrophalen Überschwemmungen kommt.

Auch Australien und Südostasien bekommen El Niño zu spüren. Bei normalen Wetterlagen entsteht nördlich von Australien das große Tief, das den Regen bringt. Durch den Rückstrom über den Pazifik bilden sich den ganzen Sommer lang immer neue Tiefs und versorgen die Region mit regelmäßigen Regengüssen. Bei El-Niño-Klima ist der Strom unterbrochen, der Nachschub aus dem Osten bleibt aus. Die Folge: Dürrekatastrophen in Australien.

Die Wüste lebt.

Überschwemmung in Südamerika

Dürre in Australien

AUFGABEN

1. a) Beschreibe die Wetterverhältnisse im Pazifikraum in einem normalen Jahr!
   b) Begründe, dass die Küstenregion im Westen Südamerikas sehr trocken ist!
   c) Wie unterscheiden sich die Wassertemperaturen an der südamerikanischen und an der australischen Küste?

2. Nenne drei wichtige Auswirkungen des El-Niño-Klimas!

3. Normalerweise wird das Wasser im Pazifik ständig umgewälzt. Beschreibe die Wasserschichtung in einem El-Niño-Jahr! Welche Folgen ergeben sich aus der veränderten Situation für die Lebewesen im Wasser und für die Küstenbewohner in Südamerika?

Wetterbeobachtung, Wettervorhersage

Ein Blick in die Technik

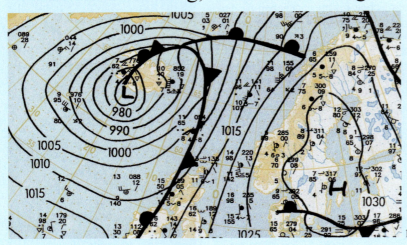

○	wolkenlos		Wind-geschwindig-keiten
◔	1/4 bedeckt, heiter		
◑	1/2 bedeckt, wolkig	○	windstill
◕	3/4 bedeckt, wolkig		Nordwind 10 kn
●	ganz bedeckt		
●	Regen		
୨	Niesel		Ostwind 35 kn
✱	Schnee		
△	Graupel		
▲	Hagel		
↙	Gewitter		
▲▲▲	Warmfront		
▲▲▲	Kaltfront		

Symbole auf der Wetterkarte

Schon sehr früh begannen die Menschen, die Wetterphänomene genau zu beobachten, um daraus Schlussfolgerungen für den weiteren Wetterverlauf zu ziehen. Erste Wetterregeln gab es bereits in Mesopotamien, und auch die *Bauernregeln* sind zum Teil schon über 2 000 Jahre alt.
Lange Zeit wurden z. B. aus der Bewegung von Hoch- und Tiefdruckgebieten und aus der Verfolgung anderer Phänomene Wettervorhersagen getroffen. Hierbei wurden auch die Jahrhunderte alten Erfahrungen berücksichtigt.

Moderne Methoden. Heute wird die Wettervorhersage vorwiegend von Satelliten und Hochleistungscomputern übernommen. In 36 000 km Höhe über dem Schnittpunkt von Äquator und Nullmeridian befindet sich der Wettersatellit METEOSAT, der das europäische Wetter beobachtet. Mit Spezialkameras tastet er „zeilenweise" die Erde ab und erstellt alle 30 Minuten ein Bild. Der „Zeilenabstand" beträgt etwa 5 km. METEOSAT misst neben der Luftfeuchtigkeit unter anderem die Wärmestrahlung von Erde und Wolken, er ermittelt daraus die jeweilige Temperatur.
Zusätzlich gibt es zahlreiche automatische Messstationen auf der Erde, auch auf Schiffen, Bojen und Ballons, die regelmäßig Messdaten an den Satelliten übermitteln. Alle diese Messdaten werden in einer Zentrale mithilfe von Computern ausgewertet. Je mehr Messdaten vorliegen und je genauer diese Messdaten sind, desto zuverlässiger ist die Wettervorhersage. Das Prinzip der Auswertung von Wetterdaten ist vergleichbar mit der Situation auf einem Billardtisch, wenn alle Kugeln in Bewegung sind (Bild 3).

Zuverlässigkeit. Die Wahrscheinlichkeit für das Zutreffen einer eintägigen Wettervorhersage liegt im Bereich von 80–90 %. Längerfristige Vorhersagen sind zurzeit mit einer deutlich größeren Unsicherheit verbunden. Eine absolut zuverlässige Vorhersage „für alle Zeiten" wird es nie geben.
Selbst wenn es möglich wäre, zu einem Zeitpunkt das „Wetter" in jedem Kubikzentimeter der Atmosphäre zu bestimmen und auszuwerten – eine genaue Vorhersage wäre (mit sehr großem Aufwand) allenfalls für zwei Wochen möglich. Denn schon kleinste zufällige Änderungen an einer Stelle können das ganze System ins Wanken bringen: Das Wetter verhält sich *chaotisch*.

Prinzip der Wettervorhersage: In einem bestimmten Moment werden die Positionen aller Kugeln und ihre Geschwindigkeiten bestimmt. Mithilfe bekannter physikalischer Gesetze lässt sich vorhersagen, wo sich die Kugeln zu einem späteren Zeitpunkt befinden und wie sie sich bewegen.

Schon gewusst?

Wetterbeeinflussung. Durch so genannte Impfung können die Vorgänge in Wolken beeinflusst werden. Mithilfe von Flugzeugen oder auch speziellen Kanonen werden Kristallisationskeime in die Wolken eingebracht. Flache unterkühlte Wolken können durch Trockeneis oder Silberjodidkristalle aufgelöst werden: Die Wassertröpfchen wachsen dann schnell an und fallen aus.

Aggregatzustandsänderungen

AUFGABEN

1. Um im Winter einen Keller frostfrei zu halten, kann man ein paar Eimer Wasser hineinstellen. Wie funktioniert diese Methode?
2. Fülle nur ganz wenig Wasser in eine leere Getränkedose und bringe es zum Sieden. Stecke anschließend die Dose mit der Öffnung nach unten in Wasser (verwende dazu eine Grillzange). Erkläre deine Beobachtung!
3. Beschreibe, wie man die Ausdehnung des Wassers beim Erstarren messen kann!
4. a) Beschreibe, wie man in einem Experiment erkennen kann, dass zum Schmelzen eines Stoffes Wärme erforderlich ist!
   b) Erkläre mithilfe des Teilchenmodells, dass zum Schmelzen eines Stoffes Wärme erforderlich ist!
5. Ein Eiswürfel ($m = 20$ g) wird in ein Getränk gegeben. Seine Anfangstemperatur betrug $-10\,°C$. Nach dem Schmelzen beträgt die Mischungstemperatur $+10\,°C$. Wie viel thermische Energie hat der Eiswürfel dem Getränk entzogen? Die spezifische Wärmekapazität von Eis beträgt $2{,}1$ J/(g · K).
6. Nenne je ein Beispiel, wo ausgenutzt wird, dass beim Kondensieren und beim Erstarren eines Stoffes Wärme abgegeben wird!
7. Begründe anhand des Teilchenmodells, dass die Temperatur einer Flüssigkeit beim Verdunsten sinkt!
8. Begründe, dass man in einem Raum, in dem Wäsche getrocknet wird, gut lüften sollte!
9. Im Winter siehst du draußen oft deinen „Atem". Warum siehst du ihn im Sommer nicht?
10. Berechne die Wärme, die erforderlich ist, um die Temperatur von 1 l Wasser von $0\,°C$ auf $100\,°C$ zu erhöhen!
    Wie viel Wasser lässt sich mit dieser Wärme verdunsten? Wie viel Eis lässt sich mit dieser Wärme schmelzen?
11. Herkömmliche Wäschetrockner blasen viel warme, feuchte Luft nach draußen. Erkläre, auf welche Weise man hier durch Kondensation des Wassers Energie sparen kann!
12. Wie viel mit Wasserdampf gesättigte Luft von $30\,°C$ muss auf $0\,°C$ abgekühlt werden, damit 1 l $\cong 1000$ g Wasser kondensiert?
13. Wie verändert sich die relative Luftfeuchtigkeit,
    a) wenn im Sommer warme Luft in einen kühlen Kellerraum gelangt,
    b) wenn an einem kalten Wintertag gelüftet wird,
    c) wenn Luft in der Atmosphäre aufsteigt!
14. Begründe, dass für gewöhnlich die Temperatur der Luft in größerer Höhe immer mehr abnimmt!
15. Erkläre die Entstehung von Smog bei einer Inversionswetterlage!

ZUSAMMENFASSUNG

Schmelzen und Verdampfen
Zum Schmelzen eines festen Körpers und zum Verdampfen einer Flüssigkeit ist Wärme erforderlich.

Erstarren und Kondensieren
Beim Erstarren einer Flüssigkeit und beim Kondensieren eines Gases wird Wärme frei.

Verdunsten
Beim Verdunsten einer Flüssigkeit verlassen Teilchen mit großer Bewegungsenergie die Flüssigkeit. Die mittlere Bewegungsenergie der Teilchen in der Flüssigkeit wird dadurch kleiner, die Temperatur sinkt.

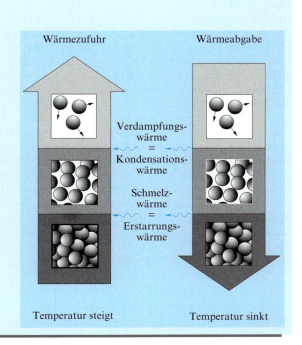

Wärme in der Technik

Wer an einem Kraftwerk mit dampfenden Kühltürmen vorbei kommt, hat bestimmt schon einmal gedacht: „Schade um diese Wärme, die da verloren geht. Warum kann man sie nicht besser nutzen?"
Dort wo Wohnungen in der Nähe sind, werden diese tatsächlich mit „Fernwärme" aus dem Kraftwerk versorgt.
Dennoch sind Kühltürme wichtig: Sie sorgen dafür, dass die Temperatur am Ausgang der Turbinen des Kraftwerkes möglichst niedrig ist. Der Wirkungsgrad des Kraftwerkes wird dadurch erhöht.

Es geht nichts verloren

Wenn ein Stein nach unten fällt, verliert er Lageenergie, denn seine Höhe nimmt ab. Unmittelbar vor dem Aufprall auf den Boden (Höhe null) hat der Stein seine größte Geschwindigkeit. Deshalb ist hier seine Bewegungsenergie am größten, seine Lageenergie jedoch gleich null: Die Lageenergie am Startpunkt ist vollständig in Bewegungsenergie umgewandelt worden. Und wo bleibt diese Energie, wenn der Stein auf den Boden aufschlägt und liegen bleibt?

Wenn Staubteilchen oder winzige Steine aus dem Weltraum auf die Erde treffen, erhitzen sie sich bei Eintritt in die Lufthülle der Erde stark. Meist verglühen sie bereits in mehreren Kilometern Höhe. Ihre hellen Spuren am Nachthimmel nennen wir Sternschnuppen. Wenn allerdings ein großer Meteorit die Erdoberfläche erreicht, entstehen beim Aufprall sehr hohe Temperaturen. Große Gesteinsmengen werden hochgeschleudert, werden flüssig oder verdampfen gar.

Einschlagkrater eines Meteoriten in Australien

Auch wenn ein Stein nur aus 1 m Höhe herbfällt, wird er beim Aufprall etwas erwärmt. Allerdings erhöht sich die Temperatur des Bodens und des Steins dabei so wenig, dass wir davon nichts spüren.

Energie kann verschiedene Formen annehmen. Viele Experimente haben zu der Überzeugung geführt, dass Energie niemals neu entstehen oder verschwinden kann. JAMES PRESCOTT JOULE hat gezeigt, dass dies auch für die Umwandlung von mechanischer Energie in thermische Energie gilt. Außerdem kann man keine Maschine konstruieren, die ohne Energiezufuhr von außen ständig in Bewegung ist und dabei auch noch Energie abgibt: Ein *Perpetuum mobile* ist nicht möglich (siehe S. 29). Diese Erfahrung wird im **Ersten Hauptsatz der Wärmelehre** ausgedrückt:

> Bei keinem Vorgang kann Energie neu entstehen oder vernichtet werden. Die thermische Energie eines Körpers kann durch Wärmeübertragung und mechanische Arbeit geändert wertden: $\Delta E_{\text{therm}} = Q + W$.

Übrigens

Die Wärme Q und die Arbeit W haben ein positives Vorzeichen, wenn dem Körper Wärme zugeführt bzw. Arbeit an ihm verrichtet wird. Die Wärme Q und die Arbeit W haben ein negatives Vorzeichen, wenn der Körper Wärme abgibt bzw. Arbeit verrichtet.

Wärme in der Technik

Arbeit verrichten durch Abkühlen?

Ob das wohl möglich wäre: Ein heißes Stück Eisen wird in kaltes Wasser gegeben. Das Wasser erstarrt zu Eis und das Eisen fängt an zu glühen? – Bei einem solchen Vorgang (Bild 1) müsste weder Energie entstehen noch Energie vernichtet werden; aber trotzdem ist so etwas noch nie beobachtet worden. Ebenso hat noch niemand gesehen, dass ein Stein sich von selbst abkühlt und dadurch nach oben springt – obwohl auch dies nach dem Gesetz der Energieerhaltung möglich wäre.

Die Physiker sind sich sehr sicher, dass ein solcher Vorgang nie passieren wird und haben als **Zweiten Hauptsatz der Wärmelehre** formuliert:

> Wärme geht niemals direkt von einem kälteren Körper zu einem wärmeren Körper über. Es gibt keinen Vorgang, der nichts weiter bewirkt, als die Abkühlung eines Gegenstandes und die entsprechende Hebung einer Last.

1

Es gibt aber eine Spielzeug-Ente, die diesem Hauptsatz zu widersprechen scheint: Im Bauch der Ente befindet sich eine farbige Flüssigkeit (Alkohol oder Ether) die bei Zimmertemperatur verdunstet.

> EXPERIMENT 1
> 1. Stelle ein passendes Trinkglas vor die Ente und lass sie „trinken". Beobachte ihre Bewegung genau!
> 2. Stülpe ein großes Gefäß aus Glas über die Ente und das Trinkglas und beobachte!

2

– Sobald die Ente ihren Schnabel in das Wasser getaucht hat, saugt sich der Filz am Kopf voll Wasser (Bild 3).
– Das Wasser verdunstet und kühlt den Kopf.
– Im kühlen Kopf kondensiert der Alkoholdampf, der Druck sinkt.
– Aus dem Bauch steigt Flüssigkeit auf. Der Schwerpunkt verschiebt sich, die Ente „nickt" und trinkt erneut.

Ist die trinkende Ente nicht doch ein besonderes Perpetuum mobile, eine Maschine, die nur aus Abkühlung Bewegung erzeugt?
Sobald das Glasgefäß einen abgeschlossenen Raum um die Ente schafft, nippt diese nicht mehr lange von dem Wasser. Das Wasser am Kopf kann nicht mehr verdunsten, denn im Glasgefäß entsteht schnell ein Gleichgewicht von verdunstendem Wasser und kondensierendem Wasserdampf. Die trinkende Ente bewirkt also mehr als nur Abkühlung: Sie braucht die Umgebung, die den Wasserdampf aufnimmt und wegtransportiert. Selbst die trinkende Ente kann nicht „ohne äußere Hilfe" thermische Energie in mechanische Energie umwandeln. Sie braucht einen kühlenden Luftzug.

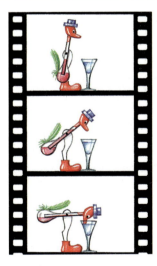

3

Der Zweite Hauptsatz der Wärmelehre trifft eine Aussage über die mögliche Richtung von Vorgängen: Wenn zwei Körper eine unterschiedliche Temperatur besitzen, so geht von selbst Wärme nur vom wärmeren zum kälteren Körper über. Dabei lässt sich ein Teil der Wärme z. B. in mechanische Arbeit umwandeln.
Eine Umkehrung der Richtung, also eine Wärmeübertragung vom kalten zum warmen Körper ist nur bei Energiezufuhr von außen möglich.

4

Wärmekraftmaschinen

Täglich begegnen dir Maschinen, die aus thermischer Energie kinetische Energie erzeugen: Jedes Auto wird von einem Motor angetrieben, in dem Benzin oder Dieselkraftstoff verbrannt wird. Diese thermische Energie bewegt die Kolben im Zylinder und schließlich dreht sie die Räder.

In allen Wärmekraftmaschinen kann nur ein Teil der thermischen Energie in mechanische Energie umgewandelt werden. Der Rest wird teilweise noch genutzt, um den Innenraum des Autos zu erwärmen, ist aber für weitere Nutzung verloren.

Weil der Nutzen bei diesen Maschinen stets kleiner ist als der Aufwand, ist ihr Wirkungsgrad η stets kleiner als 1 (siehe S. 27).

Dampfmaschinen. Die ersten Wärmekraftmaschinen waren Dampfmaschinen. In ihnen verrichtete heißer Wasserdampf mechanische Arbeit. Bild 1 zeigt das Prinzip von einer Dampfmaschine nach JAMES WATT.

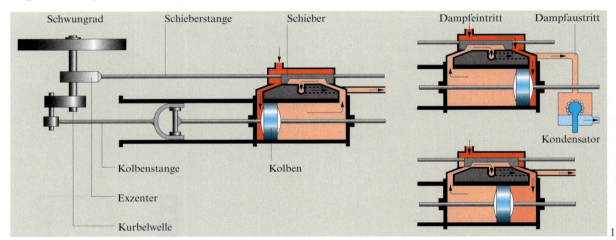

Dampfeintritt und -austritt werden durch einen Schieber gesteuert. Die Schieberbewegung ist der Kolbenbewegung entgegengerichtet. Der Kolben wird abwechselnd nach links und rechts gedrückt.

Der Schieber schließt den Einlass, wenn eine bestimmte Menge heißer Dampf in den Zylinder geströmt ist. Dieser Dampf dehnt sich aus und kühlt sich dabei ab. Seine thermische Energie nimmt ab, thermische Energie wird in mechanische Arbeit umgewandelt. Es ist aber nicht möglich, die gesamte thermische Energie des Dampfes in mechanische Arbeit umzuwandeln. Dazu müsste der Dampf auf eine Temperatur von 0 K abgekühlt werden.

Der Wirkungsgrad einer Dampfmaschine hängt nicht nur davon ab, wie heiß der Dampf beim Einlass ist, sondern auch davon, mit welcher Temperatur er die Maschine wieder verlässt. Daher ist es wichtig, den austretenden Dampf im Kondensator zu kühlen.

> Je größer die Temperaturdifferenz zwischen Einlass und Auslass einer Dampfmaschine ist, desto größer ist ihr Wirkungsgrad.

Entsprechendes gilt für alle Wärmekraftmaschinen, also auch für alle Verbrennungsmotoren und Turbinen in den Kraftwerken.

JAMES WATT (1736–1819)

Wärme in der Technik

Der Ottomotor

Verglichen mit den schweren Dampfmaschinen des 19. Jahrhunderts sind die heutigen Benzinmotoren äußerst kleine und leichte Wärmekraftmaschinen mit einer großen Leistung. Nach ihrem Erfinder NIKOLAUS OTTO (1832–1891) werden sie auch Ottomotoren genannt.
Im Ottomotor wird ähnlich wie in einer Dampfmaschine ein Kolben durch den Druck eines erhitzten Gases bewegt. Allerdings ist das Gas hier nicht Wasserdampf, sondern das heiße Gas entsteht beim Verbrennen eines Gemisches aus Benzin und Luft.

Arbeitsweise des Viertakt-Ottomotors. Ein Viertaktmotor arbeitet in vier Schritten, die nacheinander ablaufen. Diese Schritte werden Takte genannt.
Die Vorgänge wiederholen sich jeweils nach 4 Takten. Bei einem Viertakt-Ottomotor unterscheidet man folgende Takte:

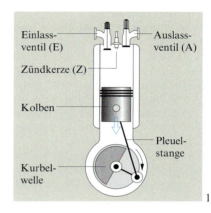

1. Takt:
Ansaugen des Benzin-Luft-Gemisches

2. Takt:
Verdichten des Benzin-Luft-Gemisches

3. Takt (Arbeitstakt):
Zünden und Verbrennen des Gemisches, Ausdehnen der Verbrennungsgase

4. Takt:
Ausschieben der Verbrennungsgase

 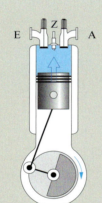  

Der Kolben bewegt sich in Richtung der Kurbelwelle. Dadurch entsteht im Zylinder ein Unterdruck. Das Einlassventil ist geöffnet. Durch das Ventil wird das Benzin-Luft-Gemisch angesaugt, das im Vergaser erzeugt wird.

Beide Ventile sind geschlossen. Der Kolben bewegt sich in Richtung der Zündkerze, bis das Volumen des Gases auf etwa 1/10 des ursprünglichen Volumens verkleinert ist. Dabei steigt die Temperatur des Gases auf etwa 500 °C.

Mit der Zündkerze wird ein Funke erzeugt, der das Benzin-Luft-Gemisch entzündet. Beim explosionsartigen Verbrennen steigt die Temperatur auf über 2 000 °C, der Druck nimmt stark zu. Der Kolben wird in Richtung der Kurbelwelle gedrückt.

Das Auslassventil wird geöffnet. Der Kolben bewegt sich zurück und schiebt die Verbrennungsgase aus dem Zylinder.

Danach schließt sich wieder der 1. Takt an.

In den meisten Autos gibt es Ottomotoren mit vier Zylindern. In den einzelnen Zylindern laufen gleichzeitig die unterschiedlichen Takte ab: In zwei Zylindern bewegen sich die Kolben in Richtung der Zündkerze, in den beiden anderen in Richtung der Kurbelwelle. Im ersten Paar wird angesaugt bzw. verbrannt, im zweiten Paar wird zur selben Zeit verdichtet bzw. ausgeschoben. Auf diese Weise läuft der Motor „rund" (siehe S. 140).

Übrigens

Die Leistung eines Motors wird häufig noch in „Pferdestärken" also in PS angegeben. Für die Umrechnung gilt: 1 PS = 0,736 kW.

Der Dieselmotor

Der Ingenieur RUDOLF DIESEL (1858–1913) hat vor etwa 100 Jahren eine weitere Wärmekraftmaschine entwickelt, deren Wirkungsgrad noch etwas höher ist als der des Ottomotors. Seine Idee bestand darin, das Kraftstoff-Luft-Gemisch noch stärker zu verdichten als im Ottomotor. Durch die stärkere Verdichtung erreicht das Gas eine höhere Temperatur. Dadurch kann auch der Wirkungsgrad gesteigert werden.

Auch Dieselmotoren sind in der Regel Viertaktmotoren. Im Unterschied zum Ottomotor hat der Dieselmotor keine Zündkerze. Außerdem wird der Kraftstoff nicht angesaugt, sondern durch eine Einspritzdüse direkt in den Zylinder eingespritzt.

Der Kraftstoff wird eingespritzt, wenn die Luft schon stark verdichtet und sehr heiß ist. Der Kraftstoff verbrennt sofort (*Selbstzündung*) und der Druck im Zylinder erhöht sich schlagartig.

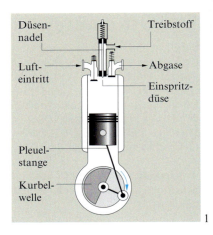

1. Takt: Ansaugen von Luft

2. Takt: Verdichten der Luft

3. Takt (Arbeitstakt): Einspritzen von Kraftstoff, Selbstzündung und Ausdehnen der Verbrennungsgase

4. Takt: Ausschieben der Verbrennungsgase

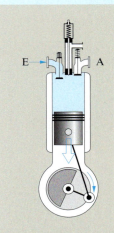   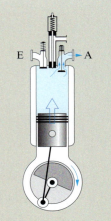

Der Kolben bewegt sich in Richtung der Kurbelwelle. Dadurch entsteht im Zylinder ein Unterdruck. Das Einlassventil ist geöffnet. Luft strömt in den Zylinder ein.

Beide Ventile sind geschlossen. Der Kolben bewegt sich zurück, bis das Volumen der Luft auf etwa 1/20 des ursprünglichen Volumens verkleinert ist. Dabei steigt die Temperatur des Gases auf etwa 800 °C.

Der Kraftstoff wird eingespritzt und entzündet sich. Beim Verbrennen steigt die Temperatur auf über 2 000 °C.
Der Kolben wird in Richtung der Kurbelwelle gedrückt.

Das Auslassventil wird geöffnet. Der Kolben bewegt sich zurück und schiebt die Verbrennungsgase aus dem Zylinder.

Danach schließt sich wieder der 1. Takt an.

Weil in einem Dieselmotor die Luft viel stärker komprimiert wird als im Ottomotor, müssen Dieselmotoren stabiler gebaut werden. Früher hatten Dieselmotoren daher eine wesentlich größere Masse als Ottomotoren gleicher Leistung.

Aus diesem Grund wurden sie nur zum Antrieb größerer Fahrzeuge, wie Lastkraftwagen, Lokomotiven oder Schiffe, genutzt.

Inzwischen ist es aber gelungen, immer leichtere Modelle zu konstruieren, sodass Dieselmotoren heute auch in Kleinwagen wirtschaftlich eingesetzt werden können.

Schon gewusst?

Dieselmotoren haben nicht nur einen höheren Wirkungsgrad als Benzinmotoren. Die Herstellung von Dieselkraftstoff aus Rohöl (Erdöl) ist auch mit weniger Aufwand verbunden als die von hochwertigem Benzin. Dieselkraftstoff wird auch als Heizöl verwendet.

Wärme in der Technik

Kühlschrank und Wärmepumpe

Der Kühlschrank. Noch nie hat jemand beobachtet, dass sich das Badezimmer abkühlt und dafür das Badewasser immer heißer wird. Von allein wird dies nie geschehen. Alle Erfahrung lehrt uns: Die thermische Energie geht stets vom wärmeren zum kälteren Körper über. Dieser Grundsatz der Wärmelehre wird täglich in jeder Küche scheinbar durchbrochen: Der Kühlschrank kühlt die Lebensmittel in seinem Innenraum ab und erwärmt zugleich seine Rückwand, also auch die Küche.

An der Rückseite des Kühlschranks befindet sich ein elektrischer Motor, der eine Kühlflüssigkeit in einem geschlossenen Rohrsystem herumpumpt. Die Flüssigkeit entzieht den Lebensmitteln im Innenraum thermische Energie, indem sie verdampft. In den „Kühlrippen" an der Rückseite des Kühlschrankes kondensiert der Dampf wieder und gibt dabei Energie ab. Die Kühlrippen haben eine höhere Temperatur als die Raumluft.

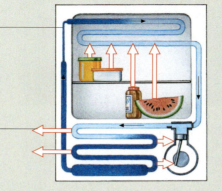

① Die Kühlflüssigkeit gelangt durch eine Verengung in den Verdampfer. Dabei wird der Druck stark vermindert. Unter diesem niedrigen Druck beginnt die Flüssigkeit auch unterhalb von 0 °C schon zu sieden.

④ Beim Kondensieren wird Wärme an die Umgebung abgegeben.

② Die zum Verdampfen der Kühlflüssigkeit erforderliche Wärme wird der Flüsigkeit selbst und dem Kühlfach entzogen.

③ Der Dampf wird abgesaugt und in einem Kompressor stark zusammengedrückt. Bei diesem hohen Druck liegt die Siedetemperatur weit über 0 °C. Der Dampf kondensiert.

Die Wärmepumpe. Das Prinzip des Kühlschrankes kann auch zum Heizen von Wohnhäusern genutzt werden: Thermische Energie aus einer kälteren Umgebung wird in eine wärmere Umgebung transportiert. Dazu muss mechanische Arbeit verrichtet werden.

Der Verdampfer einer Wärmepumpe befindet sich beispielsweise unter dem Garten eines Hauses. Dann wird die thermische Energie des Erdreiches genutzt, dessen Temperatur stets einige Grad über dem Gefrierpunkt liegt. Ähnlich wie beim Kühlschrank wird die verdampfte Substanz von einem Kompressor zusammengedrückt und dadurch verflüssigt. Beim Kondensieren wird Wärme an die Heizungsanlage im Haus (z. B. eine Fußbodenheizung) abgegeben. Anschließend gelangt die Flüssigkeit unter Druckverminderung wieder in den Verdampfer.

Der Nutzen einer Wärmepumpe hängt davon ab, wie viel elektrische Energie für den Kompressor eingesetzt werden muss, um den Energiestrom in das Haus aufrechtzuerhalten. Je größer die Temperaturdifferenz zwischen Erdreich und Heizungswasser ist, umso mehr elektrische Energie muss eingesetzt werden. Daher werden oft so genannte Niedrigtemperatur-Heizsysteme verwendet, in denen die Heizungstemperatur nur 30 °C bis 40 °C beträgt. In solchen Anlagen können mit 1 kW · h elektrischer Energie etwa 3 kW · h thermischer Energie „gepumpt" werden. Obwohl zur Erzeugung elektrischer Energie relativ viel Primärenergie erforderlich ist, können Wärmepumpen den Gesamtverbrauch an Primärenergie senken.

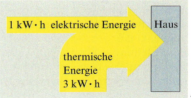

Sonnenkollektoranlagen

Durch die Sonnenstrahlung trifft in unseren Breiten pro Jahr eine Energie von etwa 1000 kW · h auf einen Quadratmeter der Erdoberfläche. Zu den technisch einfachsten Möglichkeiten, einen Teil dieser Energie nutzbar zu machen, gehören Sonnenkollektoren.

1 Das Wasser dieses Schwimmbeckens wird durch schwarze Schläuche gepumpt, die als Sonnenkollektoren auf großer Fläche ausgelegt wurden.

Bild 2 zeigt das Prinzip eines Flachkollektors, wie er häufig auf Hausdächern eingesetzt wird. Eine Flüssigkeit (z. B. Wasser) strömt durch ein Rohrsystem und wird dabei direkt von der Sonnenstrahlung erwärmt.

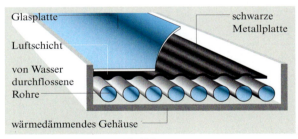

2 Schnitt durch einen Flachkollektor

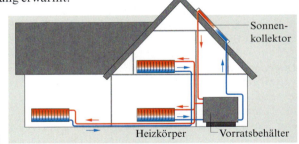

3 Heizung mit einer Sonnenkollektoranlage

Wichtig ist bei einem solchen Kollektor nicht nur, dass die Strahlung gut absorbiert wird. Es muss auch dafür gesorgt werden, dass die Wärme den Kollektor nicht durch Wärmeleitung oder Wärmestrahlung wieder verlässt. Dazu wird der Kollektor mit wärmedämmendem Material isoliert; außerdem werden die Glasplatten, durch die das Licht eindringt, auf der Innenseite mit einer Schicht versehen, die die Wärmestrahlung nach innen reflektiert. Solche Sonnenkollektoren wirken nicht nur bei direktem Sonnenschein, sondern auch bei bewölktem Himmel wird die Flüssigkeit in ihnen schon erheblich erwärmt.

Sonnenkollektoren werden sowohl für die Raumheizung als auch für die Bereitstellung von warmem Wasser eingesetzt, das aus dem Wasserhahn fließt (Brauchwasser). In dem Vorratsbehälter (Bild 3) befindet sich ein so genannter Wärmetauscher: Hier wird die Wärme der Kollektorflüssigkeit an das Heizungs- bzw. Brauchwasser abgegeben.

Übrigens

Für die Heizung eines Hauses im Winter reicht eine Sonnenkollektoranlage allein oft nicht aus. Dann wird das Vorratsgefäß zusätzlich mit Öl oder Gas geheizt. In besonderen Niedrigenergiehäusern wird aber im Sommer sehr viel Energie in einem großen, gut isolierten Wassertank (z. B. 100 000 l) gespeichert. Im Winter kann diese Energie dann für die Heizung eingesetzt werden.

Vergleich verschiedener Kraftwerkstypen

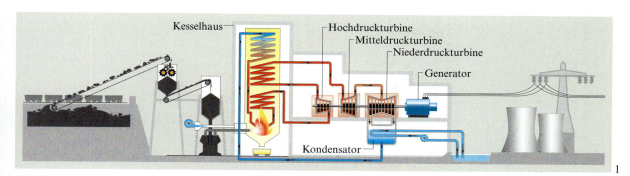

1

In Deutschland werden über 90% der elektrischen Energie in Verbrennungs- und Kernkraftwerken erzeugt. In ihnen wird durch die Verbrennung von Kohle oder Gas oder mithilfe der bei der Kernspaltung entstehenden Wärme Wasser verdampft.
Der Wasserdampf treibt über eine Dampfturbine den Generator an. Der Dampf muss anschließend wieder zu Wasser kondensieren. Die dabei frei werdende Energie wird zum großen Teil über Kühltürme an die Umgebung abgegeben. Bild 1 zeigt den gesamten Prozess von der Verbrennung bis zur Abgabe elektrischer Energie und Abwärme am Beispiel eines Kohlekraftwerkes.
Die Energie steht den Abnehmern sehr bequem „auf Knopfdruck" zur Verfügung. Dabei wird leicht übersehen, welche Risiken mit ihrer Erzeugung in Kauf genommen werden: Die natürlichen Energieträger werden verbraucht, es entstehen Abgase (hauptsächlich Kohlenstoffdioxid CO_2, das zur Entstehung des Treibhauseffektes beiträgt) und feste Abfallprodukte wie Schlacken und radioaktiver Abfall, die schwierig zu entsorgen und noch schwieriger endzulagern sind.
Die Vor- und Nachteile der verschiedenen Kraftwerke müssen also sorgfältig miteinander verglichen und gegen alternative Verfahren der Erzeugung elektrischer Energie abgewogen werden.

	Kohlekraftwerke	Gaskraftwerke	Kernkraftwerke	Wasserkraftwerke	Windkraftwerke
Anteil an der Elektroenergie-Erzeugung (Dtl.)	51%	9%	31%	4%	1%
Energieträger	Braun- und Steinkohle	Erdgas	Uran	Wasser	Wind
Vorteile	einheimischer Brennstoff, niedrige Baukosten, bei Nutzung der Abwärme Wirkungsgrad bis 85%	leichter Transport, niedrige Baukosten, bei Nutzung der Abwärme Wirkungsgrad bis 90%	keine Entstehung von CO_2	kein Verbrauch von Brennstoff, keine Abgase	kein Verbrauch von Brennstoff, keine Abgase
Nachteile	Abwärme, CO_2, weitere Verbrennungsgase, Schlacke	Abwärme, CO_2	viel Abwärme, radioaktive Abfälle, Sicherheitsrisiko	Flächenverbrauch, begrenzte Resourcen	Flächenverbrauch, nicht gleichmäßig verfügbar

Rund um den Motor

Der Kolben bewegt sich im **Zylinder** auf und ab. Die Abdichtung zwischen Kolben und Zylinderwand besorgen die **Kolbenringe**.

Die Nockenwelle steuert das Öffnen und Schließen der **Ventile** in den einzelnen Takten. Die Ventile werden von straffen Federn geschlossen und von Kipphebeln geöffnet.

Mit der **Steuerkette** (dem Zahnriemen) wird die Nockenwelle angetrieben.

Mithilfe von **Bandriemen** (Keilriemen) werden die Pumpe für das Kühlwasser, die Lichtmaschine (also der „Dynamo" des Autos) und der Ventilator für die Kühlung des Motors angetrieben.

Im **Kühlkreislauf** befindet sich Wasser mit besonderen Zusatzstoffen, die verhindern, dass das Wasser im Winter gefriert. Mit dem heißen Kühlwasser kann auch der Innenraum des Wagens beheizt werden.

Pleuel und **Kurbelwelle** wandeln die Auf- und Abbewegung der Kolben in eine Drehbewegung. **Ausgleichsmassen** an der Kurbelwelle verhindern, dass die Kurbelwelle durch die Kolbenbewegung ungleichmäßig belastet wird.

In der **Ölwanne** befindet sich das Schmieröl, das die Reibung zwischen den bewegten Teilen vermindert. Am **Ölpeilstab** kann der Ölstand abgelesen werden.

Das **Schwungrad** hat eine große Masse. Es trägt dazu bei, dass der Motor gleichmäßig läuft.

Die Kupplung bildet den Anschluss zum Getriebe. Das Getriebe sorgt für die richtige Übersetzung der Motordrehzahl auf die Drehzahl der Räder.
Mit der Kupplung können Motor und Getriebe getrennt werden. Beim Anfahren stehen Räder und Getriebewelle zunächst still, während sich die Kurbelwelle schon dreht. Beim „Einkuppeln" wird die Drehung der Kurbelwelle allmählich an die Getriebewelle weitergegeben.

Die Abgase des Autos. Bei der Verbrennung von Benzin bzw. Diesel entstehen hauptsächlich Kohlenstoffdioxid (CO_2) und Wasserdampf. Kohlenstoffdioxid ist für unsere Umwelt nicht giftig, aber es trägt zum Treibhauseffekt bei und damit zu einer Erwärmung der Atmosphäre.
Bei der Verbrennung entstehen aber auch noch sehr schädliche Stickstoffoxide, Kohlenstoffmonooxid und es bleiben unverbrannte Kohlenwasserstoffe zurück. Daher müssen die Abgase durch einen so genannten **Katalysator** geleitet werden, wo diese Schadstoffe teilweise in Kohlenstoffdioxid, Wasserdampf und Stickstoff umgewandelt werden können.

Eine Tankfüllung von 50 l Benzin führt durchschnittlich zu folgenden Schadstoffmengen:

Stickstoffoxide und Kohlenwasserstoffe	0,3 kg
Kohlenstoffmonooxid	0,9 kg
Kohlenstoffdioxid	120 kg

Vom Dampf zum Diesel

Dass man mit Dampf etwas in Bewegung setzten kann, wusste man schon in der Antike – aber genutzt wurde diese Entdeckung damals noch nicht. Schwere Arbeiten wurden durch Tiere verrichtet, oder Sklaven wurden dazu gezwungen.

Die ersten nutzbaren Wärmekraftmaschinen kamen im 18. Jahrhundert auf. Die von JAMES WATT gebauten Maschinen führten zu einer schnellen Entwicklung der Industrie. Der Einsatz von Dampfmaschinen lohnte sich jedoch nur in großen Fabriken. In Bergwerken und Großbetrieben der Textilindustrie konnten viele Maschinen von einer einzigen Dampfmaschine angetrieben werden. Es wurde Tag und Nacht gearbeitet, die Dampfmaschine lief im Dauerbetrieb.

Kleine Betriebe benötigten kleine Motoren, die man je nach Bedarf schnell an- und auch wieder abschalten konnte. Um das Jahr 1850 begannen die Entwicklungsarbeiten an einem kleineren Motor, der mit dem Gas aus der Gasleitung arbeiten sollte. Im Jahre 1876 baute der deutsche Techniker NIKOLAUS OTTO einen solchen Motor und stellte ihn mit großem Erfolg 1878 auf der Pariser Weltausstellung vor.

NIKOLAUS OTTO (1832–1891)

Obwohl die nach ihm benannten Ottomotoren heute fast ausschließlich zum Antrieb von Fahrzeugen Verwendung finden, war das nicht das Ziel OTTOS. In seiner Fabrik baute er feststehende Gasmotoren zum Antrieb von Spinn- und Webmaschinen, Drehbänken, Sägen usw.

Der Nachteil der Gasmotoren bestand darin, dass diese zwar relativ leicht waren, aber dennoch nicht überall eingesetzt werden konnten. Gaswerke und Gasleitungen gab es fast nur in größeren Städten. Deshalb bemühten sich die beiden Ingenieure GOTTLIEB DAIMLER und WILHELM MAYBACH (1846–1929), zwei Angestellte im Betrieb von OTTO, um die Weiterentwicklung des Gasmotors.

Das Ziel DAIMLERS war es, dass jeder Motor sein eigenes kleines „Gaswerk" hatte. In diesem „Vergaser" sollte aus Petroleum (und später Benzin) und Luft ein brennbares „Gas" hergestellt werden.

OTTO war nicht an dieser Weiterentwicklung seines Gasmotors zu einem Benzinmotor interessiert, weil seine Gasmotoren sehr gefragt waren. Deshalb gründeten DAIMLER und MAYBACH eine eigene Werkstatt. Im Jahre 1883 lief ihr erster Motor. 1885 bauten sie das erste Motorrad der Welt. Dieser „Petroleum-Reitwagen", ein Fahrrad mit einem 0,5-PS-Motor, brachte es auf eine Geschwindigkeit von 12 km/h.

Im gleichen Jahr baute der deutsche Ingenieur CARL BENZ (1844–1929) seinen ersten brauchbaren „Motorkutschwagen", mit dem seine Frau die erste größere Tour von Mannheim nach Pforzheim unternahm.

GOTTLIEB DAIMLER (1834–1900)

Doch schon bevor die ersten Automobile über die Straßen rollten, beschäftigte sich RUDOLF DIESEL mit dem Wirkungsgrad von Verbrennungsmotoren. Er wollte bewusst die Gesetze der Wärmelehre anwenden, um wirtschaftliche Maschinen zu konstruieren. 1894 brachte er seinen ersten Motor zum Laufen, 1897 erreichte eine verbesserte Version mit einer Leistung von 26 PS bereits einen Wirkungsgrad von 20%.

Das war zwar Weltrekord, aber die Ausführung des Motors war noch zu plump und zu schwer, um für einen mobilen Einsatz auf Schiffen oder Eisenbahnen genutzt zu werden. Außerdem gab es im Dauerbetrieb immer wieder Schwierigkeiten mit der Kraftstoffzufuhr und den Dichtungen der Zylinder. In den 20er Jahren wurden Leistungen von 25 000 PS und mehr erreicht. Der Wirkungsgrad der Dieselmotoren konnte auf 35% gesteigert werden. Heute liegt er bei 40%.

Der Motorkutschwagen von CARL BENZ aus dem Jahre 1885

AUFGABEN

1. Beschreibe verschiedene Möglichkeiten, mithilfe von thermischer Energie Bewegungen von Körpern zu erzeugen!
2. Dem Gas in einem Zylinder wird eine Wärme von 1 kJ zugeführt. Es dehnt sich aus und verrichtet dabei eine Arbeit von 200 J. Wie ändert sich die thermische Energie des Gases bei diesem Prozess?
3. Schildere einen (unmöglichen) Vorgang, der nach dem Ersten Hauptsatz der Wärmelehre möglich wäre, nach dem Zweiten jedoch nicht!
4. Begründe, dass bei einer Dampfmaschine der Temperaturunterschied zwischen einströmendem und ausströmendem Dampf sehr wichtig ist!
5. Anna hat ein neues Spielzeug (Bild 1). Sie behauptet: „Die Energie der ersten Kugel wird immer vollständig auf die letzte übertragen und umgekehrt." Woran erkennst du, dass das nicht ganz stimmt?
6. Beim Kühlschrank wird Wärme von einem kälteren Körper zu einem wärmeren Körper transportiert. Begründe, dass der Zweite Hauptsatz der Wärmelehre dabei nicht verletzt wird!
7. Beschreibe den Weg der Energie bei einer Sonnenkollektor-Heizungsanlage.
8. Informiere dich in einem Nachschlagewerk zum Thema „industrielle Revolution"! Welche Rolle spielten dabei die Wärmekraftmaschinen?
9. Begründe die Bezeichnung „Arbeitstakt" für den 3. Takt des Viertaktmotors!
10. Ottomotoren werden häufig als Vierzylindermotoren gebaut.
    a) Welche Vorteile hat ein Vierzylindermotor gegenüber einem Einzylindermotor?
    b) Wie laufen die unterschiedlichen Takte in einem Sechszylindermotor ab?
11. Ottomotoren werden oft mit einem „Vergaser" ausgerüstet, Dieselmotoren dagegen mit einer „Einspritzpumpe". Was bewirken diese Geräte in dem jeweiligen Motor?
12. Begründe, dass Dieselmotoren früher nur in großen Fahrzeugen eingesetzt wurden!
13. Nenne Vorteile des Dieselmotors gegenüber dem Benzinmotor! Gibt es auch Nachteile?
14. Welche Funktion haben die Ventile in Verbrennungsmotoren? Beschreibe ihre Stellung in den einzelnen Takten!

1

ZUSAMMENFASSUNG

Erster Hauptsatz der Wärmelehre
Bei keinem Vorgang kann Energie neu entstehen oder vernichtet werden. Die thermische Energie eines Körpers kann durch Wärmeübertragung und mechanische Arbeit geändert werden: $\Delta E_{\text{therm}} = Q + W$.

Zweiter Hauptsatz der Wärmelehre
Wärme geht niemals direkt von einem kälteren Körper zu einem wärmeren Körper über. Es gibt keinen Vorgang, der nichts weiter bewirkt, als die Abkühlung eines Gegenstandes und die entsprechende Hebung einer Last.

Wirkungsgrad von Wärmekraftmaschinen
Je größer die Temperaturdifferenz zwischen Einlass und Auslass einer Wärmekraftmaschine ist, desto größer ist ihr Wirkungsgrad.

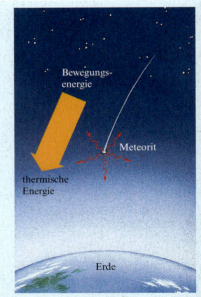

Elektrizitätslehre

Die ersten elektrischen Erscheinungen, die den Menschen begegneten, waren Blitz und Donner. Die Menschen fürchteten sich vor dem grellen Licht der Blitze und dem dumpfen Grollen des Donners. Manchmal löste ein Blitz auch einen Brand aus.

Bereits um 1170 v. Chr. wurden an ägyptischen Tempeln hohe Holzmasten mit Goldspitzen angebracht, die als Blitzableiter dienten.

1752 hat der Amerikaner BENJAMIN FRANKLIN den Blitzableiter neu erfunden. In der nachfolgenden Zeit untersuchte man die Elektrizität genauer. Das Gebiet der Physik, in dem die elektrischen Erscheinungen und ihre Gesetze untersucht werden, nennt man Elektrizitätslehre.

Elektrische Ladung und elektrischer Strom

Wenn man aus einem Auto ausgestiegen ist und von außen die Tür zumachen will, kann es passieren, dass zum Finger ein kleiner Funke überspringt. Man spürt ein Kribbeln. Im Dunkeln sieht man den Funken sogar. Solche Erfahrungen kann man auch beim Ausziehen eines Synthetikpullovers machen. Wie entsteht dieser Funke?

Auf- und Entladung von Körpern

Beim Aussteigen aus dem Pkw reiben die Kleidungsstücke am Sitz. Beim Ausziehen des Pullis gleitet dieser an den übrigen Kleidungsstücken entlang. Danach treten anziehende Kräfte auf.
Solche Beobachtungen machten die alten Griechen schon etwa 600 v. Chr. Sie rieben Bernstein mit einem Fell. Danach zog er zum Beispiel Wollfasern und Federn an. Da Bernstein auf griechisch „Elektron" heißt, entstand daraus das Wort Elektrizität. Statt Bernstein kann man auch einen Kunststoff verwenden.

EXPERIMENT 1
1. Reibe ein Lineal aus Kunststoff mit einem Pullover oder mit einem Tuch aus Wolle!
2. Nähere das geriebene Ende des Lineals einem kleinen Watteflöckchen, das auf einer Unterlage aus Metall liegt!

Bereits aus einiger Entfernung bewegt sich das Watteflöckchen auf das Lineal zu. Zwischen Lineal und Watte besteht eine Anziehungskraft.
Die Funken, die du vielleicht vom Ausziehen eines Pullovers kennst, lassen vermuten, dass es sich um eine elektrische Erscheinung handelt. Einen weiteren Hinweis darauf erbringt das folgende Experiment.

EXPERIMENT 2
1. Reibe das Ende eines Lineals aus Kunststoff mit einem Wolltuch!
2. Fasse eine Glimmlampe an der einen Metallkappe an!
3. Bringe die andere Kappe nacheinander an verschiedene Stellen des geriebenen Lineals!

Elektrische Ladung und elektrischer Strom

Berührt die Glimmlampe das geriebene Lineal, so leuchtet sie kurzzeitig auf. Im Dunkeln kann man manchmal schon kurz vor der Berührung einen Funken überspringen sehen. Man nennt das geriebene Lineal *elektrisch geladen*. Bei genauem Beobachten hast du vielleicht bemerkt, dass die Glimmlampe stets auf der Seite aufgeleuchtet hat, die das Lineal berührt.
Wird beim Reiben nur der Kunststoff elektrisch geladen oder auch das Wolltuch?

EXPERIMENT 3
1. Lege das Wolltuch auf eine isoliert befestigte Metallplatte!
2. Streiche mit dem Lineal mehrmals über das Wolltuch, ohne die Platte zu berühren!
3. Fasse die Glimmlampe an der einen Metallkappe an und berühre mit der anderen Kappe die Metallplatte!

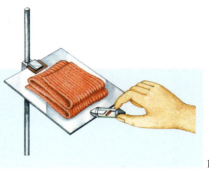

Beim Berühren leuchtet die Glimmlampe auf. Auch das Wolltuch ist elektrisch geladen. Trotzdem gibt es einen Unterschied zwischen dem geriebenen Lineal und dem Wolltuch. Im Experiment 2 hat die Seite der Glimmlampe aufgeleuchtet, die das Lineal berührte. Im Experiment 3 leuchtete die Seite der Glimmlampe auf, die vom Wolltuch abgewandt war.
Der Grund für diesen Unterschied ist, dass es zwei Arten von elektrischer Ladung gibt. Sie werden positive und negative elektrische Ladung genannt. Das Lineal ist negativ geladen, das Tuch ist positiv geladen.
Lineal und Tuch sind also entgegengesetzt geladen. Wie verhalten sich solche Körper zueinander?

EXPERIMENT 4
1. Reibe das eine Ende eines Kunststoffstabes, der in der Mitte eine Vertiefung besitzt, mit einem Wolltuch!
2. Setze den Stab auf eine Spitze, sodass er sich drehen kann!
3. Nähere das Tuch von der einen Seite her dem Stab!
4. Nähere es danach von der gegenüberliegenden Seite!

Das geriebene Ende des Stabes bewegt sich auf das Tuch zu. Der positiv geladene und der negativ geladene Körper ziehen einander an.
Treten zwischen geladenen Körpern immer Anziehungskräfte auf?

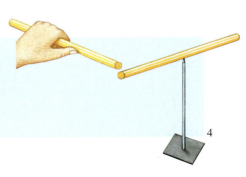

EXPERIMENT 5
1. Reibe das eine Ende eines Kunststoffstabes mit einem Wolltuch und lagere ihn auf einer Spitze!
2. Reibe das Ende eines zweiten Kunststoffstabes ebenfalls mit dem Wolltuch, sodass beide Stäbe negativ geladen sind!
3. Nähere den zweiten Stab dem drehbar gelagerten!

Es tritt eine abstoßende Kraft auf. In einem ähnlichen Experiment lässt sich zeigen, dass auch zwischen positiv geladenen Körpern Abstoßungskräfte auftreten.

Durch Reiben lassen sich bestimmte Körper elektrisch aufladen.
Elektrisch ungleichnamig geladene Körper ziehen einander an.
Elektrisch gleichnamig geladene Körper stoßen einander ab.

Elektroskop. Um Ladung auf einfache Art nachzuweisen, kann man auch ein Elektroskop benutzen (Bild 1). Im Inneren des Elektroskops befindet sich ein Zeiger mit Halterung.
Was geschieht, wenn man das Elektroskop mit einem geriebenen Kunststoffstab auflädt?

> **EXPERIMENT 6**
> 1. Reibe das eine Ende eines Kunststoffstabes mit einem Wolltuch!
> 2. Übertrage die Ladung des Stabes auf das Elektroskop, indem du das geriebene Ende des Stabes am oberen Kontakt des Elektroskops entlang bewegst!

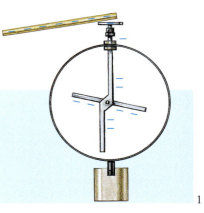

Der Zeiger schlägt aus. Zeiger und Halterung sind beide negativ geladen. Die gleichnamig geladenen Metallteile stoßen einander ab.

Influenz

Bei genauer Beobachtung im Experiment 6 fällt Folgendes auf: Der Zeiger schlägt schon aus, bevor der geriebene Stab den Kontakt des Elektroskops berührt hat. Diese Erscheinung nennt man Influenz. Die Influenz kommt durch die Abstoßung gleichnamiger elektrischer Ladung zustande.
Der negativ geladene Stab bewirkt, dass die negative Ladung im Elektroskop verschoben wird. Dadurch tritt im Bereich des Zeigers ein Überschuss an negativer Ladung auf. Positive Ladung bleibt im Kontakt zurück. Der Zeiger schlägt aus.

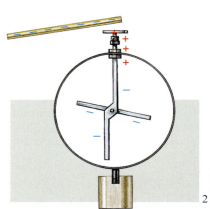

Ladung als physikalische Größe

Berührt man mit einem geriebenen Kunststoffstab die Elektrode eines Elektrometers, so schlägt der Zeiger etwas aus. Die übertragene Ladung ist gering, da der Kunststoffstab ein Isolator ist. Streicht man den Stab am Elektrometer ab, so wird immer mehr Ladung übertragen. Der Zeiger schlägt stärker aus. Ladung kann also in mehr oder weniger großen „Portionen" von einem Körper auf einen anderen übertragen werden.

Das Formelzeichen für die physikalische Größe Ladung ist Q (für englisch *quantity of electricity*). Die Einheit der Ladung ist nach dem französischen Physiker CHARLES AUGUSTIN DE COULOMB benannt (Bild 4). COULOMB hat als Erster die Kräfte zwischen elektrischen Ladungen gemessen.

Über 100 Jahre nach COULOMBs Experimenten stellte sich heraus, dass der elektrische Strom in einem metallischen Leiter mit dem Transport von *Elektronen* einher geht. Die Ladung von $6{,}24 \cdot 10^{18}$ Elektronen wird als ein Coulomb (1 C) bezeichnet. Ein Strom transportiert eine Ladung von 1 C, wenn seine Stromstärke 1 A beträgt und wenn er 1 s lang fließt.

> Das Formelzeichen für die physikalische Größe Ladung ist Q.
> Die Einheit für die physikalische Größe Ladung ist Coulomb (C).
> $6{,}24 \cdot 10^{18}$ Elektronen haben eine Ladung von einem Coulomb (1 C).

CHARLES AUGUSTIN DE COULOMB (1736–1806)

Elektrische Ladung und elektrischer Strom

Elektrisches Feld

Kräfte auf Probekörper. Wer seinen bloßen Arm an einem Fernsehbildschirm vorbei bewegt, kann spüren, dass sich dabei die Körperhaare aufrichten. Voraussetzung dafür ist, dass der Fernseher schon eine Zeit lang eingeschaltet ist. Woher rühren diese Kräfte, die auf die Haare ausgeübt werden?

EXPERIMENT 7
Die große Kugelelektrode eines Bandgenerators wird elektrisch aufgeladen. Dazu wird an der Kurbel gedreht. Dann bringt man einen kleinen leichten Schaumstoffkörper in die Nähe der Kugel, den man vorher mit einem geriebenen Kunststoffstab in Berührung gebracht hat. Der Schaumstoffkörper ist an einem Seidenfaden befestigt und wird um die Kugel herumgeführt.

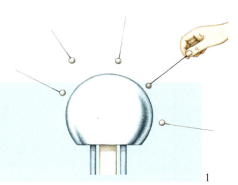

An allen Stellen treten Kräfte auf. Durch das Aufladen der Kugelelektrode befindet sich der Raum in ihrer Umgebung in einem besonderen Zustand. Dieser Zustand ist an den Kraftwirkungen auf Probekörper zu erkennen. Man nennt einen solchen Raum ein elektrisches Feld.

> Der Raum um einen elektrisch geladenen Körper hat besondere Eigenschaften: Auf einen elektrisch geladenen Probekörper werden Kräfte ausgeübt. Einen solchen Raum nennt man ein elektrisches Feld.

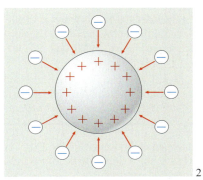

Kräfte auf geladene Probekörper im Raum um eine geladene Metallkugel

Auch in der Nähe des Fernsehbildschirms besteht ein elektrisches Feld. Es wird von den Elektronen hervorgerufen, die das Fernsehbild erzeugen. Diese sammeln sich teilweise auf dem Bildschirm. Das elektrische Feld bewirkt eine Ladungsverschiebung in den Körperhaaren. Daher werden sie von dem Fernsehbildschirm angezogen.

Elektrische Feldlinien. Auch mit dünnen Papierstreifen oder Fäden kann man untersuchen, wie die Kräfte auf Probekörper in der Umgebung einer geladenen Kugel gerichtet sind (Bild 3). Alle Streifen spreizen sich radial ab. An allen Stellen ist die Kraft vom Mittelpunkt der Kugel weg gerichtet.

Papierstreifen auf der geladenen Kugel

In Bild 4 sind kleine Papierreiter auf Nadelspitzen drehbar gelagert. Sie stehen in der Nähe ungleichnamig geladener Platten. In den Reitern kommt es zur Influenz. Die Reiter zeigen jeweils die Richtung der Kräfte an, die auf ihre Enden wirken. Zwischen den Platten verlaufen die Kräfte parallel. Im Außenraum ordnen sich die Papierreiter längs gekrümmter Linien an. Die Linien geben die Richtung der Kraft an den jeweiligen Stellen an. Diese Linien nennt man Feldlinien. Eine Darstellung mit mehreren solcher Feldlinien heißt Feldlinienbild.

An einem Feldlinienbild erkennt man, in welche Richtung die Kraft an den verschiedenen Stellen des Feldes auf einen geladenen Probekörper wirkt. Man hat verabredet, dass die Richtung der Feldlinien vom elektrisch positiv geladenen Körper zum negativ geladenen Körper verläuft. Die Feldlinien geben damit die Richtung der Kraft auf einen elektrisch positiv geladenen Probekörper an.

> Die elektrischen Feldlinien geben die Richtung der Kraft an, die in einem elektrischen Feld auf einen positiv geladenen Probekörper wirkt.

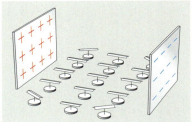

Papierreiter zeigen die Kraftrichtung an.

Das Feldlinienbild als Modell des elektrischen Feldes. Aus Experiment 7 erhält man nicht nur eine Aussage über die Richtung der Kraft, sondern auch eine Aussage über ihren Betrag. An einigen Stellen ist der Faden straff gespannt, an anderen weniger. Je näher sich der Probekörper an der Kugelelektrode befindet, desto größer ist die Kraft, mit der er angezogen wird.
Im Feldlinienbild einer geladenen Kugel (Bild 1) ist zu erkennen, dass die Linien in der Nähe der Kugel dicht gedrängt sind. Je größer der Abstand von der Kugel ist, umso weiter entfernen sich die gezeichneten Feldlinien voneinander. Auf diese Weise kennzeichnet ein Feldlinienbild nicht nur die Richtung der Kraft, sondern auch ihren Betrag. Je dichter die Feldlinien beieinander liegen, umso größer ist die Kraft auf einen geladenen Probekörper.
Beim Zeichnen eines Feldlinienbildes kann man die Anzahl der Feldlinien frei wählen. Der Übersichtlichkeit halber sollte man nicht zu viele Feldlinien zeichnen. Auch wenn die Feldlinien nur an wenigen Stellen gezeichnet sind, kann man aus dem Feldlinienbild erkennen, wie die Kraft an anderen Stellen des Feldes gerichtet und wie groß dort ihr Betrag ist.
Ein Feldlinienbild stellt die Eigenschaften eines elektrischen Feldes vereinfacht dar. Es ist ein Modell des elektrischen Feldes.

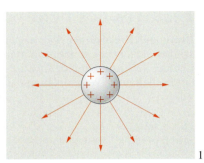

Feldlinienbild einer geladenen Kugel

> Das elektrische Feldlinienbild ist ein Modell des elektrischen Feldes. Es ermöglicht Aussagen über die Richtung und den Betrag der Kraft auf elektrisch geladene Probekörper.

Formen elektrischer Felder. Der Verlauf der elektrischen Feldlinien hängt davon ab, welche Form und welche Anordnung die Körper besitzen, die das Feld erzeugen.
Bild 2 zeigt zwei entgegengesetzt geladene Platten. Der Feldlinienverlauf kann mit Grießkörnchen, die auf Öl schwimmen, sichtbar gemacht werden. Die Grießkörnchen ordnen sich zu Ketten an. In Bild 3 ist das zugehörige elektrische Feldlinienbild gezeichnet. Zwischen den Platten verlaufen die Feldlinien parallel. Ein solches Feld nennt man ein homogenes Feld. Im homogenen Feld ist die Kraft auf einen geladenen Probekörper an allen Stellen gleich groß.

> Um eine elektrisch geladene Kugel bildet sich ein radiales Feld. Alle Feldlinien lassen sich geradlinig zum Mittelpunkt der Kugel verlängern. Zwischen zwei parallelen entgegengesetzt geladenen Platten tritt ein homogenes Feld auf. Die Feldlinien verlaufen parallel und im gleichen Abstand voneinander.

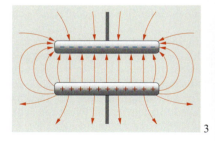

Die folgenden Bilder zeigen weitere Formen elektrischer Felder.

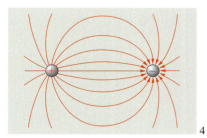

Ungleichnamig geladene Kugeln

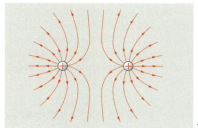

Gleichnamig geladene Kugeln

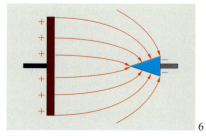

Spitze und Platte

Elektrischer Strom

Um einen Körper besonders stark aufzuladen, kann man einen Bandgenerator wie im Experiment 7 benutzen (Bild 1). Statt eines Kunststoffstabes wird hier ein kleiner Kunststoffklotz verwendet. Dieser Klotz wird gegen ein Seidenband gedrückt. Das Seidenband wird mit einer Kurbel in Bewegung versetzt und reibt ständig an dem Kunststoffklotz.
Dabei geht negative Ladung vom Band auf den Kunststoffklotz über. Diese sammelt sich auf der kleinen Metallkugel, die mit dem Klotz verbunden ist. Die kleine Kugel ist also negativ geladen.
Das Band trägt eine positive Ladung. Diese Ladung wird in die große Metallkugel transportiert. Dadurch ist die große Kugel positiv geladen.
Den Ladungszustand eines Bandgenerators kann man folgendermaßen sichtbar machen:

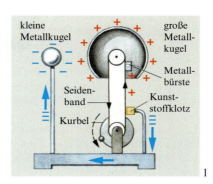

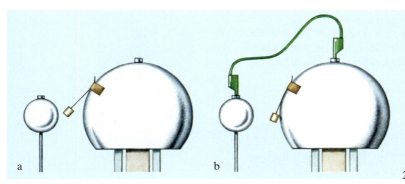

EXPERIMENT 8
Bevor der Bandgenerator in Betrieb gesetzt wird, befestigt man an der Seite der großen Kugel ein Holundermarkstückchen an einem kurzen Faden.
1. Der Bandgenerator wird in Betrieb gesetzt.
2. Nach Beendigung des Kurbelns wird einige Zeit abgewartet.
3. Die große und die kleine Kugel werden durch eine Leitung miteinander verbunden.

Zunächst wird das Holundermarkstückchen von der großen Kugel abgestoßen und von der kleinen Kugel angezogen, denn es ist ebenso wie die große Kugel positiv geladen. Diese Ladung bleibt auch erhalten, wenn das Band stillsteht. Sobald aber die große Kugel des Bandgenerators mit der kleinen Kugel über die Leitung miteinander verbunden wird, geht der Ausschlag des Holundermarkstückchens zurück. Große Kugel und kleine Kugel des Bandgenerators sind wieder elektrisch neutral.
Im Experiment 8 wurde zunächst Ladung von einem Körper auf einen zweiten transportiert. Danach ist sie durch die Leitung wieder zurückgeflossen. Dieser Vorgang heißt Ladungsausgleich.
Der Ladungsausgleich kann auch mit einer Glimmlampe untersucht werden.

EXPERIMENT 9
Ein Bandgenerator wird elektrisch aufgeladen. Große und kleine Kugel werden über eine Glimmlampe miteinander verbunden.

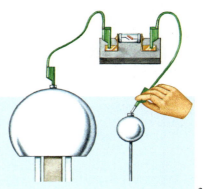

Die Glimmlampe leuchtet auf. Sie wird also von einem elektrischen Strom durchflossen. Der Strom fließt nicht mehr, wenn die große Kugel und die kleine Kugel des Bandgenerators wieder neutral sind.

> Beim Ladungsausgleich zwischen ungleichnamig geladenen Körpern fließt ein elektrischer Strom.

Elektrizitätsquellen

Wenn man einen elektrischen Strom erzeugen will, braucht man eine Elektrizitätsquelle. Du kennst bereits verschiedene Elektrizitätsquellen: die Batterie in der Taschenlampe, die Monozelle in deinem Taschenrechner, die Solarzelle in der Armbanduhr, den Fahrraddynamo, den Akkumulator im Pkw und den Transformator von einer Modelleisenbahn.

Damit der Fahrraddynamo einen elektrischen Strom erzeugen kann, muss sich das Rad drehen (Bild 1). Beim Radfahren mit Licht musst du etwas kräftiger in die Pedale treten.

Eine Monozelle erzeugt den elektrischen Strom durch chemische Vorgänge (Bild 2). In dieser Zelle wird Zink in ein Zinksalz umgewandelt. An einer „verbrauchten" Taschenlampenbatterie hast du vielleicht schon einmal gesehen, dass ein Zinkbecher von der Salmiaklösung angefressen wurde. Dieser chemische Prozess ist die Voraussetzung dafür, dass diese Elektrizitätsquelle einen elektrischen Strom erzeugen kann.

Eine Flachbatterie besteht aus 3 Monozellen. Ähnlich ist es beim Akkumulator eines Pkw, wo mehrere einzelne Zellen miteinander verbunden sind (Bild 4). Dadurch kann ein stärkerer elektrischer Strom hervorgerufen werden.

Ein Solarmodul (Bild 3) liefert nur dann elektrischen Strom, wenn Licht auftrifft. Es besteht aus vielen einzelnen Solarzellen.

1

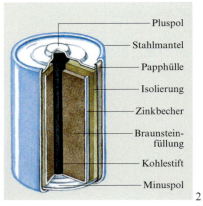
2

3

4

Als Elektrizitätsquellen für Experimente werden oft so genannte Netzgeräte verwendet (Bild 5). Sie werden an die Steckdose angeschlossen und liefern einen ungefährlichen Strom.

> In Elektrizitätsquellen wie Batterien, Generatoren und Solarzellen kann elektrische Ladung in Bewegung gesetzt werden.

Pole einer Elektrizitätsquelle. Monozellen, Taschenlampenbatterien, Akkumulatoren und Solarzellen erzeugen einen Strom, der immer in gleicher Richtung fließt. Einen solchen Strom nennt man Gleichstrom. Die Anschlusskontakte einer Elektrizitätsquelle heißen Pole. Man bezeichnet sie mit „+" und „–" und nennt sie Pluspol und Minuspol.

Bei batteriebetriebenen Geräten ist meistens eine vorgesehene Polung angegeben, die beim Einsetzen der Batterien zu beachten ist.

5

Elektrische Stromstärke

Durch die Glühlampe im Rücklicht eines Fahrrades fließt nur ein schwacher elektrischer Strom. Sie leuchtet nur wenig. Da ist die Glühlampe im Scheinwerfer viel heller! In der Scheinwerferlampe fließt ein stärkerer Strom.

Den Unterschied zwischen einem starken und einem schwachen Strom kann man sich folgendermaßen vorstellen: Im Bild 1 führen die Abflussrohre von zwei Dächern jeweils zu einer Regentonne. Das rechte Dach ist größer als das linke. Bei Regen strömt unterschiedlich viel Wasser aus den beiden Rohren, die rechte Tonne füllt sich viel schneller als die linke. Durch das rechte Rohr fließt in einer Sekunde viel mehr Wasser als durch das linke. Die Stärke des Wasserstromes ist im rechten Rohr größer als im linken.

Ähnlich wie beim Wasserstrom ist die Stärke des elektrischen Stromes umso größer, je mehr Ladung in einer Sekunde durch den Draht hindurchfließt. So bewegt sich z. B. durch die Glühlampe im Scheinwerfer des Fahrrades je Sekunde mehr Ladung als durch die Glühlampe im Rücklicht.

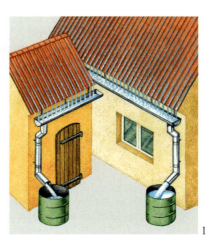

> Die elektrische Stromstärke gibt an, wie viel Ladung sich in einer bestimmten Zeit durch den Querschnitt eines Leiters bewegt.

Das Formelzeichen für die elektrische Stromstärke ist I (vom englischen Wort *intensity*). Die Einheit der Stromstärke ist Ampere (A). Sie wurde nach dem französischen Physiker ANDRÉ-MARIE AMPÈRE benannt. Oft wird auch das Milliampere (mA) verwendet. Es gilt: 1 A = 1 000 mA. Ein Ampere ist etwa die Stärke des Stromes, der in einem Spielzeugauto oder durch einen kleinen Wärmestrahler fließt.

Beispiele für Stromstärken

Glimmlampe	0,01 A
Energiesparlampe	0,05 A
Glühlampe, 100 W	0,4 A
Farbfernseher	0,4 A
Fahrradscheinwerfer	0,5 A
Elektroherd	10 A
Autoanlasser	50 A
Blitz	etwa 100 000 A

> Das Formelzeichen der elektrischen Stromstärke ist I.
> Die Einheit der elektrischen Stromstärke ist Ampere (A).

Messen der elektrischen Stromstärke. Zum Messen der elektrischen Stromstärke verwendet man so genannte Strommesser. Sie zeigen mit einem Zeiger (Bild 2) oder mit Ziffern die jeweilige Stromstärke an. Bei einem Drehspulinstrument wird die magnetische Wirkung des elektrischen Stromes genutzt (siehe S. 152). Eine Spule ist drehbar zwischen zwei Magnetpolen gelagert. Je größer die Stromstärke in der Spule ist, desto weiter dreht sie sich um ihre Achse. Dieser Bewegung wirken Spiralfedern entgegen. An der Achse ist ein Zeiger befestigt, der sich über eine Skala bewegt. Wird die Stromstärke kleiner, so bewegt sich der Zeiger wieder zurück.

Um die Stromstärke zu messen, muss man den Stromkreis öffnen und an dieser Stelle das Messgerät einfügen. Es ist dann „in Reihe" mit dem elektrischen Gerät geschaltet. Die gesamte Ladung, die durch das Gerät fließt, muss auch durch den Strommesser hindurch. Dieser misst gewissermaßen die Ladung, die sich in einer Sekunde durch ihn hindurch bewegt.

Beim Anschließen eines Strommessers sollte die Leitung, die vom Pluspol (bzw. vom Minuspol) der Elektrizitätsquelle kommt, stets in die mit „+" (bzw. mit „–") gekennzeichnete Buchse führen.

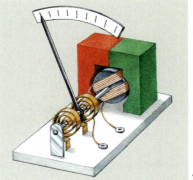

Drehspulinstrument

> Zum Messen der Stromstärke in einem elektrischen Gerät muss der Strommesser mit dem elektrischen Gerät in Reihe geschaltet werden.

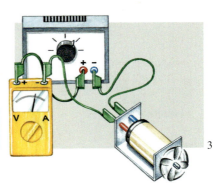

Wirkungen des elektrischen Stromes

Magnetische Wirkung. Nach dem Drücken des Klingelknopfes ertönt der Türgong. Wie funktioniert das?

EXPERIMENT 10
Ein Kupferdraht wird straff zwischen zwei Isolierstützen gespannt. Seine Enden werden über einen Schalter mit den Polen einer Batterie verbunden. Dicht unter dem Draht befindet sich eine Magnetnadel.

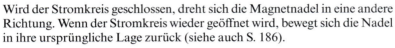

Wird der Stromkreis geschlossen, dreht sich die Magnetnadel in eine andere Richtung. Wenn der Stromkreis wieder geöffnet wird, bewegt sich die Nadel in ihre ursprüngliche Lage zurück (siehe auch S. 186).

> Fließt ein elektrischer Strom durch einen Leiter, so treten in seiner Umgebung magnetische Kräfte auf.

Diese magnetische Wirkung wird im Türgong genutzt. Beim Einschalten des elektrischen Stromes zieht eine Spule den Eisenkern an (Bild 3a). Der Eisenkern schlägt gegen die Metallplatte und bringt diese zum Tönen. Wird der Stromkreis geöffnet, so lässt die Spule den Eisenkern wieder los (Bild 3b). Er fällt herunter und stößt gegen eine zweite Metallplatte.
Die magnetische Wirkung des elektrischen Stromes wird auch in Elektromotoren genutzt (siehe S. 189).

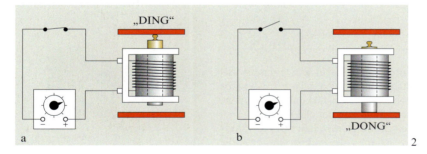

Wärmewirkung. Die Wärmewirkung des elektrischen Stromes hast du z. B. schon beim elektrischen Herd, beim Wasserkocher und beim Haartrockner beobachtet. Wie funktionieren diese Geräte?

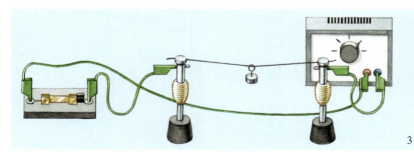

EXPERIMENT 11
Ein dünner Eisendraht wird zwischen zwei Isolierstützen straff gespannt. Die Enden dieses Drahtes werden über einen Schalter mit den Polen einer Elektrizitätsquelle verbunden. Der Stromkreis wird geschlossen.

Elektrische Ladung und elektrischer Strom

Der Draht hängt immer mehr durch. Daran erkennt man, dass er sich erwärmt. Schließlich glüht er sogar. Wenn man das Experiment mit einem Draht aus einem anderen Metall durchführt, erhält man dasselbe Ergebnis. Auch andere Leiter (Kohle, Salzlösung) werden vom elektrischen Strom erwärmt.

> Fließt ein elektrischer Strom durch einen Leiter, so wird der Leiter erwärmt.

In den Kochplatten des elektrischen Herdes und im Haartrockner befinden sich dünne Metalldrähte, die dadurch erhitzt werden, dass ein elektrischer Strom hindurchfließt. In Glühlampen und Toastern sind diese Drähte gut zu sehen (Bild 1). Dort werden sie so stark erhitzt, dass sie hell glühen.

Chemische Wirkung. Akkumulatoren kann man wieder aufladen. Im Pkw erfolgt das Aufladen durch die Lichtmaschine. Auch manche Monozellen können wieder aufgeladen werden. Hierbei wird die chemische Wirkung des elektrischen Stromes genutzt.

EXPERIMENT 12
Ein Schlüssel und eine Kupferplatte befinden sich in Wasser, in dem Kupfersulfat aufgelöst wurde. Der Schlüssel wird mit dem Minuspol der Elektrizitätsquelle verbunden, die Kupferplatte mit dem Pluspol.

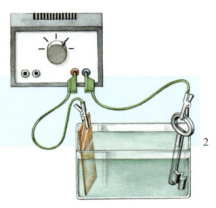

Nach einigen Minuten hat sich auf dem Schlüssel ein Überzug aus Kupfer gebildet, während an der Kupferplatte Gasbläschen aufsteigen. Der elektrische Strom hat eine chemische Veränderung bewirkt.

> Fließt ein elektrischer Strom durch eine Flüssigkeit, so kann er an den eintauchenden Körpern chemische Veränderungen hervorrufen.

Lichtwirkung. In Glühlampen wird die Wärmewirkung des elektrischen Stromes genutzt. Bei hohen Temperaturen glüht der Draht in der Lampe und sendet dadurch Licht aus. Energiesparlampen erzeugen mit dem gleichen elektrischen Strom viel mehr Licht (Bild 3). Sie werden nicht so heiß wie Glühlampen. Auf welche Weise erzeugen sie das Licht?
Unter bestimmten Bedingungen kann der elektrische Strom auch durch ein Gas fließen.

Energiesparlampe

EXPERIMENT 13
Aus einem Glasrohr ist die Luft teilweise herausgesaugt worden. Die Anschlüsse des Rohres sind mit einer Elektrizitätsquelle verbunden. Die verdünnte Luft leuchtet violett.

Glimmlampen enthalten das Edelgas Neon. Fließt elektrischer Strom durch dieses Gas, so leuchtet es rot (Bild 5). Bei Leuchtstoffröhren und Energiesparlampen wird die Lichtfarbe durch den Leuchtstoff verändert, der als dünne Schicht innen auf dem Glasrohr angebracht ist.

> Fließt ein elektrischer Strom durch ein verdünntes Gas, so kann er dieses Gas zum Leuchten anregen.

Der einfache elektrische Stromkreis

Du willst eine Glühlampe mit einer Flachbatterie zum Leuchten bringen. Wie musst du die Glühlampe an die Batterie anschließen (Bild 1)?
Du brauchst zwei elektrische Leitungen. Das können Kabel sein. In einem Kabel befindet sich ein Bündel dünner Metalldrähte. Der Minuspol der Batterie wird durch ein Kabel mit dem einen Anschluss der Glühlampe verbunden. Den anderen Anschluss der Glühlampe verbindest du mit dem zweiten Kabel mit dem Pluspol der Batterie. Der Strom fließt von dem einen Pol der Batterie durch das erste Kabel bis zur Glühlampe, durch die Glühlampe hindurch und im zweiten Kabel zum anderen Pol der Batterie zurück. Anstelle der Glühlampe kann auch ein anderes elektrisches Gerät (z. B. ein Motor) in den Stromkreis eingeschaltet werden.
Da der elektrische Strom immer „rund herum" fließt, nennt man diese Schaltung einen Strom„kreis".

1

> Ein einfacher elektrischer Stromkreis besteht aus einer Elektrizitätsquelle, einem elektrischen Gerät und elektrischen Leitungen.

Meist wird noch ein Schalter in den Stromkreis eingeschaltet (Bild 2). Das kann so erfolgen, dass der Strom von dem einen Pol der Elektrizitätsquelle zum Schalter fließt, vom Schalter zur Glühlampe usw. Mithilfe dieses Schalters kann man den Stromkreis schließen und öffnen.

> Ein elektrischer Strom kann nur in einem geschlossenen Stromkreis fließen.

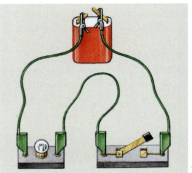
2

Wenn du z. B. die elektrische Beleuchtung in deinem Zimmer einschalten willst, dann musst du den Schalter betätigen. Damit schließt du den Stromkreis. Beim Ausschalten wird der Stromkreis wieder unterbrochen.
Beim Zeichnen kann man den Stromkreis vereinfacht darstellen. Man zeichnet nur einen Schaltplan (Bild 5). Dabei benutzt man für die einzelnen Bauelemente bestimmte Schaltzeichen.

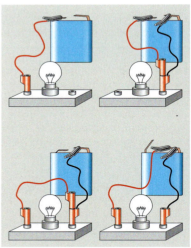

Hier leuchtet keine Lampe.
3

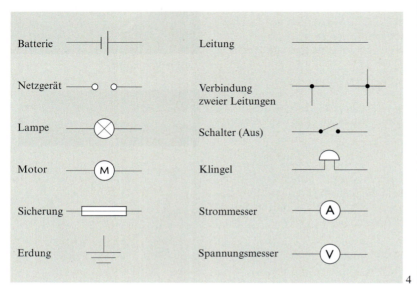
4

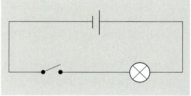
5

Elektrische Ladung und elektrischer Strom

Gefahren im Umgang mit elektrischem Strom

Der menschliche Körper ist ein elektrischer Leiter. Deshalb kann elektrischer Strom durch unseren Körper fließen.
Die Wärmewirkung des Stromes kann starke Verbrennungen hervorrufen. Durch die chemische Wirkung können Körperzellen geschädigt werden. Der elektrische Strom kann auch Zuckungen und Verkrampfungen der Muskeln bewirken. Im schlimmsten Falle kann dies zu Lähmungen oder zum Herzstillstand führen.

Von einer Elektrizitätsquelle mit weniger als 24 Volt gehen nur geringe Gefahren aus. Deshalb kannst du die Pole einer Monozelle oder eines 9-Volt-Blocks berühren, ohne dass dir etwas geschieht. Spannungen über 24 Volt sind gefährlich, weil dabei stärkere Ströme auftreten können. Bei solchen Spannungen darf der elektrische Strom nicht durch deinen Körper fließen! Bereits das Berühren eines Pols einer Elektrizitätsquelle ist gefährlich, wenn der Strom zum Erdboden fließen kann. Dadurch kann ein geschlossener elektrischer Stromkreis auftreten (Bild 1).
Aus diesem Grunde sind gefährliche Teile von Elektrizitätsquellen so geschützt angeordnet, dass man sie nicht versehentlich berühren kann. Auch alle stromführenden Leitungen, die z. B. zu Steckdosen und Lampen führen, sind so gut isoliert, dass sie berührungssicher sind.

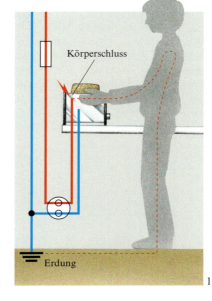

1

Um deine Gesundheit zu schützen, solltest du folgende Regeln beachten:

1. Berühre nie blanke oder defekte Leitungen, die an eine Netzsteckdose angeschlossen sind! Berühre nie die Pole einer Steckdose!

4. Benutze zum Experimentieren nur Elektrizitätsquellen mit weniger als 24 Volt, weil von diesen keine großen Gefahren ausgehen!

2. Berühre elektrische Geräte und Schalter nicht mit feuchten Händen! Bringe keine elektrischen Geräte an feuchte Stellen! Stelle keine elektrischen Geräte in der Nähe eines Waschbeckens oder einer Badewanne auf, denn Wasser leitet den elektrischen Strom!

5. Schließe die Elektrizitätsquelle erst an, wenn du deinen Experimentieraufbau zusammengestellt hast und deine Lehrerin bzw. dein Lehrer ihn überprüft hat!

3. Lass nie in der Nähe von Hochspannungsleitungen oder Oberleitungen der Eisenbahn Drachen steigen!

Elektrizität aus dem Froschschenkel

Der italienische Arzt und Anatomieprofessor LUIGI GALVANI machte Ende 1780 eine ihm unerklärliche Beobachtung: „Ich sezierte einen Frosch und präparierte ihn, wie die Abbildung (links) zeigt und legte ihn auf einen Tisch … Wie nun der eine von den Leuten, die mir zur Hand gingen, mit der Spitze des Skalpellmessers den inneren Schenkelnerv (D) des Frosches zufällig ganz leicht berührte, schienen sich alle Muskeln derart zusammenzuziehen, als wären sie von Krämpfen befallen."

Bei seinen nachfolgenden Experimenten stellte er fest, dass die Zuckungen besonders heftig waren, wenn er den Froschschenkel an zwei Stellen mit zwei in Reihe geschalteten verschiedenen Metallen berührte (Bild 2).

LUIGI GALVANI (1737 – 1798)

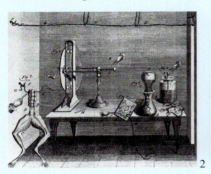

Einer der eifrigsten Experimentatoren, die GALVANIS Experimente wiederholten und weiterführten, war der italienische Physiker ALESSANDRO VOLTA. Er entwickelte die ersten Elektrizitätsquellen, die über längere Zeit starke Ströme erzeugen konnten.

Seinen „Becherapparat" beschreibt VOLTA wie folgt: „Man ordnet eine Reihe von mehreren Tassen, gläserne (kleine Trinkgläser oder Becher) sind am besten geeignet, die zur Hälfte mit reinem Wasser, oder besser mit Salzwasser oder Lauge gefüllt sind; man verbindet sie und bildet aus ihnen eine Art Kette mittels ebenso vieler metallener Bögen, von denen ein Arm A aus Kupfer oder Messing ist, während der andere Z, welcher in den folgenden Becher taucht, aus Zinn oder besser Zink ist. Die beiden Metalle, aus denen jeder Bogen besteht, sind an irgend einer Stelle oberhalb der Flüssigkeit zusammengelötet."

Die von VOLTA weiterentwickelten „galvanischen Elemente" führten zu einer Reihe neuer Entdeckungen auf dem Gebiet der Elektrizität:
- im Jahre 1800 wurde Wasser mit dieser Elektrizitätsquelle in seine Bestandteile zerlegt,
- 1805 wurde ein dünner Platindraht zum Glühen und Schmelzen gebracht,
- 1820 wurde die magnetische Wirkung des elektrischen Stromes entdeckt.

VOLTAS Experimente erregten großes Aufsehen. 1801 ließ sich NAPOLEON die Experimente von VOLTA vorführen (Bild 5).

Elektrische Ladung und elektrischer Strom

AUFGABEN

1. Auf welche Weise kannst du einen Körper elektrisch aufladen?
2. Wie kannst du herausfinden, ob ein Körper elektrisch geladen ist? Gib zwei Möglichkeiten an!
3. Wo hast du schon beobachtet, dass ein Körper elektrisch aufgeladen wurde?
4. Wie kannst du bei einem geriebenen Körper mit einer Glimmlampe feststellen, welcher Pol der Minuspol ist?
5. Wie kannst du einen elektrisch geladenen Körper entladen?
6. Wenn du eine mit Wolle geriebene Kunststofffolie an verschiedenen Stellen mit einer Glimmlampe abtastest, leuchtet diese mehrfach auf. Gib eine Erklärung dafür!
7. Wie funktioniert ein Elektroskop?
8. Warum fliegt ein Watteflöckchen mehrmals zwischen zwei elektrisch geladenen Kugeln hin und her?

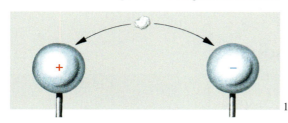

9. In Bild 2 hängen zwei Weihnachtsbaumkugeln an seidenen Fäden. Was geschieht, wenn du beide mit einem geriebenen Lineal berührst? Wie verhalten sich die Kugeln, wenn du eine mit dem geriebenen Lineal und die andere mit dem Wolltuch berührst?

10. Aus welchen Teilen besteht ein einfacher elektrischer Stromkreis?
11. Zeichne den Stromkreis bei einem elektrischen Weidezaun, wenn ein Tier den Draht berührt!
12. Gib für drei Geräte, die ihr zu Hause habt, an, welche Wirkung des elektrischen Stromes in ihnen genutzt wird!
13. Zeichne einen elektrischen Stromkreis. Benutze dabei die Schaltzeichen für eine Elektrizitätsquelle, eine Glühlampe und einen Schalter!
14. Nenne Gefahrenquellen beim Umgang mit elektrischem Strom!

ZUSAMMENFASSUNG

Elektrisch ungleichnamig geladene Körper ziehen einander an.
Elektrisch gleichnamig geladene Körper stoßen einander ab.
Beim Ladungsausgleich zwischen ungleichnamig geladenen Körpern fließt ein elektrischer Strom.

In der Umgebung geladener Körper hat der Raum besondere Eigenschaften. Einen solchen Raum nennt man ein elektrisches Feld.

Die elektrische Stromstärke gibt an, wie viel Ladung sich in einer bestimmten Zeit durch den Querschnitt eines Leiters bewegt.
Formelzeichen: I
Einheit: Ampere (A)

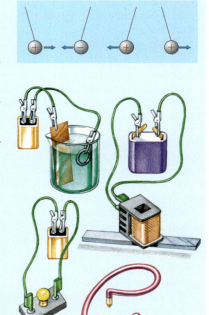

Chemische Wirkung
Durchfließt ein Strom eine Flüssigkeit, so kann er an den eintauchenden Körpern chemische Veränderungen hervorrufen.

Wärmewirkung
Ein Leiter, der von einem Strom durchflossen wird, erwärmt sich.

Magnetische Wirkung
In der Umgebung eines stromdurchflossenen Leiters wirken magnetische Kräfte.

Lichtwirkung
Fließt ein elektrischer Strom durch ein verdünntes Gas, so kann er das Gas zum Leuchten anregen.

Elektrische Spannung

Es gibt viele Leute, die gern saure Gurken essen. Das übrig gebliebene Gurkenwasser braucht man nicht wegzugießen. Stellst du in das saure Gurkenwasser zwei Bleche aus Kupfer und Zink, hast du eine Elektrizitätsquelle, die einen sich leicht drehenden Spielzeugmotor antreiben kann.
Du glaubst das nicht? –
Probiere es aus!
Anstelle des Gurkenwassers kannst du auch Salzwasser nehmen.

Die Spannung einer Elektrizitätsquelle

Mit der „Gurkenwasser-Elektrizitätsquelle" könntest du allerdings keine Lampe zum Leuchten bringen. Ebenso würdest du es nicht schaffen, mit einer Batterie einen Föhn oder einen Toaster zu betreiben. Dazu brauchst du eine andere Elektrizitätsquelle.
In einer Elektrizitätsquelle wird die Ladung bewegt. Dadurch wird der Strom angetrieben. Unterschiedliche Elektrizitätsquellen können den Strom unterschiedlich stark antreiben.
Dieser Antrieb wird elektrische Spannung genannt. Das Formelzeichen für die elektrische Spannung ist U.

> Die elektrische Spannung gibt an, wie stark der Antrieb des Stromes durch eine Elektrizitätsquelle ist.
> Die Einheit der elektrischen Spannung ist Volt (V).

ALESSANDRO VOLTA (1745–1827)

Die Einheit der Spannung Volt wurde nach dem italienischen Physiker ALESSANDRO VOLTA benannt. Eine größere Einheit, die oft in der Technik benutzt wird, ist das Kilovolt (kV). Es gilt: 1 kV = 1 000 V.
VOLTA hat ähnliche Experimente wie in Bild 1 mit verschiedenen Metallen und Flüssigkeiten gemacht (siehe S. 156). Die Spannung, die wir heute 1 Volt nennen, entspricht ungefähr der Spannung, die VOLTA mit seinem Kupfer-Zink-Element erreicht hat.
Auf jeder Batterie findet sich eine Angabe über die Spannung der Batterie. Aber auch auf elektrischen Geräten ist stets angegeben, für welche Spannung sie gebaut sind. Wird eine Fahrrad-Glühlampe an die verschiedenen elektrischen Quellen im Bild 3 angeschlossen, so erkennt man: Die 1,5-V-Zelle reicht nicht aus, um die Lampe zum Leuchten zu bringen. Bei der Flachbatterie mit 4,5 V leuchtet die Lampe hell, bei dem Block mit 6 V wird sie noch heller. Schließt man sie an den Block mit 9 V an, glüht sie kurzzeitig auf, und dann brennt der Glühfaden durch.

Elektrische Spannung

Messen der elektrischen Spannung. Zum Messen der elektrischen Spannung verwendet man Spannungsmesser. Sie zeigen mit einem Zeiger (Bild 1) oder mit Ziffern die jeweilige Spannung an.
Elektrische Messgeräte sind meist Vielfachmessgeräte. Außer der Spannung können sie auch die elektrische Stromstärke sowie weitere elektrische Größen messen.
Will man im Stromkreis z. B. die Spannung zwischen den Polen einer Elektrizitätsquelle messen, so verbindet man sie mit den Buchsen des Spannungsmessers. Dabei muss die mit „–" gekennzeichnete Buchse mit dem Minuspol der Elektrizitätsquelle und die mit „+" beschriftete Buchse mit dem Pluspol verbunden werden.

Beispiele für Spannungen			
Monozelle	1,5 V	Zitteraal	800 V
Fahrraddynamo	6 V	Generator im Kraftwerk	15 000 V
Lichtmaschine im Pkw	12 V	geriebener Kunststoffstab	50 000 V
Zitterrochen	über 100 V	kleiner Bandgenerator	100 000 V
Spannung aus der Steckdose	230 V	Blitz	etwa 1 000 000 000 V

Schon gewusst?
Ein Drehspulinstrument (siehe S. 151) kann auch als Spannungsmesser eingesetzt werden, denn je größer die anliegende Spannung ist, desto größer ist auch die Stromstärke im Messgerät. Die Stromstärke wird also auf eine entsprechende Spannung zurückgeführt, die dann auf einer geeigneten Skala angezeigt wird. Die meisten Drehspulinstrumente sind Vielfachmessgeräte, an denen man zwischen Strom- und Spannungsmessung umschalten kann.

Leerlaufspannung und Klemmenspannung. Auf einer Elektrizitätsquelle ist immer die Angabe der elektrischen Spannung aufgedruckt, die sie bereitstellt. So steht auf einer Monozelle z. B. 1,5 V und auf einer Flachbatterie 4,5 V.
Die Spannung zwischen den Polen einer Elektrizitätsquelle verändert sich jedoch, wenn ein elektrisches Gerät angeschlossen wird:

EXPERIMENT 1
1. Baue die Schaltung nach dem Schaltplan auf. Verwende dabei als Elektrizitätsquelle eine Monozelle. Ermittle mit dem Spannungsmesser die Spannung zwischen den Polen der Monozelle. Notiere die Spannung unter „Leerlaufspannung"!
2. Schließe den Stromkreis, sodass durch das elektrische Gerät ein Strom fließt. Lies am Spannungsmesser die Spannung ab und notiere sie unter „Klemmenspannung"!

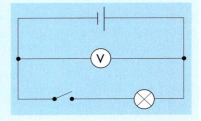

Nach dem Einschalten des elektrischen Gerätes ist die Spannung kleiner. Die Spannung, die zwischen den Polen einer Elektrizitätsquelle auftritt, wenn kein Strom fließt, nennt man Leerlaufspannung U_{Leer}. Die Klemmenspannung U_{Kl} ist die Spannung zwischen den Polen einer Elektrizitätsquelle, wenn ein Strom fließt. Die Messergebnisse zeigen:

Die Klemmenspannung ist stets kleiner als die Leerlaufspannung:
$U_{\text{Kl}} < U_{\text{Leer}}$.

Den Unterschied zwischen Leerlaufspannung und Klemmenspannung kann man sich folgendermaßen erklären: Die Elektrizitätsquelle liefert den Antrieb für den elektrischen Strom. Dieser Strom fließt nicht nur von einem Pol der Elektrizitätsquelle durch die Leitungen und das elektrische Gerät zum anderen Pol. Er fließt auch innerhalb der Elektrizitätsquelle selbst. Auch dafür ist ein Antrieb erforderlich. Dies macht sich jedoch erst bemerkbar, wenn tatsächlich ein Strom fließt.

Übrigens
Da eine Elektrizitätsquelle eine Spannung bereitstellt und einen Strom erzeugen kann, nennt man sie häufig auch Spannungsquelle oder Stromquelle.

Spannungen und Ströme in Lebewesen

Elektrische Fische

Bereits einige Jahrhunderte vor Christi Geburt haben ARISTOTELES und andere griechische Philosophen die von einem Fisch, dem Zitterrochen, ausgehende „betäubende" Wirkung beschrieben (Bild 1). Um 230 nach Christi Geburt wird in der römischen Literatur darüber berichtet, dass sich die betäubende Wirkung auch dann noch bemerkbar macht, wenn man den Zitterrochen bereits aus dem Wasser genommen hat und dieses z. B. über eine Hand gießt. Der Zitterrochen hat das Wasser elektrisch geladen.
Zitterrochen sind 60 cm bis 1 m lang. Sie bewohnen hauptsächlich die Küsten tropischer und subtropischer Meere. Sie sind im Mittelmeer zu finden, aber auch an der Ostküste des Atlantischen Ozeans.
Zitterrochen haben an beiden Seiten des Vorderkörpers Muskeln, die zu elektrischen Organen umgebildet sind. Das sind viele kleine Säulen, die aus hunderten von Scheiben bestehen (Bild 2). Wenn das Nervensystem eines Rochens angeregt wird, so lädt sich die Oberseite jeder Scheibe positiv und die Unterseite negativ auf. Auf diese Weise erzeugt er Spannungen von über 100 V. Die Entladungen folgen in kurzen Abständen nacheinander. Die Zitterrochen setzen ihre elektrischen Organe dazu ein, um ihre Beute zu lähmen oder zu töten. Die Rochen liegen im Sand vergraben. Wenn sich ein Beutetier annähert, schießen sie plötzlich hervor, töten es elektrisch und verschlingen es. Die elektrischen Organe der Zitterrochen stellen aber auch eine wirksame Waffe gegen ihre Feinde dar. Außerdem können Rochen sich durch elektrische Spannungsstöße untereinander verständigen.

Nach der Entdeckung Amerikas gelangten Berichte über einen elektrischen Fisch im Urwald des Amazonas nach Europa. Beim Durchwaten von flachen Wasserstellen hatten Goldsucher und ihre Pferde kräftige elektrische Schläge verspürt, die sie zu Boden warfen. Die Lähmung der Beine ging erst nach Tagen zurück.
Der elektrische Fisch war der Zitteraal, der eine Länge von 2 m erreicht (Bild 3). Er kann elektrische Spannungen von 800 V und Stromstärken von über 1 A erzeugen. Die elektrischen Organe des Zitteraals bestehen aus 6 000 „elektrischen Zellen", die „in Reihe geschaltet" sind. Die Spannungen müssen deshalb höher als beim Zitterrochen sein, weil das Süßwasser des Amazonas ein schlechterer elektrischer Leiter als das Salzwasser des Meeres ist. Auch in Afrika gibt es elektrische Fische, die Nilhechte. Sie benutzen die elektrische Spannung aber nur zur Orientierung im Wasser und zum Aufspüren von Beute.

1

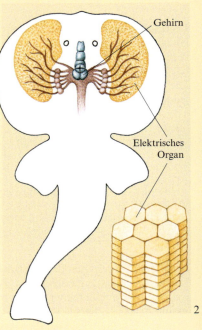

Gehirn

Elektrisches Organ

2

3

Elektrische Spannung

Spannungen und Ströme im menschlichen Körper

Unser Körper ist ein elektrischer Leiter. Im Blut des Menschen sind Salze gelöst. Deshalb ist unser Körper ein elektrischer Leiter (Bild 1). Wie groß der Strom durch unseren Körper ist, hängt zum einen von der benutzten Elektrizitätsquelle ab. Es spielt aber auch eine Rolle, wie gut der Übergang zwischen den metallischen Kontakten und der Haut ist. Je kräftiger man zufasst, desto größer wird der elektrische Strom. Noch größer wird der Strom, wenn die Hände feucht sind.

Wirkungen des elektrischen Stromes im Körper. Am besten kann der elektrische Strom durch die Blutgefäße fließen. Diese gehen auch durch die Muskeln. Dadurch ist es möglich, dass der Strom die Tätigkeit der Muskeln stört. Es können Zuckungen und Verkrampfungen auftreten. Fließt der Strom durch das Herz, so kann sich der Herzmuskel verkrampfen und das Herz hört auf zu schlagen.
Wie groß die Wirkung des elektrischen Stromes auf den Körper ist, hängt von der Stromstärke ab.
Stromstärken von
- 1 mA kann man wahrnehmen,
- 10 mA rufen ein unangenehmes Kribbeln hervor,
- 15 mA verursachen Schmerzen,
- 30 mA sind lebensgefährlich.

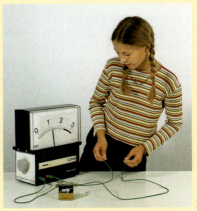

Dieses Experiment darf nur mit einer Batterie durchgeführt werden.

Außerdem ist es von Bedeutung, welche Körperteile durchflossen werden. Besonders gefährlich ist es, wenn der elektrische Strom durch den Brustkorb und damit durch das Herz fließt. Dann ist es möglich, dass das Herz aus dem Rhythmus gerät und der Tod eintritt.
Eine weitere Gefahr besteht darin, dass es durch die Wärmewirkung des elektrischen Stromes zu Verbrennungen entlang der Blutbahnen kommt.

Spannungen in den menschlichen Nervenzellen. Der menschliche Körper enthält etwa 20 Milliarden Nervenzellen. Ihre Aufgabe ist die Weiterleitung von Informationen, z. B. vom Gehirn an die Muskeln oder von der Haut an das Gehirn. Die Nervenzellen haben lange Fortsätze (Neuriten), die elektrische Erregungen weiterleiten können. Die Neuriten können mehrere Meter lang sein (Bild 2).
Eine Spannungsmessung an Neuriten kann erfolgen, indem eine Elektrode direkt in den Neuriten eingestochen wird und die andere außerhalb bleibt. Normalerweise misst man dann eine Spannung von etwa 0,07 V. Wird die Nervenzelle z. B. am Zellkörper erregt, so erhöht sich dort die Spannung. Die Erregung wandert dann durch den Neuriten, sodass man an einer Messstelle für kurze Zeit eine Spannung von 0,09 V feststellen kann.
Solche Erregungen wandern mit einer Geschwindigkeit von etwa 100 m/s durch die Neuriten.

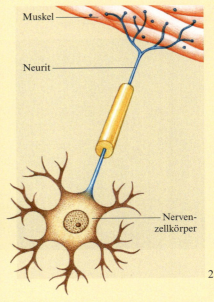

AUFGABEN

1. Beim Reiben von Kunststoffen kann Elektrizität auftreten. Beschreibe einen Vorgang, bei dem du in einem solchen Zusammenhang ein „Kribbeln" gespürt hast!
2. Informiere dich in einem Nachschlagewerk über das Leben und Wirken von LUIGI GALVANI und berichte darüber!
3. Stelle eine Übersicht über die Gefahren des elektrischen Stromes zusammen und beschreibe die Schlussfolgerungen, die du daraus ziehen kannst!
4. Welche Eigenschaft einer Elektrizitätsquelle wird durch die Spannung beschrieben?
5. Warum erzeugen die Zitteraale eine größere elektrische Spannung als die Zitterrochen?

Wenn es blitzt und donnert

Entstehung von Gewittern. Im Sommer kommt es an schwülen Tagen oft zu Gewittern. Die Sonne erwärmt die Erdoberfläche und damit die Luft in der Nähe des Erdbodens. Die erwärmte Luft dehnt sich aus und steigt nach oben. Da es dort kälter ist, kondensiert der Wasserdampf in der Luft zu kleinen Tröpfchen und bildet dadurch Wolken.

In Höhen von einigen tausend Metern ist es so kalt, dass die Tröpfchen zu Eiskristallen erstarren. Beim Aufsteigen der Wassertropfen und Eiskristalle tritt Reibung mit der Luft auf. Dadurch erfolgt eine Ladungstrennung. Im oberen Bereich der Wolke sammelt sich positive Ladung und im unteren Bereich negative Ladung. Wenn sich zwei große ungleichnamige Ladungen zwischen benachbarten Wolken gegenüberstehen, kann es zu einem Ladungsausgleich kommen. Es fließt ein starker elektrischer Strom durch die Luft und die Luftmoleküle werden zum Leuchten angeregt. – Wir sehen einen Blitz.

Im Blitz erwärmt sich die Luft sehr stark. Es können Temperaturen von etwa 20 000 °C entstehen. Die Luft dehnt sich plötzlich wie bei einer Explosion aus. Dadurch entsteht der Donner.

1

2

Häufig schlagen Blitze auch in die Erde ein. Dann fließt ein starker elektrischer Strom zwischen der geladenen Wolke und der Erde. Als Einschlagstellen für den Blitz sind einzeln stehende Bauwerke besonders gefährdet, vor allem wenn sie aufragende Türme und Spitzen besitzen. An solchen Gebäuden werden Blitzableiter angebracht. Dazu befestigt man an den höchsten Stellen nach oben gerichtete Metallstangen. Bei guten Blitzschutzanlagen sind zusätzlich an den Dachkanten dicke Drähte verlegt. Alle diese Metallteile sind mit der Erde verbunden. Wenn ein Blitz in den Blitzableiter einschlägt, so wird er zur Erde abgeleitet.

Verhalten bei Gewitter im Freien. Wenn du dich bei einem Gewitter im Freien auf einem Weg, einer Wiese, einem Feld oder beim Baden im Wasser befindest, so stellst du einen höher gelegenen Körper dar, in den ein Blitz leicht einschlagen könnte. Du solltest deshalb Schutz in einem Haus, einem Auto oder in einer Hütte suchen.

Wenn das nicht möglich ist, solltest du dich flach auf die Erde legen, möglichst in eine Bodenvertiefung (Bild 3). Auf keinen Fall darfst du dich in der Nähe von hohen Bäumen, Lichtmasten oder hochragenden Metallgegenständen aufhalten. Von Felswänden, Bächen und Flüssen solltest du mindestens 10 Meter Abstand halten.

3

Elektrische Spannung

Von den ersten Funken bis zum elektrischen Licht

Ein Blick in die Geschichte

Im antiken Griechenland wurde bereits 577 v. Chr. beschrieben, dass geriebener Bernstein leichte Körper anzieht. Aber erst 1663 hat der Magdeburger Bürgermeister OTTO VON GUERICKE eine Maschine konstruiert, in der dieser Vorgang genutzt wurde, um Elektrizität zu erzeugen. Sie bestand aus einer großen Schwefelkugel, die sich drehte. Wenn man die Hand an die umlaufende Kugel hielt, traten elektrische Funken auf (Bild 1).

1743 baute der Leipziger Professor CHRISTIAN AUGUST HAUSEN seine erste Elektrisiermaschine mit einer Glaskugel. Damit konnte er Licht erzeugen, leicht brennbare Stoffe entzünden und Glockenspiele ertönen lassen. Vor allem wollten aber viele Menschen elektrisiert werden. Deshalb wurden an den Höfen der Könige, in den Salons des Adels und auf Volksfesten elektrische Experimente vorgeführt (Bild 2). Vor 250 Jahren fand die Elektrizität vor allem zur Unterhaltung und Belustigung der Menschen Anwendung.

1786 beobachtete der Italiener LUIGI GALVANI eine weitere Möglichkeit, Elektrizität zu erzeugen. Er stellte fest, dass ein frisch präparierter Froschschenkel stark zusammenzuckt, wenn man einen Muskel mit zwei verschiedenen Metallen berührt, die miteinander verbunden sind. ALESSANDRO VOLTA, der diese Experimente fortsetzte, erfand 1800 die „galvanischen" Elektrizitätsquellen (siehe S. 156). Heute verwendet man diese in Form der Monozellen und als Autoakkumulatoren. Die Voraussetzungen für die Anwendung der Elektrizität waren also bereits vor 200 Jahren geschaffen worden. Es waren aber noch keine technischen Geräte erfunden worden, mit denen die Elektrizität auch genutzt werden konnte.

1831 entdeckte der Engländer MICHAEL FARADAY die Möglichkeit, durch Bewegung von Magneten Elektrizität zu erzeugen. Dieser Vorgang, den man elektromagnetische Induktion nennt, findet heute in den Generatoren der Kraftwerke und im Fahrraddynamo Anwendung. 1866 stellte WERNER VON SIEMENS nach diesem Prinzip den ersten leistungsfähigen Generator her.

Elektrizitätswerke wurden jedoch erst gebaut, nachdem der Deutsche HEINRICH GOEBEL und der Amerikaner THOMAS ALVA EDISON brauchbare Glühlampen entwickelt hatten. Die ersten Elektrizitätswerke entstanden 1882 in New York und London und 1885 in Berlin.

Erstes Kraftwerk in Berlin

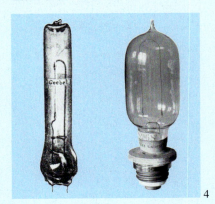

Die ersten Glühlampen

Selbst gebaute Batterien

Knopfzellen, Monozellen und 9-V-Blöcke werden heute für viele elektrische und elektronische Geräte benötigt. Sie wurden bereits um 1800 von ALESSANDRO VOLTA erfunden.
Eine Monozelle kannst du dir leicht herstellen:

AUFTRAG 1
Stecke in eine Zitrone einen Eisennagel und einen blanken Kupferdraht, sodass sie sich nicht berühren!
1. Schließe ein elektrisches Messinstrument an und bestimme die Spannung und die Stromstärke. Vergleiche die Spannung mit der einer gekauften Monozelle!
2. Wiederhole das Experiment mit einem halben Apfel. Schalte zwei Apfel-Monozellen zuerst parallel, dann in Reihe! Wie ändern sich Spannung und Stromstärke?

Volta'sche Säule. Die Krönung der Arbeiten von A. VOLTA zur galvanischen Elektrizität war die Konstruktion der Volta'schen Säule.
Für die Säule benutzte er einige Dutzend Platten, z. B. aus Silber und Zink, von etwa 1 Zoll Durchmesser, „von annähernd gleicher Gestalt und Größe". Mit einem etwas geringeren Durchmesser werden runde Scheiben aus Leder, Pappe o. ä. Materialien hergestellt, die imstande sind, Feuchtigkeit aufzunehmen und zurückzuhalten. Die Metallplatten sollen „rein und trocken" sein, die nichtmetallischen mit Wasser oder „besser mit Salzwasser getränkt und dann leicht abgetrocknet, damit die Flüssigkeit nicht von ihnen abtropft."

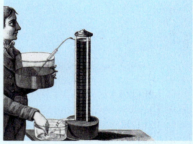

AUFTRAG 2
1. Stellt aus dünnem, glattem Kupferblech 6 Platten von je etwa 10 cm Kantenlänge her. Schneidet in gleicher Weise 6 gleich große Platten aus dicker Aluminiumfolie und 6 Platten aus dicker Pappe aus!
2. Tränkt die Pappe mit konzentrierter Kochsalzlösung, sodass sie gut durchgefeuchtet ist, jedoch nicht tropft!
3. Stapelt alle Platten in der Reihenfolge Kupfer, Pappe, Aluminium usw. übereinander. Legt darauf eine schwere Scheibe, sodass alle Platten fest aufeinander gepresst werden!
4. Verwendet als Anschlüsse zwei schmale Streifen aus Aluminiumfolie. Verbindet die Kupferplatte leitend mit dem positiven Anschluss und die Aluminiumplatte mit dem negativen Anschluss einer roten oder gelben Leuchtdiode!

Elektrische Spannung

AUFGABEN

1. Nenne die Betriebsspannungen einiger Geräte, die sich in eurem Haushalt befinden!
2. Rechne die folgenden Spannungsangaben in kV um:
   a) 5 000 V,
   b) 230 V,
   c) 380 000 V!
3. Rechne die folgenden Spannungsangaben in mV um:
   a) 0,25 V,
   b) 0,003 V,
   c) 1,5 V!
4. Erkundige dich, für welche Spannung der Akkumulator eines Motorrades konstruiert ist und welche Spannung die Lichtmaschine in einem Lkw liefert!
5. Du hast eine Glühlampe an eine Taschenlampenbatterie angeschlossen. Die Lampe leuchtet hell. Was wird geschehen, wenn du weitere Lampen zur ersten *parallel* schaltest (siehe Bild 2, S. 166)?
6. Während des Anlassens eines Autos wird das Standlicht dunkler. Worauf ist das zurückzuführen?
7. Erkläre den Unterschied zwischen Klemmenspannung und Leerlaufspannung!
8. Zeichne eine Schaltung, mit der man gleichzeitig die Stromstärke in einer Glühlampe sowie die Spannung an der Glühlampe messen kann!
9. a) Wodurch kommt es in einer Gewitterwolke zu einer Ladungstrennung?
   b) Erkläre, wie es zu einem Blitz kommt!
   c) Erkläre, wie es zu einem Donner kommt!
   d) Begründe, dass wir den Donner erst einige Sekunden nach dem Blitz hören!
   e) Nenne einige Sicherheitsmaßnahmen bei Gewitter und begründe sie!
10. Begründe, dass man mit einem Drehspulinstrument die elektrische Spannung messen kann!
11. a) Was waren die bevorzugten Anwendungen der Elektrizität bis zum 18. Jahrhundert?
    b) Weshalb verging relativ viel Zeit von der Entdeckung der elektromagnetischen Induktion bis zum Bau der ersten leistungsfähigen Elektrizitätswerke?
12. In welchen Geräten finden „galvanische Spannungsquellen" Anwendung?
13. Viele Nervenzellen des menschlichen Körpers sind mit dem Gehirn verbunden. Wirkt auf unsere Sinnesorgane ein Reiz ein (wenn Licht ins Auge gelangt oder Schall ins Ohr), so fließt kurzzeitig ein schwacher Strom. Auf der Kopfhaut entstehen kleine elektrische Spannungen, die man direkt messen kann.

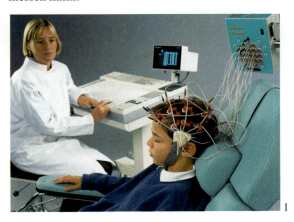

a) Informiere dich, was ein Arzt aus einem Elektro-Enzephalogramm (EEG) erkennen kann!
b) Wie groß sind die an der Kopfhaut auftretenden Spannungen?
c) In manchen Filmen sieht man, dass bei Verhören so genannte Lügendetektoren benutzt werden. Wie sollen diese wohl funktionieren?

ZUSAMMENFASSUNG

In einer Elektrizitätsquelle wird die Ladung bewegt. Dadurch wird der Strom angetrieben.

Die elektrische Spannung gibt an, wie stark der Antrieb des Stromes durch eine Elektrizitätsquelle ist.

Formelzeichen für die Spannung: U
Einheit der Spannung: Volt (V)

Die Klemmenspannung ist stets kleiner als die Leerlaufspannung:
$U_{Kl} < U_{Leer}$.

Energieverteilung in Stromkreisen

„Gasgeben" bei einem Elektromotor?
Auf der Autorennbahn kommen die Wagen langsam aus der engen Kurve. Auf der „langen Geraden" sollen sie möglichst schnell fahren, vor der nächsten Kurve wieder abbremsen und gleich darauf beschleunigen, damit sie den Looping schaffen.
Die Geschwindigkeit kannst du mit einem besonderen Handgriff steuern: Durch die Stellung des Schalters wird die Stromstärke im Motor des Wagens – und damit der Energieumsatz – beeinflusst.

Energieverteilung bei Reihenschaltungen

Reihenschaltung und Parallelschaltung. Oft kommt es vor, dass mehrere elektrische Geräte mit nur einer Elektrizitätsquelle betrieben werden sollen. Die Geräte können in Reihe oder parallel geschaltet werden (Bild 2). Bei der Reihenschaltung fließt der Strom stets durch alle Geräte. Wenn z. B. eine Glühlampe „durchbrennt", so wird der Stromkreis unterbrochen. Dann arbeiten auch alle übrigen Geräte nicht mehr. Beim Fahrrad wird die Parallelschaltung angewendet. Der Strom verzweigt sich und durchfließt die Geräte parallel. Auch wenn der Scheinwerfer ausfällt, leuchtet das Rücklicht weiter.

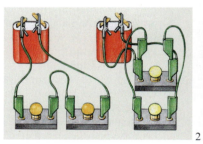

Reihenschaltung (links) und Parallelschaltung (rechts)

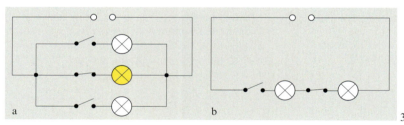

Parallel geschaltete Geräte können einzeln eingeschaltet werden (a), in Reihe geschaltete nicht (b).

Gleiche Verbraucher in einer Reihenschaltung. In einem Stromkreis fließt elektrische Energie von der Elektrizitätsquelle zum Verbraucher. Befinden sich mehrere Verbraucher in einem Stromkreis, so teilt sich der Energiestrom auf. In einem Experiment sollen Spannung und Stromstärke bei der Reihenschaltung zweier gleicher Verbraucher untersucht werden.

EXPERIMENT 1
Zwei gleiche Glühlampen werden in Reihe an ein Stromversorgungsgerät angeschlossen. Für verschiedene Spannungen an den Buchsen des Stromversorgungsgerätes werden die Klemmenspannung U_{Kl} sowie die Teilspannungen U_1 und U_2 an den Lampen gemessen. An verschiedenen Stellen wird die Stromstärke I gemessen.

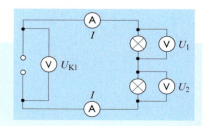

Energieverteilung in Stromkreisen

Die Beobachtungen lassen sich folgendermaßen zusammenfassen:

- Die Stromstärke I ändert sich in Abhängigkeit von U_{Kl}, sie ist aber immer an allen Stellen im Stromkreis gleich groß.
- An den gleichen Glühlampen liegen immer gleiche Teilspannungen an, es gilt: $U_{Kl} = U_1 + U_2$.
- Mit U_{Kl} ändert sich die Helligkeit der Lampen, beide leuchten aber stets gleich hell.

Beide Lampen in Experiment 1 leuchten mit gleicher Helligkeit. Sie haben den gleichen Energieumsatz. Der Energiestrom teilt sich also gleichmäßig auf die beiden Verbraucher auf (Bild 1).

Ungleiche Verbraucher in einer Reihenschaltung. In einem ähnlichen Experiment können Spannung und Stromstärke bei der Reihenschaltung zweier ungleicher Verbraucher untersucht werden. Wie teilt sich hier der Energiestrom auf?

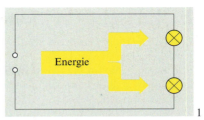

Energiestrom bei gleichen Verbrauchern

EXPERIMENT 2
Zwei unterschiedliche Glühlampen werden in Reihe an ein Stromversorgungsgerät angeschlossen. Für verschiedene Klemmenspannungen werden U_{Kl}, U_1, U_2 und an verschiedenen Stellen im Stromkreis die Stromstärke I gemessen.

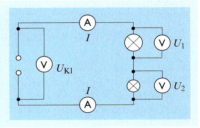

Das Experiment führt zu folgenden Ergebnissen:

- Die Stromstärke I ändert sich wieder in Abhängigkeit von U_{Kl}, sie ist aber erneut an allen Stellen im Stromkreis gleich groß.
- U_1 und U_2 unterscheiden sich. Es gilt wieder $U_{Kl} = U_1 + U_2$.
- Mit U_{Kl} ändert sich die Helligkeit der Lampen. Die Lampen leuchten jedoch immer unterschiedlich hell. An der heller leuchtenden liegt immer die größere Teilspannung an.

Die beiden Lampen in Experiment 2 leuchten mit unterschiedlicher Helligkeit. Sie haben nicht den gleichen Energieumsatz. Der Energiestrom teilt sich also nicht gleichmäßig auf die beiden Verbraucher auf (Bild 3).

> Bei einer Reihenschaltung von zwei Verbrauchern ist die Stromstärke in den Verbrauchern gleich groß. Der Energieumsatz ist bei demjenigen Verbraucher größer, an dem die größere Teilspannung anliegt.

Übrigens

Energieumsatz und Leistung.
Unter Energieumsatz versteht man den Umsatz von Energie in einer bestimmten Zeit. Der Energieumsatz hat daher die Einheit J/s bzw. W und entspricht der physikalischen Größe Leistung.

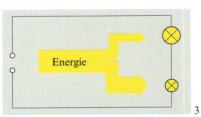

Energiestrom bei ungleichen Verbrauchern

Wird bei der Autorennbahn die Teilspannung am Regler kleiner, so wird die Leistung des Motors größer. Wird die Teilspannung am Regler größer, so wird die Leistung des Motors kleiner.

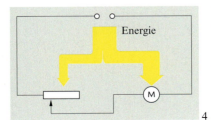

Kleine Teilspannung am Regler

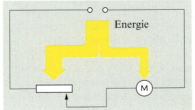

Große Teilspannung am Regler

Elektrischer Widerstand

Ein Wasserkocher und ein Radio sind jeweils an eine Steckdose angeschlossen. Der Wasserkocher hat einen Energieumsatz von 2 000 W, das Radio nur 20 W. Im Wasserkocher ist also die Stromstärke viel größer als im Radio – und das, obwohl beide mit der gleichen Spannung von 230 V betrieben werden.

Die Spannung gibt an, wie stark die Ladung auf ihrem Weg durch den Stromkreis angetrieben wird. Der Antrieb ist also für Wasserkocher und Radio derselbe. Der Stromfluss wird im Radio offenbar stärker behindert als im Wasserkocher. Die physikalische Größe, mit der die Behinderung des Stromflusses beschrieben wird, heißt elektrischer Widerstand.

> Der elektrische Widerstand gibt an, wie stark der Strom in einem Leiter behindert wird.

Der Quotient aus den Größen Spannung U und Stromstärke I eignet sich zur Angabe der Größe Widerstand.

$$\text{elektrischer Widerstand} = \frac{\text{Spannung am Verbraucher}}{\text{Stromstärke im Verbraucher}}$$

Setzt man in dieser Gleichung für die Spannung die Einheit Volt und für die Stromstärke die Einheit Ampere ein, so ergibt sich als Einheit für den Widerstand V/A. Anstelle dieser Einheit wird aber zumeist die Einheit Ohm (Ω) zu Ehren von GEORG SIMON OHM (1789–1854) verwendet. Es gilt: $1\,\Omega = 1\,\frac{V}{A}$. Das Formelzeichen für den elektrischen Widerstand ist R (von engl. *resistance*).

> Für den elektrischen Widerstand gilt: $R = \frac{U}{I}$.
> Die Einheit des elektrischen Widerstandes ist Ohm (Ω).

Ein Verbraucher, z. B. ein Verbindungsleiter (Draht) oder ein Gerät, hat einen Widerstand von 1 Ω, wenn in ihm bei einer anliegenden Spannung von 1 V ein Strom mit einer Stärke von 1 A fließt.

Betrachtet man die elektrischen Widerstände zweier Verbraucher, die in Reihe geschaltet sind, so folgt aus der Definition $R = \frac{U}{I}$:

> Bei zwei in Reihe geschalteten Verbrauchern hat derjenige den größeren Widerstand, bei dem der Energieumsatz größer ist.

Denn die Spannung U ist am Verbraucher mit dem größeren Energieumsatz größer, während die Stromstärke I in beiden Verbrauchern gleich ist.

Bestimmen des elektrischen Widerstandes. Eine Möglichkeit zur Widerstandsbestimmung besteht darin, mit einem Vielfachmessgerät Spannung (Bild 2a) und Stromstärke (Bild 2b) nacheinander zu messen und dann den Widerstand mit der Gleichung $R = \frac{U}{I}$ zu berechnen.

Übrigens

In vielen Geräten werden besondere Leiter eingesetzt, die infolge ihres elektrischen Widerstandes die Stromstärke begrenzen. In der Technik werden solche Bauelemente auch als Widerstände bezeichnet.

Beispiele für elektrische Widerstände

Zuleitung für Elektrogeräte	etwa 0,1 Ω
Lautsprecher	8 Ω
Heizwendel im Tauchsieder (1000 W)	53 Ω
Fernseher (120 W)	440 Ω
Glühfaden einer 100-W-Glühlampe	530 Ω
menschlicher Körper bei trockenen Händen	10 kΩ bis 100 kΩ

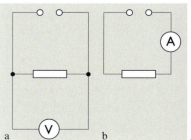

Energieverteilung in Stromkreisen

Eine zweite Möglichkeit ist die Messung des Widerstandes mit einem Strommesser, der über eine eingebaute Batterie verfügt. Der Strommesser und das Gerät mit dem unbekannten Widerstand R_x werden in Reihe geschaltet (Bild 1). Wenn der Widerstand R_x praktisch null ist, dann ist die Stromstärke maximal, der Zeigerausschlag ist maximal. Nimmt R_x zu, so nimmt die Stromstärke ab ($I = \frac{U}{R}$). Bei unendlich großem Widerstand beträgt die Stromstärke 0 A.
Die Skala für die Stromstärkemessung kann direkt in Ohm kalibriert werden, wobei 0 Ω bei Vollausschlag und sehr große Widerstandsbeträge bei kleinem Ausschlag abzutragen sind. Größere Widerstandswerte liegen auf der Skala sehr dicht am unteren Ende beieinander.

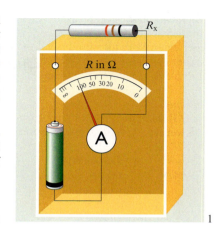
1

Beispiel
Berechne den Widerstand einer Glühlampe, in der bei einer Spannung von 6 V eine Stromstärke von 0,83 A auftritt!

Gesucht:	R	Lösung:	$R = \frac{U}{I}$
Gegeben:	$U = 6\,\text{V}$		
	$I = 0{,}83\,\text{A}$		$R = \frac{6\,\text{V}}{0{,}83\,\text{A}}$
			$\underline{\underline{R = 7{,}2\,\Omega}}$

Ergebnis: Die Glühlampe hat einen Widerstand von 7,2 Ω.

Gesamtwiderstand bei einer Reihenschaltung. Bei einer Reihenschaltung spricht man auch von einem unverzweigten Stromkreis. Der Energieumsatz erfolgt an den in Reihe geschalteten Verbrauchern und hängt von deren elektrischen Widerständen ab. Der gleiche Energieumsatz kann auch an nur einem Widerstand erzielt werden, der als Gesamtwiderstand R_{ges} bezeichnet wird. Wie kann der Gesamtwiderstand aus den Einzelwiderständen R_1 und R_2 berechnet werden?
Bei zwei in Reihe geschalteten Verbrauchern gilt für die Teilspannungen: $U_{ges} = U_1 + U_2$ (siehe S. 167). Die Stromstärke I ist im Stromkreis überall gleich. Daraus ergibt sich für den Gesamtwiderstand

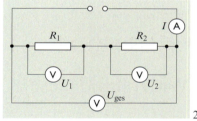
2

$R_{ges} = \frac{U_{ges}}{I} = \frac{U_1 + U_2}{I} = \frac{U_1}{I} + \frac{U_2}{I}$, also $R_{ges} = R_1 + R_2$.

Sind mehr als zwei Verbraucher in Reihe geschaltet, so ist $U_{ges} = U_1 + U_2 + \ldots + U_n$. Es gilt:

> Bei einer Reihenschaltung von Verbrauchern ist der Gesamtwiderstand gleich der Summe der Einzelwiderstände: $R_{ges} = R_1 + R_2 + \ldots + R_n$.

Der Gesamtwiderstand ist größer als der größte Einzelwiderstand.
Im unverzweigten Stromkreis „verteilt" sich die Gesamtspannung auf die einzelnen Verbraucher. Man sagt auch: An jedem Verbraucher fällt eine Spannung ab.

> Für zwei in Reihe geschaltete Verbraucher gilt: Die Teilspannungen verhalten sich zueinander wie die Einzelwiderstände.
> $\frac{U_1}{U_2} = \frac{R_1}{R_2}$

Vorwiderstand. Um Verbraucher an höhere Spannungen anschließen zu können als jene, für die sie ausgelegt sind, kann man z. B. vor den Verbraucher einen Vorwiderstand schalten. Bei der richtigen Wahl des Vorwiderstandes wird die Gesamtspannung so aufgeteilt, dass am Verbraucher nur die zulässige Spannung anliegt.

Beispiel
Ein Glühlampe (3 V; 0,4 A) soll an eine Flachbatterie (4,5 V) angeschlossen werden. Berechne den notwendigen Vorwiderstand!

Gesucht: Vorwiderstand R_v
Gegeben: Batteriespannung $U_B = 4{,}5$ V
Lampenspannung $U_L = 3$ V

Stromstärke $I = 0{,}4$ A

Lösung:
$R_{ges} = R_v + R_L$
$R_v = R_{ges} - R_L$

$$R_v = \frac{U_{ges}}{I} - \frac{U_L}{I}$$

$$R_v = \frac{U_{ges} - U_L}{I}$$

$$R_v = \frac{4{,}5\,V - 3\,V}{0{,}4\,A}$$

$$\underline{\underline{R_v = 3{,}75\,\Omega}}$$

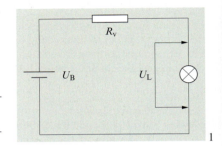

Ergebnis: Der Vorwiderstand muss 3,75 Ω betragen.

Der Fahrregler für die Autorennbahn ist wie ein Vorwiderstand mit dem Motor des Rennwagens in Reihe geschaltet. Er bewirkt eine Spannungsaufteilung und beeinflusst damit den Energieumsatz. Der Betrag des elektrischen Widerstandes im Fahrregler ist veränderlich, er wird durch die Reglerbetätigung beeinflusst.

Widerstandsgesetz

Jeder Leiter besitzt einen elektrischen Widerstand. Das heißt: In jedem Kabel und in jedem Draht wird der Transport elektrischer Ladung behindert. In jedem stromdurchflossenen Kabel wird also ein Teil der elektrischen Energie umgesetzt. – Ein Effekt, den man in der Regel so klein wie möglich machen möchte.

Wie muss ein Kabel beschaffen sein, damit es den Stromfluss möglichst wenig behindert? Wovon kann der elektrische Widerstand eines Drahtes abhängen?

Infrage kommen
– die Länge des Drahtes,
– der Querschnitt des Drahtes,
– das Material des Drahtes.
In den folgenden Experimenten soll die Abhängigkeit des Widerstandes von den verschiedenen Größen untersucht werden. Dabei wird jeweils eine Größe verändert und die übrigen Größen werden konstant gehalten.

Abhängigkeit des Widerstandes von der Länge *l* des Drahtes. Um diese Abhängigkeit zu untersuchen, werden Drähte aus gleichem Material und mit gleichem Querschnitt aber mit unterschiedlicher Länge in einen Stromkreis geschaltet.

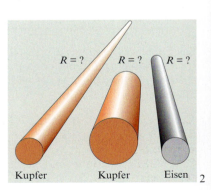

Energieverteilung in Stromkreisen

EXPERIMENT 3
1. Baue die Schaltung nach dem Schaltplan auf (Bild 1a) und lege eine Messwertetabelle an!
2. Miss die Stromstärken für drei verschiedene Längen! Die Spannung sollte stets etwa 2 V betragen.
3. Berechne aus den Messwerten für Spannung und Stromstärke jeweils den Widerstand!
4. Trage die Werte für Länge und Widerstand in ein Diagramm ein!

Länge	U in V	I in A	R in Ω

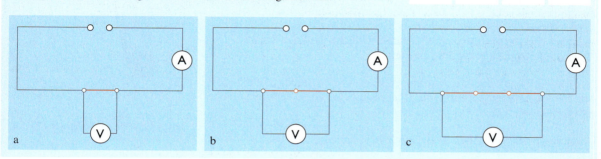

1

Das Experiment zeigt, dass ein Draht von 2 m Länge einen doppelt so großen Widerstand hat, wie ein Draht von 1 m Länge. Der Widerstand eines Drahtes ist zur Länge des Drahtes proportional: $R \sim l$.

Abhängigkeit des Widerstandes vom Querschnitt A des Drahtes. Im folgenden Experiment kann der Querschnitt dadurch verändert werden, dass zu einem aufgespannten Widerstandsdraht weitere, gleichartige parallel geschaltet werden. Eine andere Möglichkeit besteht darin, unterschiedlich dicke Drähte zu verwenden.

EXPERIMENT 4
1. Baue die Schaltung nach dem Schaltplan auf (Bild 2a) und lege eine Messwertetabelle an!
2. Miss die Stromstärken für drei verschiedene Querschnitte! Die Spannung sollte stets etwa 2 V betragen.
3. Berechne aus den Messwerten für Spannung und Stromstärke jeweils den Widerstand!
4. Trage die Werte für Querschnitt und Widerstand in ein Diagramm ein!

Querschnitt	U in V	I in A	R in Ω

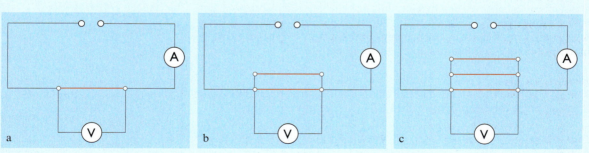

2

Die Produkte aus elektrischem Widerstand und Querschnitt sind jeweils konstant. Dasselbe ergibt sich, wenn man dieses Experiment mit anderen Drähten durchführt.
Der Widerstand eines Drahtes ist umgekehrt proportional zum Querschnitt des Drahtes: $R \sim 1/A$.

Elektrizitätslehre

Abhängigkeit des Widerstandes vom Material des Drahtes. Um diese Abhängigkeit zu untersuchen, kann der gleiche experimentelle Aufbau verwendet werden wie in Bild 2a, Seite 171. Werden dann nacheinander Drähte gleicher Länge und gleichen Querschnitts aus unterschiedlichen Metallen untersucht, so stellt sich z. B. heraus: Ein Kupferdraht hat bei sonst gleichen Abmessungen einen kleineren Widerstand als ein Eisendraht, und dieser hat wiederum einen kleineren Widerstand als ein Konstantandraht.

Zusammenfassend lässt sich feststellen: Der Widerstand eines Leiters ist
- proportional zur Länge des Leiters,
- umgekehrt proportional zur Querschnittsfläche des Leiters und
- abhängig vom Material des Leiters.

Das Material kann durch eine stoffspezifische Größe gekennzeichnet werden. Diese Größe heißt *spezifischer Widerstand*. Das Formelzeichen für den spezifischen Widerstand ist ϱ (sprich: rho).

Damit lässt sich das Widerstandsgesetz formulieren:

> Für den elektrischen Widerstand eines Leiters mit der Länge l und dem Querschnitt A gilt: $R = \varrho \cdot \dfrac{l}{A}$.

Der spezifische Widerstand. Die Bestimmung des Widerstandes für einen Kupferdraht von 1 m Länge und 1 mm² Querschnitt ($d = 1{,}1$ mm) führt zu einem Wert von $R = 0{,}017\,\Omega$, bei einem Aluminiumdraht mit gleichen Abmessungen zu $0{,}028\,\Omega$. Verzehnfacht man die Länge, so verzehnfacht sich nach dem Widerstandsgesetz auch der Widerstand des Drahtes. Der Kupferdraht hat dann einen Widerstand von $0{,}17\,\Omega$, der Aluminiumdraht von $0{,}28\,\Omega$. Verdoppelt man den Querschnitt, so halbiert sich aber der Widerstand (vgl. Experiment 4).

Der spezifische Widerstand ϱ gibt an, wie stark ein bestimmtes Material den elektrischen Strom behindert. Seine Einheit ist $\dfrac{\Omega \cdot \text{mm}^2}{\text{m}}$.

Ist der spezifische Widerstand eines Materials bekannt, so kann der Widerstand eines Kabels aus diesem Material für beliebige Kabelabmessungen berechnet werden.
Der spezifische Widerstand ist temperaturabhängig. In Tabellen wird er meistens für eine Temperatur von 20 °C angegeben.

Beispiel
Wie groß ist der Widerstand einer zweiadrigen Kupferleitung („Hin- und Rückleitung") von 100 m Länge und einem Querschnitt von 1 mm²?

Gesucht: R
Gegeben: $l_{\text{ges}} = 200$ m
$\qquad A = 1\,\text{mm}^2$
$\qquad \varrho_{\text{Kupfer}} = 0{,}017\,\dfrac{\Omega \cdot \text{mm}^2}{\text{m}}$

Lösung: $R = \varrho \cdot \dfrac{l}{A}$
$R = 0{,}017\,\dfrac{\Omega \cdot \text{mm}^2}{\text{m}} \cdot \dfrac{200\,\text{m}}{1\,\text{mm}^2}$
$\underline{\underline{R = 3{,}4\,\Omega}}$

Ergebnis: Die zweiadrige Kupferleitung hat einen Widerstand von $3{,}4\,\Omega$.

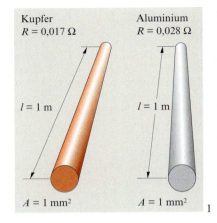

1

Spezifische Widerstände (bei 20 °C)	
Material	ϱ in $\dfrac{\Omega \cdot \text{mm}^2}{\text{m}}$
Silber	0,016
Kupfer	0,017
Gold	0,022
Aluminium	0,028
Nickel	0,068
Eisen	0,10
Nickelin	0,43
Konstantan	0,50
Graphit	14
Polyethylen	bis 10^{15}
Porzellan	bis 10^{15}
Paraffin	bis 10^{18}
Bernstein	über 10^{18}

Schon gewusst?

Ein Kabel, das seinen Zweck optimal erfüllt, sollte möglichst kurz, möglichst dick und aus einem gut leitenden Material sein. Aus Sicherheitsgründen sind z. B. für Kupferleitungen bei bestimmten Stromstärken Mindestquerschnitte vorgeschrieben:

Stromstärke	Mindestquerschnitt
bis 1 A	0,1 mm²
bis 10 A	0,75 mm²
bis 25 A	1,5 mm²
bis 30 A	2,5 mm²

Energieverteilung bei Parallelschaltungen

Im Haushalt werden alle angeschlossenen Verbraucher parallel geschaltet, damit jeder unabhängig von den anderen ein- und ausgeschaltet werden kann (siehe S. 166). In einem Experiment können Spannung und Stromstärke bei der Parallelschaltung zweier ungleicher Verbraucher untersucht werden. Wie teilt sich hier der Energiestrom auf?

EXPERIMENT 5
Zwei unterschiedliche Glühlampen werden parallel an ein Stromversorgungsgerät angeschlossen. Für verschiedene Klemmenspannungen werden die Gesamtstromstärke I_{ges}, die Teilstromstärken I_1 und I_2 sowie die Spannung U an den Verbrauchern gemessen.

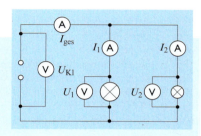

1

Ergebnisse bei einer Parallelschaltung unterschiedlicher Verbraucher:
- An allen Verbrauchern liegt immer die Klemmenspannung U_{Kl} an.
- I_1 und I_2 unterscheiden sich. Es gilt $I_{ges} = I_1 + I_2$.
- Bei der heller leuchtenden Glühlampe tritt die größere Teilstromstärke auf.

Die Lampe mit der größeren Helligkeit besitzt den größeren Energieumsatz.

> Bei einer Parallelschaltung von zwei Verbrauchern ist der Energieumsatz bei demjenigen Verbraucher größer, bei dem die größere Teilstromstärke auftritt. Dies ist der Verbraucher mit dem kleineren elektrischen Widerstand.

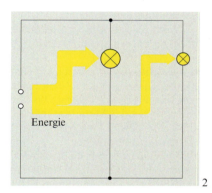

2

Gesamtwiderstand bei einer Parallelschaltung. Bei zwei parallel geschalteten Verbrauchern gilt für die Teilstromstärken $I_{ges} = I_1 + I_2$. An beiden Verbrauchern liegt die gleiche Spannung U an. Zur Berechnung des Gesamtwiderstandes kann die Gleichung

$$R_{ges} = \frac{U}{I_{ges}} = \frac{U}{I_1 + I_2} \quad \text{umgeformt werden zu}$$

$$\frac{1}{R_{ges}} = \frac{I_1 + I_2}{U} = \frac{I_1}{U} + \frac{I_2}{U}. \quad \text{Daraus ergibt sich} \quad \frac{1}{R_{ges}} = \frac{1}{R_1} + \frac{1}{R_2}.$$

Sind mehr als zwei Verbraucher parallel geschaltet, so ist $I_{ges} = I_1 + I_2 + \ldots + I_n$. Daraus folgt:

> Bei einer Parallelschaltung von Verbrauchern ist der Kehrwert des Gesamtwiderstandes gleich der Summe der Kehrwerte der Einzelwiderstände.
> Bei n Verbrauchern gilt: $\frac{1}{R_{ges}} = \frac{1}{R_1} + \frac{1}{R_2} + \ldots + \frac{1}{R_n}$.
>
> Für zwei parallel geschaltete Verbraucher gilt: Die Teilstromstärken stehen im umgekehrten Verhältnis wie die Einzelwiderstände.
> $\frac{I_1}{I_2} = \frac{R_2}{R_1}$

Übrigens

Der Gesamtwiderstand bei zwei parallel geschalteten Verbrauchern lässt sich auch nach folgender Gleichung berechnen:

$$R_{ges} = \frac{R_1 \cdot R_2}{R_1 + R_2}.$$

Der Gesamtwiderstand ist kleiner als der kleinste Einzelwiderstand.

Ein Blick in die Technik

Strom auf Abwegen

Widerstände im Menschen. Der menschliche Körper ist ein relativ guter Leiter für den elektrischen Strom. Dies liegt daran, dass im Blut viele Stoffe gelöst sind, wodurch die Blutbahnen sozusagen zu „Drähten im Körper" werden. Entsprechend ihres Querschnitts leiten dabei der Rumpf und die Beine besser als Arme und Hände.
Für den Strom im menschlichen Körper gibt es in den einzelnen Körperteilen so genannte *Übergangswiderstände*. Bei einer Berührung stromführender Teile schließt der menschliche Körper den Stromkreis zur Erde, er erleidet einen „Stromschlag" (siehe S. 155). Unter normalen Bedingungen können dabei bereits Stromstärken von 30 mA lebensbedrohlich werden.
Die Stromstärke wächst nach der Gleichung $I = U/R$ mit wachsender Berührungsspannung und mit sinkendem Übergangswiderstand. Wird letzterer größer, so sinkt die Stromstärke. Trockene und damit kaum leitfähige Hände sowie isolierendes Schuhwerk verringern deshalb die Gefahren. Der Übergangswiderstand erhöht sich auf mehrere Kiloohm. Der sicherste Schutz sind aber so genannte Schutz-Kleinspannungen. Sie betragen 42 V für Wechsel- und 60 V für Gleichspannung. Schülerexperimente werden mit noch geringeren Spannungen durchgeführt.

Körperschluss. Wenn durch einen Defekt bei einem elektrischen Gerät das Metallgehäuse mit dem Zuleitungskabel leitend verbunden ist, spricht man von einem Körperschluss. Das Gerät funktioniert dabei möglicherweise fehlerfrei. Ist das Metallgehäuse geerdet, so fließt sofort bei Körperschluss ein starker Strom zur Erde. In der Regel wird dann der Stromkreis von der Sicherung unterbrochen.
Ist das Gehäuse aber nicht geerdet, so besteht bei Berührung des Gerätes Lebensgefahr. Der Strom fließt dann durch den menschlichen Körper zur Erde (siehe S. 155). In diesem Fall ist die Stromstärke aber nicht so hoch, dass eine gewöhnliche Sicherung den Stromkreis unterbricht. Lebensgefahr besteht schon bei Stromstärken von etwa 30 mA. Die „normale" Sicherung spricht aber erst bei z. B. 10 A an!

FI-Schalter. Die Gefahr, die von einem nicht geerdeten Gerät ausgeht, kann durch einen so genannten Fehlerstrom-Schutzschalter (kurz FI-Schalter) beseitigt werden. Seine Wirkungsweise beruht darauf, dass in den beiden Leitungen direkt an der Elektrizitätsquelle, die Stromstärke gleich groß ist. Die magnetische Wirkung des Stromes in den Spulen 1 und 2 (Hin- und Rückleitung) ist gleich groß. Dadurch wird der Schalter in der Mittelstellung gehalten.
Die Bilder 2 und 3 zeigen das Prinzip.

Typische Übergangswiderstände am menschlichen Körper

Stromweg	Widerstand
von Hand zu Hand	650 Ω
von einer Hand zu einem Fuß	1300 Ω
von einer Hand zu beiden Füßen	975 Ω
von beiden Händen zu beiden Füßen	650 Ω

Sicherungsautomat. Eine Schmelzsicherung ist nur einmal zu gebrauchen. Im Haushalt werden daher zumeist Sicherungsautomaten eingesetzt, in denen die magnetische Wirkung und die Wärmewirkung des Stromes genutzt werden.
Der Elektromagnet öffnet den Stromkreis bei plötzlicher Erhöhung des Stromes; der Bimetallstreifen schaltet den Stromkreis bei langsamer Vergrößerung des Stromes aus. In beiden Fällen wird ein Schalter betätigt, der den Stromkreis unterbricht.

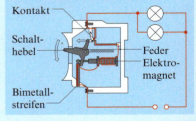

1

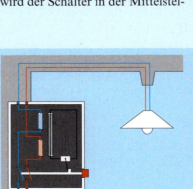

2 3

Fließt ein Teil des Stromes z. B. über einen menschlichen Körper zur Erde ab, so ist in der einen Spule die magnetische Wirkung größer als in der anderen. Der Schalter unterbricht den Stromkreis. Die Empfindlichkeit der FI-Schalter ist so hoch, dass sie bereits bei einem Fehlerstrom von 10 mA innerhalb von 0,1 s ansprechen.

Energieverteilung in Stromkreisen

AUFGABEN

1. Wie groß sind die Widerstände, die bei einer Spannung von 12 V zu einer Stromstärke von 0,5 A, 2 A bzw. 100 mA führen?
2. Der Übergangswiderstand am menschlichen Körper von der Hand zum Fuß kann mit etwa 1,5 kΩ angenommen werden. 30 mA können bereits lebensgefährlich sein! Was folgt aus diesen Zahlenangaben für die zulässige Berührungsspannung?
3. Wie muss die Länge eines Drahtes oder sein Querschnitt verändert werden, damit sein elektrischer Widerstand verzehnfacht bzw. halbiert wird?
4. Welchen Widerstand hat eine 50 m lange zweiadrige Verlängerungsleitung aus Kupfer mit einem Querschnitt von 1,5 mm^2? Beachte, dass für einen geschlossenen Stromkreis beide Adern notwendig sind!
5. Weshalb erwärmen sich Leitungen durch den Stromfluss? Wie hängt die Erwärmung der Stromstärke ab?
6. Der elektrische Widerstand eines zweiadrigen Verlängerungskabels (Trommel mit 50 m Kabel) soll unter 1,5 Ω liegen. Welche Querschnitte sollten die Adern haben, wenn sie aus Kupfer bzw. aus Aluminium bestehen.
7. Berechne jeweils die Gesamtwiderstände!

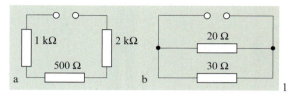

8. Dir stehen 5 Widerstände zu je 2,0 Ω zur Verfügung. Überprüfe, ob du damit alle ganzzahligen Widerstandswerte von 1,0 Ω bis 10,0 Ω herstellen kannst!
9. Leite das Spannung-Widerstands-Verhältnis für zwei in Reihe geschaltete Widerstände und das Stromstärke-Widerstands-Verhältnis für zwei parallel geschaltete Widerstände her!

ZUSAMMENFASSUNG

Der elektrische Widerstand gibt an, wie stark ein Leiter den Stromfluss behindert.

elektrischer Widerstand = $\dfrac{\text{Spannung am Verbraucher}}{\text{Stromstärke im Verbraucher}}$

$R = \dfrac{U}{I}$

Formelzeichen: R

Einheit: Ω, $1\,\Omega = 1\,\dfrac{\text{V}}{\text{A}}$

Widerstandsgesetz: $R = \varrho \cdot \dfrac{l}{A}$

Einheit von ϱ: $\dfrac{\Omega \cdot \text{mm}^2}{\text{m}}$

Unverzweigter Stromkreis
Reihenschaltung von Verbrauchern

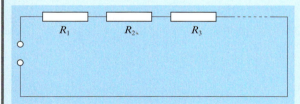

Verzweigter Stromkreis
Parallelschaltung von Verbrauchern

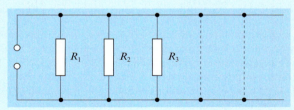

$R_{ges} = R_1 + R_2 + \ldots + R_n$

Sonderfall 2 Verbraucher:

$R_{ges} = R_1 + R_2 \qquad \dfrac{U_1}{U_2} = \dfrac{R_1}{R_2}$

Bei in Reihe geschalteten Verbrauchern ist der Energieumsatz an demjenigen Verbraucher am größten, an dem die größte Teilspannung anliegt. Dieser Verbraucher hat den größten elektrischen Widerstand.

$\dfrac{1}{R_{ges}} = \dfrac{1}{R_1} + \dfrac{1}{R_2} + \ldots + \dfrac{1}{R_n}$

Sonderfall 2 Verbraucher:

$R_{ges} = \dfrac{R_1 \cdot R_2}{R_1 + R_2} \qquad \dfrac{I_1}{I_2} = \dfrac{R_2}{R_1}$

Bei parallel geschalteten Verbrauchern ist der Energieumsatz an demjenigen Verbraucher am größten, an dem die größte Teilstromstärke auftritt. Dieser Verbraucher hat den kleinsten elektrischen Widerstand.

Elektrische Leistung – elektrische Arbeit

Funkferngesteuerte Autos haben einen 9-V-Akkumulator. Solche Fahrzeuge gibt es mit Elektromotoren mit unterschiedlicher Leistung zu kaufen. Wovon hängt die elektrische Leistung ab?

Elektrische Leistung

In der Mechanik gibt die Leistung den Energieumsatz an. Elektrische Verbraucher setzen Energie in Wärme, Licht oder mechanische Arbeit um. Da ihnen elektrische Energie zugeführt wird, spricht man von der elektrischen Leistung. Bei einem Generator gibt dessen elektrische Leistung die pro Zeit abgegebene elektrische Energie an. Insgesamt ist die Leistung der Generatoren in den Kraftwerken so groß wie die in den Verbrauchern umgesetzte elektrische Leistung.

> Die elektrische Leistung P_{el} eines Verbrauchers gibt an, wie viel elektrische Energie in einer bestimmten Zeit umgesetzt wird.

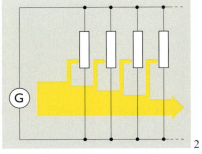

Energiefluss vom Generator zu den Verbrauchern

Die Experimente im vorangegangenen Kapitel führen zu der Schlussfolgerung, dass sich der Energieumsatz mit zunehmender Spannung und mit zunehmender Stromstärke erhöht.
Daraus folgt weiter, dass die Leistung umso größer wird,
– je größer bei konstanter Spannung die Stromstärke und
– je größer bei konstanter Stromstärke die Spannung wird.
Weitere Untersuchungen belegen, dass die Leistung elektrischer Geräte P_{el} proportional zur anliegenden Spannung U und proportional zur Stromstärke I im Verbraucher ist. Sie hängt von keinen weiteren Größen ab.

> Die elektrische Leistung eines Gerätes ist umso größer, je größer die Stromstärke und die anliegende Spannung sind. Es gilt: $P_{el} = U \cdot I$.

Die Einheit der Leistung ist Watt (W). Es gilt $1\,W = 1\,V \cdot A$. Vielfache sind Kilowatt (kW) und Megawatt (MW). Die elektrische Leistung kann durch Messen von Stromstärke und Spannung oder durch direkte Messung mit einem Leistungsmesser bestimmt werden.

Leistung einiger Geräte	
Gerät	Leistung
Quarzuhr	1 µW
Taschenrechner	0,5 mW
Telefon	0,1 W
Spielzeugmotor	1 W
Fahrradlampe	2,4 W
Fahrraddynamo	3 W
Faxgerät	50 W
Fernseher	120 W
Toaster	750 W
Staubsauger	1000 W
Föhn	1200 W
Waschmaschine	2000 W
Straßenbahn	160 kW
E-Lok	5 MW

Elektrische Leistung – elektrische Arbeit

Die Gleichung $P_{el} = U \cdot I$ kann auch angewendet werden, wenn sich mehrere Verbraucher in einem Stromkreis befinden. Dann teilt sich der Energiestrom in Abhängigkeit vom Betrag der Widerstände der Verbraucher auf. Wie groß sind die Leistungen der einzelnen Verbraucher und die insgesamt umgesetzte Leistung?

Die elektrische Leistung bei Reihenschaltung. Bei einer Reihenschaltung liegt an jedem Verbraucher eine Teilspannung U_V an; in allen Verbrauchern tritt die gleiche Stromstärke auf. Folglich hat der einzelne Verbraucher die Leistung $P_{el} = U_V \cdot I$.

> Für die Gesamtleistung von n in Reihe geschalteten Verbrauchern gilt:
> $P_{ges} = (U_1 + U_2 + \ldots + U_n) \cdot I = U_{ges} \cdot I$.

Beispiel
An zwei in Reihe geschalteten Verbrauchern werden die Stromstärke $I = 0{,}087$ A und die Teilspannungen $U_1 = 184$ V und $U_2 = 46$ V gemessen. Welche Leistung besitzen die einzelnen Verbraucher, wie groß ist die Gesamtleistung?

Gesucht: P_1, P_2, P_{ges} *Lösung:* $P_1 = U_1 \cdot I$ $\quad P_2 = U_2 \cdot I$
Gegeben: $U_1 = 184$ V $\qquad\qquad\;\; P_1 = 184\,\text{V} \cdot 0{,}087\,\text{A}\quad P_2 = 46\,\text{V} \cdot 0{,}087\,\text{A}$
$\qquad\quad\; U_2 = 46$ V $\qquad\qquad\;\;\; P_1 = 16$ W $\qquad\qquad P_2 = 4$ W
$\qquad\quad\; I = 0{,}087$ A

$\qquad\qquad\qquad\qquad\qquad\quad P_{ges} = P_1 + P_2$
$\qquad\qquad\qquad\qquad\qquad\quad P_{ges} = 20$ W

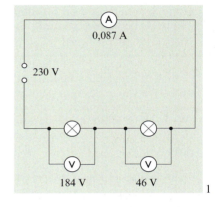

Ergebnis: Die Einzelleistungen der Verbraucher betragen 16 W und 4 W, die Gesamtleistung 20 W.

Die elektrische Leistung bei Parallelschaltung. Werden die Verbraucher parallel geschaltet, so liegt an jedem die gleiche Spannung an, die Teilstromstärken addieren sich zur Gesamtstromstärke. Für den einzelnen Verbraucher gilt: $P_{el} = U \cdot I_V$.

> Für die Gesamtleistung von n parallel geschalteten Verbrauchern gilt:
> $P_{ges} = U \cdot (I_1 + I_2 + \ldots + I_n) = U \cdot I_{ges}$

Beispiel
An zwei parallel geschalteten Verbrauchern werden die Stromstärken $I_1 = 0{,}11$ A und $I_2 = 0{,}435$ A sowie die Spannung $U = 230$ V gemessen. Welche Leistung besitzen die einzelnen Verbraucher, wie groß ist die Gesamtleistung?

Gesucht: P_1, P_2, P_{ges} *Lösung:* $P_1 = U \cdot I_1$ $\quad P_2 = U \cdot I_2$
Gegeben: $I_1 = 0{,}11$ A $\qquad\qquad\;\; P_1 = 230\,\text{V} \cdot 0{,}11\,\text{A}\quad P_2 = 230\,\text{V} \cdot 0{,}435\,\text{A}$
$\qquad\quad\; I_2 = 0{,}43$ A $\qquad\qquad\;\; P_1 = 25$ W $\qquad\qquad P_2 = 100$ W
$\qquad\quad\; U = 230$ V

$\qquad\qquad\qquad\qquad\qquad\quad P_{ges} = P_1 + P_2$
$\qquad\qquad\qquad\qquad\qquad\quad P_{ges} = 125$ W

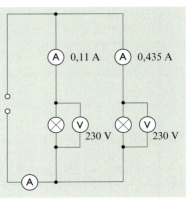

Ergebnis: Die Einzelleistungen der Verbraucher betragen 25 W und 100 W, die Gesamtleistung 125 W.

Elektrische Arbeit

Elektrogeräte nutzen wir ständig, sie nehmen uns viele Tätigkeiten ab. Wir zahlen beim Elektrizitätswerk für die in den Geräten umgesetzte elektrische Energie. Man sagt: Die Geräte verrichten elektrische Arbeit. Das Elektrizitätswerk unterscheidet nicht, ob eine Umwandlung der Energie in Wärme, Licht oder mechanische Arbeit erfolgt.

Die elektrische Arbeit kann mithilfe der elektrischen Leistung bestimmt werden. Die Leistung gibt an, „wie schnell" eine Arbeit verrichtet wird:

$P_{el} = \dfrac{W_{el}}{t}$.

Also ist $W_{el} = P_{el} \cdot t$.

Ebenso wie die elektrische Leistung kann auch die elektrische Arbeit mithilfe der Größen Spannung und Stromstärke ermittelt werden.

> Die verrichtete elektrische Arbeit ist umso größer, je größer die anliegende Spannung und die Stromstärke im Gerät sind und je größer die Zeit ist, in der der Strom fließt. Es gilt:
> $W_{el} = P_{el} \cdot t$, also $W_{el} = U \cdot I \cdot t$

Die Einheit der elektrischen Arbeit ist Joule (J). Häufig wird aber auch die Einheit Wattsekunde (W·s) verwendet. Es gilt: 1 W·s = 1 V·A·s = 1 J. Eine viel größere Einheit für die elektrische Arbeit ist die Kilowattstunde (kW·h). Eine Kilowattstunde wird verrichtet, wenn ein Gerät mit 1 kW eine Stunde lang in Betrieb ist. Es gilt also für die Umrechnung:
1 kW·h = 1000 W · 3 600 s = 3 600 000 W·s. Also 1 kW·h = 3 600 kJ.

Die Rechnung des Elektrizitätswerkes. Einmal im Jahr wird der Elektrizitätszähler abgelesen und die vom Elektrizitätswerk bezogene elektrische Energie ermittelt. Auf der Rechnung erscheint dann aber noch mehr.
Im folgenden Beispiel muss der Kunde
- einen festen Anteil für die Bereitstellung in Höhe von 37,50 €/Jahr und für die Messung von 29,10 €/Jahr,
- einen Anteil für die vom Elektrizitätswerk bezogene Anzahl der Kilowattstunden in Höhe von 0,08 €/kW·h und einen „Leistungspreis" von 0,02 €/kW·h zahlen.

Daraus ergeben sich Kosten von etwa 0,13 €/kW·h.

Elektrizitätszähler

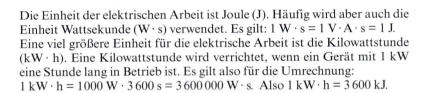

Übrigens

Je mehr elektrische Arbeit ein Kunde vom Elektrizitätswerk bezieht, umso weniger muss er in der Regel insgesamt pro bezogener Kilowattstunde bezahlen.
Der Anreiz zum sparsamen Umgang mit Elektrizität, also zum Umweltschonen, wird auf diese Weise nicht gefördert.

Verbrauch von elektrischer Energie im Haushalt. Als Messgerät für die elektrische Arbeit dient der Elektrizitätszähler. Man nennt ihn auch Kilowattstundenzähler. Der gesamte Strom, der durch die angeschlossenen Geräte fließt, fließt auch durch diesen Zähler. Wie man den Energiebezug mit dem Elektrizitätszähler ermittelt, zeigt das folgende Experiment.

Elektrische Leistung – elektrische Arbeit

EXPERIMENT 1
Nacheinander werden Geräte mit unterschiedlicher Leistung (z. B. Tauchsieder mit 0,2 kW und 1 kW) jeweils die gleiche Zeit lang eingeschaltet. Die Anzahl der Umdrehungen wird notiert.
Ein Gerät mit einer bestimmten Leistung wird über unterschiedlich lange Zeiten betrieben. Die Anzahl der Umdrehungen wird wieder notiert.

1

Aus dem Experiment ergibt sich, dass die Anzahl der Umdrehungen
– bei konstanter Zeit t proportional zur elektrischen Leistung P_{el} der betriebenen Geräte ist und
– bei konstanter Leistung P_{el} proportional zur Betriebszeit t der Geräte ist.
Die Anzahl der Umdrehungen ist ein Maß für die verrichtete elektrische Arbeit. In der Regel entsprechen bei den im Haushalt verwendeten Zählern 75 Umdrehungen einer elektrischen Arbeit von 1 kW · h.

Die von den Geräten verrichtete elektrische Arbeit hängt von der Betriebsdauer und von der Schaltungsart ab. Die Schaltungsart beeinflusst die an den Geräten anliegenden Spannungen bzw. die in den Geräten fließenden Ströme. Kennt man die jeweiligen Spannungen und Stromstärken an den einzelnen Geräten, so kann man die elektrische Leistung jeweils nach $P_1 = U_1 \cdot I_1$, $P_2 = U_2 \cdot I_2$ usw. berechnen.
Für die Gesamtleistung gilt bei n Geräten unabhängig von der Schaltungsart $P_{ges} = P_1 + P_2 + \ldots + P_n$.

Bei der Reihen- bzw. der Parallelschaltung elektrischer Verbraucher gilt für die verrichtete elektrische Arbeit
(1) $W_{el} = P_{ges} \cdot t = (P_1 + P_2 + \ldots + P_n) \cdot t$ (Reihenschaltung)
(2) $W_{el} = P_1 \cdot t_1 + P_2 \cdot t_2 + \ldots + P_n \cdot t_n$. (Parallelschaltung)

Bei einer Reihenschaltung fließt nur Strom, solange der Stromkreis nicht unterbrochen ist. Folglich sind alle Verbraucher die gleiche Zeit t in Betrieb. Es ist grundsätzlich Gleichung (1) anzuwenden.
Bei einer Parallelschaltung können die Verbraucher einzeln ein- oder ausgeschaltet werden, sie sind unterschiedlich lange in Betrieb. In der Regel muss deshalb Gleichung (2) angewendet werden. Man kann das auch daran erkennen, dass sich die Zählerscheibe mal schneller, mal langsamer dreht.

Beispiel
Berechne die elektrische Arbeit (in kW · h) für folgende Fälle:
a) eine Weihnachtsbaumbeleuchtung (10 Lampen zu je 3 W) ist insgesamt 5 Stunden lang in Betrieb,
b) eine Waschmaschine (P_1 = 2,2 kW) ist 1 Stunde und ein Fernseher (P_2 = 80 W) ist 3 Stunden lang in Betrieb.

a)
Gesucht: W_{el}
Gegeben: 10 Lampen zu P_L = 3 W
t = 5 h
Lösung: $W_{el} = P_{ges} \cdot t$
$W_{el} = 0,030 \text{ kW} \cdot 5 \text{ h}$
$W_{el} = 0,15 \text{ kW} \cdot \text{h}$

Ergebnis:
Die Arbeit beträgt 0,15 kW · h.

b)
Gesucht: W_{el}
Gegeben: P_1 = 2,2 kW; P_2 = 80 W
t_1 = 1 h; t_2 = 3 h
$W_{el} = P_1 \cdot t_1 + P_2 \cdot t_2$
$W_{el} = 2,2 \text{ kW} \cdot 1 \text{ h} + 0,08 \text{ kW} \cdot 3 \text{ h}$
$W_{el} = 2,24 \text{ kW} \cdot \text{h}$

Die Arbeit beträgt 2,24 kW · h.

Schon gewusst?

Die (mechanische) Dauerleistung eines gesunden Erwachsenen reicht nur aus, um eine 75-W-Glühlampe zu betreiben. Mithilfe unserer Muskeln könnten wir also zu Hause gerade ein Zimmer beleuchten.

Gleiche Leistung bei unterschiedlicher Spannung

Gewöhnliche Haushaltsglühlampen mit einer Leistung von 60 W sind für eine Betriebsspannung von 230 V ausgelegt. Es gibt aber auch 60-W-Lampen die mit einer Spannung von 12 V betrieben werden, so z. B. die Fernlichtlampen im Pkw. Welche Vor- und Nachteile haben die unterschiedlichen Spannungen in dem jeweiligen Fall?

Aus der Gleichung $P_{el} = U \cdot I$ ist zu erkennen: Um eine bestimmte Leistung zu erreichen, muss
- bei einer großen Spannung die Stromstärke klein sein,
- bei einer kleinen Spannung die Stromstärke groß sein.

Je kleiner die Stromstärke ist, desto weniger werden die Leitungen im Stromkreis erwärmt. Deswegen ist es gerade bei großen Entfernungen günstig, möglichst hohe Spannungen zu verwenden. Die großen Überlandleitungen führen Spannungen von 380 000 Volt. Allerdings lässt sich eine solch hohe Spannung nicht im Haushalt verwenden.

230-V-Lampe und 12-V-Lampe. Beide haben eine Leistung von 60 W.

Hohe Spannung, geringe „Verluste"

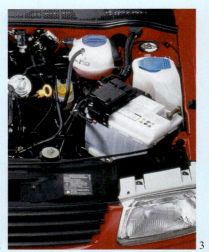

Dicke Kabel für große Stromstärke

Demgegenüber hat eine kleine Spannung die Vorteile, dass sie für den Menschen ungefährlich ist und dass sie durch Batterien zur Verfügung gestellt werden kann. Dadurch werden Geräte „mobil", wie z. B. Taschenlampe oder Discman; auch ein Auto muss man unabhängig vom Leitungsnetz starten können.

Der Nachteil von Batterien ist, dass sie in der Regel eine Spannung von maximal 12 Volt liefern können. Dadurch muss die Stromstärke in den Leitungen und in den elektrischen Geräten relativ hoch sein. Der Anlasser eines Pkw hat eine Leistung von etwa 900 W. Daher muss bei einer Spannung von 12 V die Stromstärke etwa 75 A betragen (zum Vergleich: in einem gewöhnlichen 1000-W-Tauchsieder beträgt die Stromstärke nur etwa 4 A). Damit es nicht zu einer übermäßigen Erwärmung kommt, sind die Anlasserkabel im Auto besonders dick (Bild 3).

In elektronischen Geräten mit Batteriebetrieb werden oft Spannungen von nur 6 V oder gar 3 V verwendet. Trotzdem ist in ihnen die Stromstärke sehr gering. Der Grund ist, dass die moderne Mikroelektronik nur einen sehr geringen Leistungsbedarf hat.

Übrigens

Auf einem Auto-Akkumulator findet man eine Angabe darüber, wie lange er eine bestimmte Stromstärke liefern kann. Die Angabe 36 Amperestunden (36 A · h) bedeutet z. B., dass der Akkumulator 36 Stunden lang eine Stromstärke von 1 A liefern kann. Bei einer Spannung von 12 V entspricht das einer elektrischen Arbeit von 12 V · 1 A · 36 h = 432 W · h. Zum Vergleich: Monozellen können eine Arbeit von etwa 5 W · h verrichten.

Elektrische Leistung – elektrische Arbeit

AUFGABEN

1. Ein 25-W- und ein 100-W-Motor, die beide für 230 V ausgelegt sind, werden zum einen in Reihe und zum anderen parallel an 230 V angeschlossen.
   a) Berechne die Teilspannungen und die Stromstärke sowie den Gesamtwiderstand bei der Reihenschaltung.
   b) Berechne die Teilstromstärken und den Gesamtwiderstand bei der Parallelschaltung.
   c) Ermittle die Leistungen der einzelnen Motoren und die insgesamt umgesetzte Leistung in den beiden Schaltungsarten. Interpretiere die beiden Gesamtleistungen!

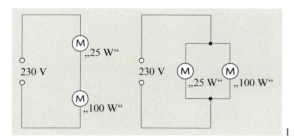

2. Vor 20 Jahren waren für Wohnräume Sicherungen von 6 A ausreichend. Heute werden zumeist 16-A-Sicherungen eingesetzt. Überlege anhand der Leistungsangaben der von dir genutzten elektrischen Geräte, ob in deinem Zimmer 6 A noch ausreichen würden!

3. Erkläre mithilfe der Gleichung für die elektrische Arbeit, wie die Stromkosten im Haushalt gesenkt werden können!

4. Je größer die Stromstärke ist, umso größer wird die vom Strom in der Zuleitung entwickelte Wärme. Wie begegnet man dem in der Praxis? Begründe anhand der Gleichung für die Leistung!

5. Für ein Wannenbad muss ein elektrischer Durchlauferhitzer (P_{el} = 12 kW) 10 Minuten Wasser erwärmen. Berechne die Kosten. Setze für 1 kW · h einen Preis von 0,15 € an!

6. Die Pumpe einer Heizungsanlage (P_{el} = 80 W) ist von Oktober bis März etwa 75% jedes Tages in Betrieb. Welche elektrische Arbeit wird zum Umwälzen des Wassers benötigt? Berechne die Kosten für den Betrieb der Pumpe! (Preis für 1 kW · h: 0,15 €)

7. Im Stand-by-Betrieb hat ein Fernseher (P_{el} = 120 W) nur noch etwa 1% der Leistung. Berechne die elektrische Arbeit für einen Stand-by-Betrieb von 24 Stunden. Vergleiche mit der notwendigen elektrischen Arbeit im Betrieb für einen Spielfilm von 90 Minuten Dauer!

8. Wie groß ist die Stromstärke in einem Spielzeugmotor mit einer Leistung von 15 W, der an 12 V angeschlossen wird? Wie lange kann er mit einem Kleinakkumulator betrieben werden, der die Aufschrift „0,5 A · h" trägt?

9. Begründe, dass Elektrolokomotiven und Straßenbahnen mit einer wesentlich höheren Spannung als 230 V betrieben werden!

10. Ein Mikrowellenherd (230 V, 800 W) und ein Wasserkocher (230 V, 1750 W) sollen an eine Doppelsteckdose angeschlossen werden. Für welche Stromstärke müssen die Zuleitungen und die Sicherung ausgelegt sein?

ZUSAMMENFASSUNG

Größe	elektrische Leistung	elektrische Arbeit	elektrische Energie
Bedeutung	Die elektrische Leistung eines Gerätes gibt an, wie viel elektrische Arbeit das Gerät in einer bestimmten Zeit verrichtet.	Die elektrische Arbeit gibt an, wie viel Energie in einem elektrischen Gerät umgesetzt wird. Elektrische Geräte geben dabei Wärme oder Licht ab oder sie verrichten mechanische Arbeit.	Die elektrische Energie kennzeichnet die Fähigkeit des elektrischen Stromes, elektrische Arbeit zu verrichten.
Formelzeichen	P_{el}	W_{el}	E_{el}
Gleichung	$P_{el} = U \cdot I$	$W_{el} = P_{el} \cdot t = U \cdot I \cdot t$	
Einheit	1 W = 1 N · m/s = 1 J/s 1 kW = 1000 W 1 MW = 1000 kW	1 W · s = 1 N · m = 1 J 1 kW · h = 3 600 000 W · s	1 W · s = 1 N · m = 1 J 1 kW · h = 3 600 000 W · s
Messgerät	Leistungsmesser	Elektrizitätszähler	Elektrizitätszähler

Magnete und magnetisches Feld

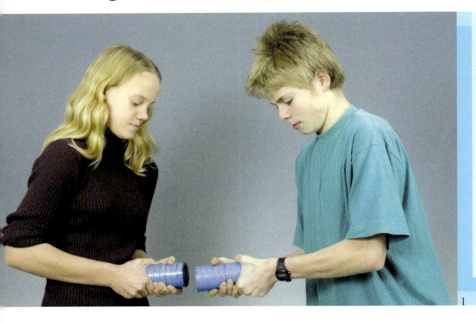

Die beiden Schüler halten je einen Magneten in ihren Händen. Sie versuchen, die Magnete zur Berührung zu bringen. Trotz größter Anstrengung gelingt ihnen das jedoch nicht. Welche besonderen Eigenschaften haben Magnete?

Magnete

Kräfte zwischen Magneten. Ein Magnet zieht Körper aus Eisen an und er wird auch von Körpern aus Eisen angezogen. So bleibt er z. B. an einem Treppengeländer aus Eisen hängen (Bild 2). Anziehende Kräfte treten auch zwischen einem Magneten und Körpern aus Nickel und Cobalt auf. Ferner gibt es keramische Werkstoffe, die magnetische Eigenschaften haben, z. B. die so genannten Ferrite. Alle diese Stoffe, die sich wie Eisen (lat. *ferrum*) verhalten, heißen **ferromagnetische Stoffe**.

> Zwischen einem Magneten und Körpern aus Eisen, Nickel, Cobalt und bestimmten keramischen Werkstoffen wirken anziehende Kräfte.

Anziehung zwischen Magnet und einem ferromagnetischen Stoff

Ziehen alle Stellen eines Magneten einen Eisenkörper in gleichem Maße an?

EXPERIMENT 1
1. Befestige einen Stabmagneten an einem Stativ!
2. Versuche in gleichem Abstand voneinander größere Nägel oder Büroklammern an den Magneten zu hängen!
3. Versuche an die hängengebliebenen Nägel jeweils möglichst viele weitere Nägel anzuhängen!
4. Hänge schließlich noch kleinere Nägel an!

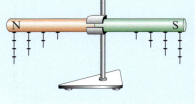

Die verschiedenen Bereiche eines Stabmagneten ziehen Eisenkörper unterschiedlich stark an. In der Nähe der Enden eines Stabmagneten treten die größten Kräfte auf. Diese Bereiche nennt man die Pole eines Magneten.

> Ein Magnet hat zwei Pole. An den Polen ist die magnetische Wirkung am größten.

Magnete und magnetisches Feld

Die beiden Hälften des Magneten in Experiment 1 sind verschiedenfarbig gekennzeichnet. Das trifft auch für andere Magnete zu. Gibt es Unterschiede zwischen den beiden Hälften?

EXPERIMENT 2
1. Befestige die Mitte eines Stabmagneten an einem dünnen Faden!
2. Halte den Faden ruhig in der Hand oder hänge ihn an einer Holzleiste auf. Sorge dafür, dass sich keine Eisenkörper in der Nähe des Magneten befinden!
3. Drehe den Magneten an der Aufhängung in verschiedene Richtungen und lasse ihn jeweils wieder los!

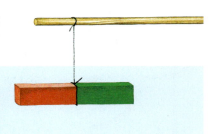
1

Der Stabmagnet dreht sich immer wieder in die gleiche Richtung, die Nord-Süd-Richtung der Erde. Seine rote Hälfte zeigt dabei immer nach Norden. Den Pol, der sich in der roten Hälfte des Magneten befindet und der nach Norden zeigt, nennt man den Nordpol. Der gegenüberliegende Pol heißt Südpol.

Schon gewusst?
Bringt man in Bild 1 auf S. 182 zwischen die Magnete eine Platte aus Holz, Glas oder Kunststoff, so ändert sich an den Wirkungen nichts. Mithilfe von ferromagnetischen Platten (Eisenplatten) lässt sich der Magnetismus jedoch abschirmen.

> Ein Magnet besitzt einen Nordpol und einen Südpol.

Wie verhalten sich die magnetischen Pole zueinander?

EXPERIMENT 3
1. Nähere dem Nordpol eines aufgehängten Stabmagneten den Südpol eines weiteren Magneten!
2. Nähere dem Südpol eines aufgehängten Stabmagneten den Nordpol eines weiteren Magneten!
3. Nähere zunächst zwei Nordpole einander, danach zwei Südpole!

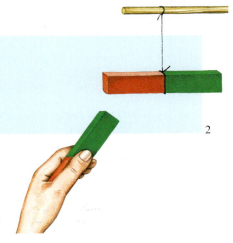
2

Zwischen einem Nord- und einem Südpol treten anziehende Kräfte auf, zwischen zwei Nordpolen bzw. zwei Südpolen abstoßende Kräfte.

> Ungleichnamige magnetische Pole ziehen einander an, gleichnamige Pole stoßen einander ab.

Magnetisieren von Körpern. Im Experiment 1 ist es gelungen, an den Polen mehrere Nägel aneinander zu hängen. Die Nägel ziehen sich gegenseitig an. Offenbar werden Nägel, die man an einen Magneten hängt, selbst magnetisch. Wie lässt sich ein Körper dauerhaft magnetisieren?

EXPERIMENT 4
1. Streiche mit einem Pol eines starken Magneten mehrmals in gleicher Richtung über eine Fahrradspeiche oder eine Stricknadel aus Eisen!
2. Nähere zunächst das eine und dann das andere Ende der Speiche einer drehbar gelagerten Magnetnadel!

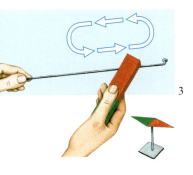
3

Das eine Ende der Speiche zieht den Südpol der Magnetnadel an und stößt den Nordpol ab. Das andere Ende der Speiche zieht den Nordpol der Magnetnadel an und stößt den Südpol ab. Die zunächst unmagnetische Fahrradspeiche ist zu einem Magneten geworden. Sie besitzt einen Nord- und einen Südpol. Warum entstehen bei der Speiche zwei Pole?

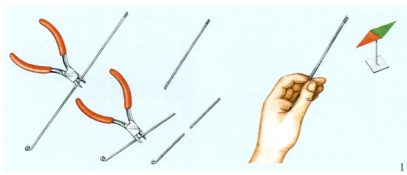

EXPERIMENT 5
1. Teile eine magnetisierte Fahrradspeiche mit einem Seitenschneider in zwei Hälften!
2. Prüfe mit einer Magnetnadel die Lage der Pole bei den Hälften der Speiche!
3. Teile eine Hälfte erneut und überprüfe sie wieder auf magnetische Pole!

Alle Teile sind vollständige Magnete. Sie besitzen jeweils einen Nord- und einen Südpol.

> Beim Zerteilen eines Magneten entstehen kleine Magnete. Jeder dieser Magnete hat einen Nord- und einen Südpol.

Diese Teilung kann man in Gedanken weiter fortsetzen. Man gelangt immer wieder zu Teilen, die vollständige Magnete sind. Die kleinsten magnetischen Teile nennt man **Elementarmagnete**.

Mithilfe der Elementarmagnete lassen sich die Ergebnisse der Experimente erklären. In einer Fahrradspeiche sind die Elementarmagnete zunächst unregelmäßig angeordnet. Ihre magnetischen Wirkungen heben sich gegenseitig auf (Bild 2).
Wenn man mit einem starken Magneten über die Fahrradspeiche streicht, drehen sich immer mehr Elementarmagnete so, dass sie in die gleiche Richtung zeigen. Diese geordneten Elementarmagnete verhalten sich nach außen wie ein einziger starker Magnet (Bild 3).

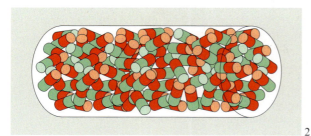

Ungeordnete Elementarmagnete in gewöhnlichem Eisen: Die magnetische Wirkung hebt sich auf.

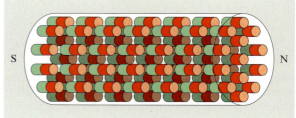

Geordnete Elementarmagnete in magnetisiertem Eisen: Die Elementarmagnete haben eine gemeinsame Wirkung.

> Körper aus Eisen und anderen ferromagnetischen Stoffen enthalten Elementarmagnete. Diese sind in verschiedenen Richtungen angeordnet. Beim Magnetisieren richten sich die Elementarmagnete aus.

Hängt man einen Nagel an einen Magneten wie im Experiment 1, so richten sich die Elementarmagnete in dem Nagel aus und er wird selbst zum Magneten. Entfernt man den Nagel wieder, so kehren die Elementarmagnete bald wieder in den ungeordneten Zustand zurück. Im Gegensatz zur Fahrradspeiche ist der Nagel nicht dauerhaft magnetisiert worden.

Übrigens

Die Magnetisierung eines Körpers lässt sich rückgängig machen, indem man den Körper stark erhitzt oder stark erschüttert. Die Elementarmagnete geraten dabei wieder in „Unordnung".
Deshalb sollte man mit Magneten möglichst vorsichtig umgehen.

Magnete und magnetisches Feld

Magnetfeld von Dauermagneten

Kräfte auf Probekörper. Magnete ziehen bestimmte Stoffe an. Auch auf andere Magnete üben sie Kräfte aus. Dabei müssen die Körper einander nicht berühren. In dem Kästchen in Bild 1 befinden sich Magnete. Der kleine Kreisel ist ebenfalls ein Magnet.
Auch das Ausrichten einer Magnetnadel zeigt, dass die magnetischen Kräfte in größerer Entfernung vom Magneten auftreten.

> Der Raum um einen Magneten hat besondere Eigenschaften: Auf Magnete und magnetisierbare Probekörper werden Kräfte ausgeübt. Einen solchen Raum nennt man ein magnetisches Feld.

Schwebender magnetischer Kreisel

Magnetische Feldlinien. Ebenso wie ein elektrisches Feld kann man auch ein magnetisches Feld mithilfe von Feldlinien darstellen. Welchen Verlauf haben die magnetischen Feldlinien in der Umgebung eines Stabmagneten?

EXPERIMENT 6
1. Befestige einen großen Stabmagneten horizontal an einem Stativ!
2. Bringe eine kleine Magnetnadel in die Nähe eines Pols des Magneten!
3. Bewege die Magnetnadel schrittweise immer in die Richtung weiter, in die jeweils die eine Nadelspitze zeigt!
4. Wiederhole das Experiment mehrmals, indem du mit der Nadel an unterschiedlichen Stellen in der Nähe des Magnetpols startest!

Bild 3 zeigt die Linien, auf denen die Magnetnadel bewegt wurde. Sie werden magnetische Feldlinien genannt. Die Idee, eine Magnetnadel schrittweise um einen Magneten herumzuführen, stammt von FARADAY. Er hat das Feldlinienbild des magnetischen Feldes entwickelt.

Das Feldlinienbild als Modell des magnetischen Feldes. Das Feldlinienbild gibt Auskunft darüber, wie sich die Magnetnadeln an den verschiedenen Orten ausrichten und wie stark die Kräfte sind, die dabei auf die Magnetnadeln wirken. Die Feldlinien verlaufen außerhalb des Magneten vom Nordpol zum Südpol. Der Nordpol einer kleinen Magnetnadel zeigt in Richtung der Feldlinie, der Südpol zeigt in die entgegengesetzte Richtung. Je dichter die Feldlinien in einem Gebiet liegen, umso größer ist die dort auftretende magnetische Wirkung.

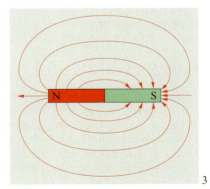

Feldlinien um einen Stabmagneten

> Das magnetische Feldlinienbild ist ein Modell des magnetischen Feldes. Es ermöglicht Aussagen über die Ausrichtung von Magnetnadeln und die Stärke der magnetischen Wirkung.

Um den Verlauf der magnetischen Feldlinien in der Umgebung eines Magneten zu untersuchen, gibt es eine weitere einfache Methode:

EXPERIMENT 7
1. Lege einen Hufeisenmagneten auf den Tisch!
2. Bedecke ihn mit einer Glasscheibe!
3. Streue Eisenfeilspäne gleichmäßig dünn auf die Scheibe!
4. Klopfe leicht gegen die Glasscheibe!

Die Eisenfeilspäne bilden lange Ketten, die längs der magnetischen Feldlinien verlaufen (Bild 1). Jeder Eisenspan wird im magnetischen Feld zu einem kleinen Magneten. Er dreht sich wie eine Magnetnadel unter dem Einfluss der magnetischen Kraft. Das Klopfen bewirkt, dass sich jeweils der Nordpol des einen Magneten an den Südpol des benachbarten heran bewegt, wodurch ganze Ketten entstehen (Bild 2).

Ketten von Eisenfeilspänen

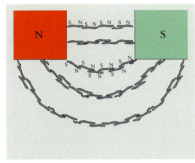
Magnetisierung der Eisenfeilspäne

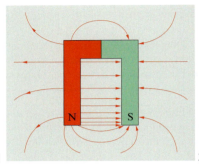
Feldlinienbild des Hufeisenmagneten

Formen magnetischer Felder. Bild 3 zeigt das Feldlinienbild als Modell des Feldes um einen Hufeisenmagneten. Zwischen den Schenkeln eines Hufeisenmagneten verlaufen die Feldlinien parallel zueinander. Auch in einem *homogenen* magnetischen Feld verlaufen die Feldlinien parallel zueinander, ihr Abstand ist dort überall gleich. Im homogenen Feld wird ein beweglicher magnetisierter Probekörper nur entsprechend seiner Polung ausgerichtet, eine resultierende Kraft wirkt aber nicht auf ihn.
Die Feldlinien in der Umgebung zweier Nordpole, die einander gegenüberstehen, zeigt Bild 4.

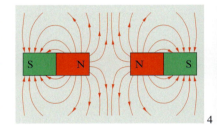

Magnetfeld von Elektromagneten

Magnetfeld stromdurchflossener Leiter. Der dänische Physiker HANS CHRISTIAN OERSTED hat im Jahre 1820 den Magnetismus eines stromdurchflossenen Leiters untersucht. Er hatte einen Draht horizontal ausgespannt, in dessen Nähe sich eine Magnetnadel befand. Immer dann, wenn durch den Draht ein Strom floss, wurde die Magnetnadel abgelenkt. Hörte der Strom auf zu fließen, so kehrte sie in ihre ursprüngliche Lage zurück (Bild 5).

> Ein elektrischer Strom ist von einem magnetischen Feld umgeben.

Den Verlauf der magnetischen Feldlinien kann man wieder mit Eisenfeilspänen untersuchen.

OERSTED demonstriert seine Entdeckung.

EXPERIMENT 8
Ein dicker Kupferdraht wird durch eine Pappscheibe gesteckt, die an einem Stativ horizontal angebracht ist. Auf die Pappscheibe streut man Eisenfeilspäne. Durch den Draht fließt ein starker Strom. Während des Stromflusses klopft man leicht auf die Scheibe.
Um die Richtung der Feldlinien zu bestimmen, führt man anschließend eine Magnetnadel um den stromdurchflossenen Draht herum.

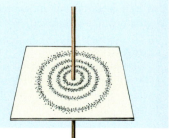

Magnete und magnetisches Feld

Die Eisenfeilspäne ordnen sich in Form von Kreisen um den Leiter an. Der Draht bildet das Zentrum der Kreise. Bild 1 zeigt das Feldlinienbild um einen stromdurchflossenen Leiter.

> Fließt durch einen geraden Leiter ein elektrischer Strom, so bilden sich um ihn herum kreisförmige Feldlinien aus.

Spulen. Der Hallenser Professor JOHANN S. SCHWEIGGER überlegte sich, wie man die magnetische Wirkung eines stromdurchflossenen Drahtes verstärken könnte: Man müsste den Draht nicht nur über die Magnetnadel halten, sondern ihn ein Mal um die Magnetnadel herum führen (Bild 2b). Dann würde diese heftiger ausschlagen. Noch besser wäre es, den Leiter mehrfach aufzuwickeln (Bild 2c). Damit hatte SCHWEIGGER die Spule erfunden.

Feldlinienbild eines stromdurchflossenen Leiters

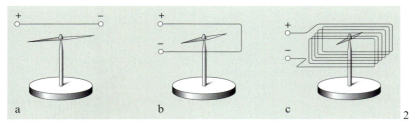

Die Idee der Spule: Die Wirkung des Stromes wird vervielfacht.

Übrigens

Hält man den Daumen der rechten Hand in die Stromrichtung (von + nach –), so geben die gekrümmten Finger die Richtung der magnetischen Feldlinien an.

Wie verlaufen die Feldlinien in der Umgebung einer Spule?

EXPERIMENT 9
1. Schneide in eine Pappscheibe ein rechteckiges Loch, in das eine Spule straff hinein passt!
2. Schneide einen Pappstreifen aus, der in die Öffnung der Spule hinein geschoben werden kann!
3. Schließe die von der Pappscheibe umschlossene Spule an eine Spannungsquelle an!
4. Streue Eisenfeilspäne auf die Pappscheibe und den Pappstreifen!

Außerhalb der Spule gleicht das Magnetfeld dem eines Stabmagneten. Innerhalb der Spule verlaufen die magnetischen Feldlinien parallel. Sie liegen dort dichter beieinander als im Außenraum (Bild 5).

> Im Außenraum gleicht das Magnetfeld einer Spule dem Magnetfeld eines Stabmagneten.
> Im Inneren einer Spule tritt ein homogenes Magnetfeld auf.

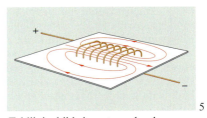

Feldlinienbild einer stromdurchflossenen Spule

Je weiter man sich von einem stromdurchflossenen Leiter oder einer Spule entfernt, umso größer ist der Abstand zweier benachbarter Feldlinien (Bilder 1 und 5). Daran erkennt man, dass die Stärke des Magnetfeldes mit zunehmendem Abstand kleiner wird. In unmittelbarer Nähe eines Leiters und im Inneren einer Spule liegen die Feldlinien am dichtesten beieinander. Dort ist das magnetische Feld am stärksten.
Dieses Ergebnis entspricht deinen Erfahrungen im Umgang mit Magneten: Je näher man mit einem Eisenkörper an einen Magneten herangeht, desto größer ist die anziehende Kraft.

Elektrizitätslehre

Die Spule als Elektromagnet. Wie kann man erreichen, dass eine Spule einen Eisenkörper möglichst stark anzieht?

EXPERIMENT 10
1. Stelle eine Spule so auf, dass ihre Achse vertikal verläuft!
2. Schließe die Spule an eine Spannungsquelle an!
3. Befestige einen Federkraftmesser so an einem Stativ, dass er sich über der Spule befindet!
4. Hänge direkt über die Spule einen Eisenkörper an den Kraftmesser!
5. Vergrößere die Stromstärke in der Spule in kleinen Schritten und beobachte jeweils die Kraftänderung am Federkraftmesser!

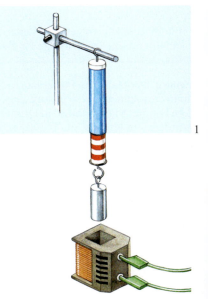

Je größer die Stromstärke ist, umso größer ist auch die Kraft, die auf einen Probekörper ausgeübt wird.

EXPERIMENT 11
1. Verwende die gleiche experimentelle Anordnung wie in Experiment 10!
2. Lies die Anzeige am Federkraftmesser bei einer bestimmten Stromstärke ab!
3. Tausche die Spule gegen eine solche aus, die eine kleinere Windungszahl besitzt und danach gegen eine solche mit einer größeren Windungszahl!
4. Lies bei gleicher Stromstärke erneut die Kraft ab!

Je größer die Windungszahl einer Spule ist, umso größer ist auch die Kraft auf einen Probekörper.

> Die Stärke des magnetischen Feldes einer Spule hängt von der Stromstärke und von ihrer Windungszahl ab. Je größer die Stromstärke und je größer die Windungszahl ist, umso größer ist die Kraft auf einen Probekörper.

Das Magnetfeld einer Spule lässt sich verändern oder auch ganz abschalten. Dies ist für viele technische Anwendungen von Bedeutung, z. B. beim Lasthebemagneten (Bild 2). Beim Einschalten zieht er die Eisenrohre an. Schaltet man den Strom aus, so lösen sich die Eisenrohre wieder ab.
Der Lasthebemagnet bei einem Kran besteht nicht nur aus einer Spule, sondern auch noch aus Eisenteilen. Das Eisen vergrößert die Tragkraft des Magneten. Ohne Eisenkern kann die stromdurchflossene Spule in Bild 3 noch nicht einmal ein Eisenstück von 50 g Masse tragen. Mit einem I-förmigen Eisenkern trägt dieselbe Spule bei gleicher Stromstärke bereits ein Wägestück von 1 kg (Bild 4). Im Bild 5 ist das Magnetfeld noch stärker. Hier verlaufen die magnetischen Feldlinien völlig im Eisen.

Kran mit Elektromagneten

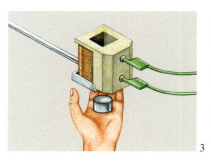

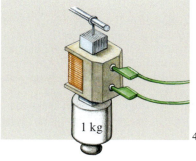

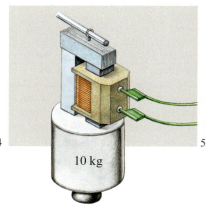

Gleichstrommotor

Aufbau eines Gleichstrommotors. In vielen elektrischen Geräten und Spielzeugen werden Elektromotoren eingesetzt. Bild 1 zeigt den prinzipiellen Aufbau eines Gleichstrommotors. Zwischen den Polen eines Hufeisenmagneten befindet sich eine drehbar gelagerte Spule mit Eisenkern. Man nennt sie Anker. Die Stromzufuhr zu der Spule erfolgt über zwei Kontakte. Zwei Blattfedern schleifen an je einem halben Messingring. Jeder Halbring ist mit einem Ende der Spulenwicklung verbunden.

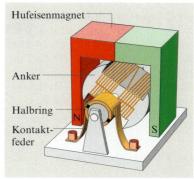

Ein einfacher Gleichstrommotor besteht aus einem ruhenden Magneten, zwischen dessen Polen sich ein Elektromagnet, der so genannte Anker, drehen kann. Die Stromzufuhr erfolgt über zwei Kontaktfedern. Sie schleifen an den beiden Halbringen, die auf dem Anker angebracht sind.

Wirkungsweise eines Gleichstrommotors. Während z. B. beim Lasthebemagneten nur die magnetischen Anziehungskräfte Anwendung finden, nutzt der Elektromotor sowohl die Anziehungs- als auch die Abstoßungskräfte. Wird an die Kontaktfedern eine Gleichspannung angelegt, so fließt durch die Spule ein Strom. Es bilden sich zwei Magnetpole aus. Zwischen den Polen des Hufeisenmagneten und den Polen des Ankers treten Kräfte auf.

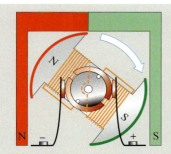 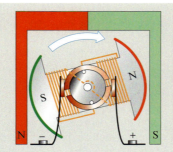 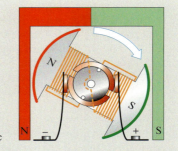

a) Der Nordpol des Ankers wird vom Südpol des Hufeisenmagneten angezogen und vom Nordpol des Hufeisenmagneten abgestoßen. Der Südpol des Ankers wird vom Nordpol des Hufeisenmagneten angezogen und von dessen Südpol abgestoßen. Es entsteht eine Drehbewegung.

b) In dieser Stellung stehen sich ungleichnamige Pole gegenüber und ziehen einander an. Durch die Trägheit des Ankers wird die Drehbewegung aber noch fortgesetzt. Dabei gelangen die beiden Kontaktfedern jeweils auf den anderen Halbring. Die Stromrichtung im Anker ändert sich und damit die Lage der Pole im Anker.

c) Da sich nun wieder gleichnamige Pole gegenüberstehen, treten abstoßende Kräfte auf. Deshalb bewegt sich der Anker weiter. Außer den abstoßenden Kräften zwischen den gleichnamigen Polen wirken wiederum noch die anziehenden Kräfte zwischen den ungleichnamigen Polen.

Zwischen den Magnetpolen im Gehäuse eines Motors und den Magnetpolen des Ankers treten anziehende bzw. abstoßende Kräfte auf. Sie versetzen den Anker in Drehbewegung. Schleifkontakte bewirken eine Umpolung des Stroms, sobald sich ungleichnamige Pole gegenüberstehen.

Die meisten Motoren besitzen anstelle des Hufeisenmagneten schalenförmige Magnete. Außerdem haben die Ankerspulen mehr als zwei Pole (Bild 3). Entsprechend ist auch der Schleifring in eine größere Anzahl von Abschnitten geteilt. Dadurch wird verhindert, dass der Motor in eine Stellung gerät, aus der er nicht ohne „Anwerfen" gestartet werden kann.

Mehrpolige Ankerspule eines Motors

Magnetfeld der Erde

Das Magnetfeld als Orientierungshilfe. Die Erde ist ein großer Magnet. Das ist daran zu erkennen, dass sich ein Stabmagnet – wenn man ihn drehbar aufhängt – in Nord-Süd-Richtung ausrichtet. Diese Erscheinung wird beim Kompass genutzt. Für die Seefahrt war er über Jahrhunderte ein unentbehrliches Instrument.
Auch manche Tiere können das Magnetfeld der Erde zur Orientierung nutzen, da sie in ihrem Kopf eine magnetische Substanz besitzen. So orientieren sich manche Zugvögel nicht nur am Stand der Sonne. Ihr „Magnetsinn" ermöglicht es, dass sie auch bei bedecktem Himmel ihr Ziel erreichen.

Seekompass aus dem Jahr 1575

Die Pole des Magnetfeldes. Das Magnetfeld der Erde hat eine ähnliche Gestalt wie das Feld eines Stabmagneten. Da der Nordpol einer Magnetnadel nach Norden zeigt, muss sich im geografischen Norden der magnetische Südpol befinden, denn ungleichnamige Pole ziehen sich an. Im geografischen Süden der Erde befindet sich der magnetische Nordpol (Bild 2).
Die geografische Nord-Süd-Richtung kann man durch die Stellung des Polarsterns oder die Stellung der Sonne ermitteln. Vergleicht man diese Richtung mit der Richtung, in die eine Magnetnadel zeigt, so stellt man eine geringe Abweichung fest. Die Magnetpole der Erde liegen etwa 2 000 km von den geografischen Polen entfernt. Deshalb zeigt der Kompass nicht genau die Nord-Süd-Richtung an. Der Winkel, um den die Richtung der Magnetnadel von der geografischen Nord-Süd-Richtung abweicht, heißt Deklinationswinkel oder Missweisung (Bild 3).
Außerdem sind die Feldlinien gegenüber der Erdoberfläche geneigt. Der Winkel, den die magnetischen Feldlinien mit der Erdoberfläche bilden, heißt Inklinationswinkel. Er beträgt im Süden Deutschlands 63°, im Norden 69°. An den magnetischen Polen der Erde beträgt er 90°.

Die Pole der Erde

Sonnenwind. Die Sonne sendet ständig elektrisch geladene Teilchen aus, den so genannten Sonnenwind. Dadurch verändert sich die Form des Erdmagnetfeldes: Zur sonnenabgewandten Seite bildet sich ein langer Schweif (Bild 4). Je nach Aktivität der Sonne wird auch das Magnetfeld auf der Erde etwas verändert.

Deklinationswinkel in Deutschland (2000)

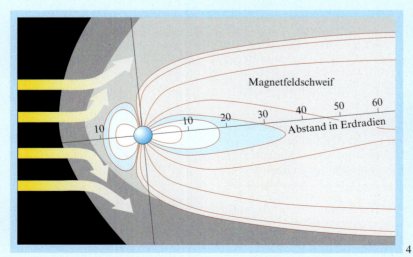

Magnetischer Schweif der Erde

Bestimmung des Inklinationswinkels

Magnete und magnetisches Feld

Projekt

Elektromotor

Einen sehr einfachen Elektromotor kann man sich aus dickem Kupferdraht, einem keramischen Magneten und einem Holz- oder Schaumstoffklotz herstellen. In ihm treten magnetische Anziehungskräfte auf. Ein Motor, der die magnetische Anziehung und Abstoßung nutzt, lässt sich mit einer Kunststoffflasche bauen.

AUFTRAG (Gruppe A)

1. Umwickelt einen Holz- oder Schaumstoffklotz im Abstand von etwa 10 cm mit zwei dicken Kupferlackdrähten von etwa 90 cm Länge und entfernt an allen Enden auf etwa 3 cm die Isolierung!
2. Führt jeweils das eine Ende seitlich heraus (a). Biegt das andere etwa 10 cm lange Ende vertikal nach oben. Winkelt es am oberen Ende ab, sodass eine Auflage entsteht (b)!
3. Wickelt aus einem 175 cm langen dicken Kupferlackdraht eine rechteckige Spule von fünfeinhalb Windungen, die Seitenlängen von 8 cm und 6 cm besitzt (c). Winkelt die beiden etwa 5 cm langen Enden in halber Länge der kleinen Rechteckseiten ab, sodass sie in Richtung der Querachse der Spule verlaufen und legt sie auf die Auflagen!
4. Richtet die Spule durch Nachbiegen des Drahtes so aus, dass sie in jeder Lage liegen bleibt und sich gleichmäßig drehen kann. Entfernt z. B. durch Schaben mit einem Messer die Isolierung am unteren Teil des Drahtes an der Auflagefläche. Haltet dabei die Spule so, dass ihre Öffnungen nach links und rechts zeigen!
5. Legt unter die Spule einen möglichst großen keramischen Magneten, den ihr aus einem alten Lautsprecher ausbauen oder durch Zusammenfügen der Magnete von Türverschlüssen herstellen könnt! Der Nord- oder der Südpol des Magneten soll nach oben zeigen.
6. Verbindet die Anschlüsse (a) des Motors mit einer Monozelle oder einer Flachbatterie und stoßt die Spule an!
7. Führt euren Motor vor und erläutert seine Wirkungsweise!

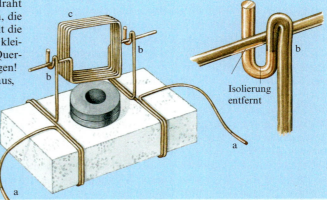

AUFTRAG (Gruppe B)

1. Stellt 2 Rahmenspulen der Abmessungen 15 cm x 10 cm aus isoliertem Kupferdraht von 0,3 mm Durchmesser her! Sie sollen jeweils etwa 50 Windungen haben. Ihr könnt sie z. B. auf einem Holzklotz aufwickeln und hinterher abstreifen.
2. Befestigt die beiden Spulen auf einander gegenüberliegenden Seiten einer großen dickwandigen Kunststoffflasche!
3. Klebt auf den Schraubverschluss der Flasche 2 Halbringe, die ihr aus einem dünnen Kupferblechstreifen hergestellt habt. Schaltet beide Spulen in Reihe und verbindet jedes freie Ende mit einem Halbring. Überlegt dazu, in welcher Richtung der Strom in den beiden Spulen fließen soll!
4. Bohrt in den Schraubverschluss und den Boden der Flasche je ein 4-mm-Loch. Fertigt ein Gestell aus Holzbrettern an, in das die Flasche hineinpasst. Lagert sie drehbar, indem ihr durch die Seitenteile des Gestells je einen Nagel steckt, der in die Bohrungen der Flasche hineinragt!
5. Befestigt auf dem Grundbrett zwei Messingstreifen, die einander gegenüberliegend an den Halbringen schleifen!
6. Legt unter die Kunststoffflasche zwei kräftige keramische Magnete!
7. Verbindet die Anschlüsse (a) des Motors mit einer Flachbatterie und stoßt die Spule an!
8. Führt euren Motor vor und erläutert seine Wirkungsweise!

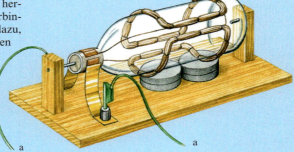

Weitere Aufträge zum Elektromotor

– Informiere dich über die historische Entwicklung der Elektromotoren!

– Welche Elektromotoren nutzt ihr zu Hause? Fertige eine Übersicht – mit Leistungsangaben – an!

Bedeutung elektrischer und magnetischer Felder für das Leben

Entdeckung der elektrischen und magnetischen Felder

Bereits 588 v. Chr. wird von THALES VON MILET die elektrische Wirkung des geriebenen Bernsteins beschrieben. Leichte Körper werden sichtbar angezogen, sobald sie in die Nähe des Bernsteins geraten – sie brauchen ihn gar nicht direkt zu berühren. Der Leibarzt der englischen Königin ELISABETH I., WILLIAM GILBERT, fand um 1600 noch andere Materialien, von denen anziehende Kräfte ausgingen, wenn sie gerieben wurden, z. B. Glas, Wachs, Schwefel und einige Edelsteine.

Dass Magneteisenstein Eisen anzieht, war den Griechen und den Chinesen seit dem 6. Jahrhundert v. Chr. bekannt. Der Name „Magnet" stammt von der Stadt „Magnesia" in der Türkei. Dort wurde magnetisches Eisenerz gefunden. Auch für die magnetische Anziehung ist kein Kontakt zwischen den Körpern notwendig. Dies zeigt sich besonders deutlich bei frei beweglichen Magneten, die sich „wie von selbst" in die Nord-Süd-Richtung drehen. Die Chinesen waren die Ersten, die einfache Kompasse herstellten; spätestens seit dem 13. Jahrhundert n. Chr. wurden Kompasse auch von den Seeleuten aus den Mittelmeerländern benutzt.

Chinesischer Kompass (10. Jahrhundert)

1820 beobachtete HANS-CHRISTIAN OERSTED, dass man mit elektrischem Strom Magnetismus erzeugen kann. Der Strom floss durch einen straff gespannten Draht (siehe S. 186); als Stromquelle diente ihm ein galvanisches Element.

Während OERSTED durch elektrischen Strom Magnetismus erzeugte, gelang es 1831 MICHAEL FARADAY, durch Magnetismus elektrischen Strom zu erzeugen. Er hatte erkannt, dass ein elektrischer Strom angetrieben wird, solange sich das magnetische Feld in einer Induktionsspule ändert. Damit schuf FARADAY die Voraussetzung für die Entwicklung von leistungsfähigen Generatoren, wie sie bis heute in fast allen Kraftwerken zur Stromerzeugung eingesetzt werden.

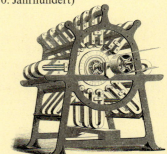

Alliance Maschine (Generator; 1850)

Natürliche Felder

Die gesamte Erde ist von einem zeitlich nahezu konstanten magnetischen Feld umgeben. Dieses Feld kann man leicht mit einer Magnetnadel nachweisen. Die Stärke des Feldes ist jedoch gering.

An der Erdoberfläche gibt es auch ein natürliches elektrisches Feld, das durch die ionisierende Wirkung der Strahlung von der Sonne und aus dem Weltall hervorgerufen wird. Aber auch die Luftbewegungen in der Atmosphäre können zu starken elektrischen Feldern führen. Diese zeigen sich vor allem bei Gewittern, sie sind die Ursache der Blitze.

Die Sonne sendet nicht nur Licht, sondern auch elektrisch geladene Teilchen aus (siehe S. 190). Wenn sich diese der Erde nähern, werden sie durch das Erdmagnetfeld abgelenkt. Auf Spiralbahnen gelangen sie in die Nähe der Pole (Bild 1, Seite 193). In der oberen Atmosphäre regen sie Atome und Moleküle zum Leuchten an. Diese Erscheinung nennt man **Polarlicht** (Bild 2, Seite 193). Bei besonderer Aktivität der Sonne können die Teilchenströme das Magnetfeld der Erde erheblich stören. Dann können Polarlichter bis in den Mittelmeerraum hinein auftreten. Man spricht in solchen Fällen von magnetischen Stürmen.

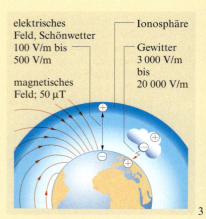

Elektrisches Feld der Erde

Magnete und magnetisches Feld

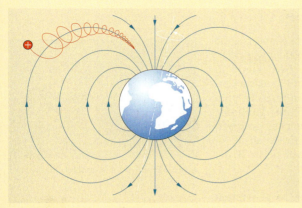

Ablenkung geladener Teilchen im Erdmagnetfeld

Polarlicht über Bautzen am 6. April 2000

Nieder- und hochfrequente Wechselfelder in der Technik

Wenn ein Transformator an eine Steckdose angeschlossen ist, so ändern elektrisches und magnetisches Feld in einer Sekunde 100-mal ihre Richtung. Der Zeitabschnitt zwischen zwei gleichartigen Richtungsänderungen wird als Periode bezeichnet (Bild 3). Beim Strom aus der Steckdose beträgt die Anzahl der Perioden damit 50 in einer Sekunde. Man sagt: Unser Wechselstrom hat eine Frequenz von 50 Hertz (Hz).

Fernseh- und Radiosender erzeugen elektrische und magnetische Wechselfelder mit Frequenzen zwischen einem Megahertz (1 MHz = 1 000 000 Hz) und einem Gigahertz (1 GHz = 1 000 000 000 Hz).

Stärke von Feldern

In der unmittelbaren Umgebung von Hochspannungsleitungen treten starke elektrische und magnetische Felder auf. Die Stärke der Felder ist abhängig vom Abstand zu den Leitungen (Bild 4). Als Einheit für die Stärke des elektrischen Feldes wird V/m verwendet.

Bei Erdkabeln werden die elektrischen Felder durch eine metallene Umhüllung fast völlig abgeschirmt. Auch das Innere von Häusern ist durch die vielen Metallteile im Baumaterial nahezu frei von elektrischen Feldern. Magnetfelder dagegen durchdringen fast ungehindert die meisten Materialien. Sie treten nicht nur in der Umgebung von Erdkabeln und in Wohnungen auf; vor allem in der Industrie – z. B. in Kraftwerken und Umspannstationen – kommt es zu starken Magnetfeldern. Die Stärke von Magnetfeldern wird durch die so genannte **magnetische Flussdichte** charakterisiert. Als Einheit für die Flussdichte wird in der Regel Mikrotesla (µT) verwendet. Die Flussdichte des Magnetfeldes der Erde beträgt in Deutschland 50 µT.

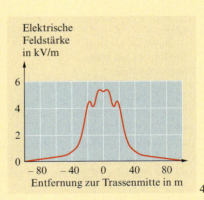

AUFGABEN

1. Beschreibe Experimente, mit denen man nachweisen kann, dass ein elektrisches bzw. ein magnetisches Feld vorliegt!
2. Skizziere den Aufbau eines Kompasses und erkläre seine Wirkungsweise!
3. Was sind „magnetische Stürme" und welche Ursache haben sie?
4. Wie kommen Polarlichter zustande und warum treten sie in der Regel nur in der Nähe der magnetischen Pole der Erde auf?

Gesundheitliche Schädigung durch Felder?

Wahrnehmbarkeit von Feldern. Dem Menschen stehen keine Sinnesorgane zur Verfügung, mit denen er elektrische und magnetische Felder wahrnehmen kann. Das gilt sowohl für Gleichfelder als auch für Wechselfelder. Von einigen Zugvögeln weiß man jedoch, dass sie sich auf ihren Langstreckenflügen am Magnetfeld der Erde orientieren. Sie besitzen in ihren Köpfen kleine Ansammlungen von Magnetitkristallen. Auch Delfine, Tunfische und manche Kleinlebewesen können sich mithilfe eines solchen „inneren Kompasses" orientieren. Ist die Stärke der elektrischen Felder groß, so können Menschen diese indirekt wahrnehmen. Es sträuben sich z. B. die Körperhaare in einem starken elektrischen Feld.

Kraniche auf dem Weg nach Süden

Grenzwerte. Immer wieder gibt es Diskussionen um den so genannten „Elektrosmog". Mit diesem Wort sind schädliche Einflüsse gemeint, die von elektrischen oder magnetischen Feldern ausgehen. Es gibt jedoch bislang keine eindeutigen Hinweise darauf, dass die Felder, die durch den normalen Umgang mit elektrischem Strom entstehen, gesundheitliche Schäden verursachen.

Um sicher vor Schäden zu sein, gilt in Deutschland seit 1997 eine Verordnung, in der Grenzwerte für die Belastung durch elektrische und magnetische Felder festgelegt wurden. Darin wird unterschieden zwischen
- Niederfrequenzanlagen, die mit einer Spannung von über 1000 V betrieben werden, also z. B. Erdkabel und Freileitungen (Frequenz 50 Hz) sowie Anlagen der Bahn (Frequenz 16,67 Hz) und
- Hochfrequenzanlagen, also z. B. Sendeanlagen für Telekommunikation.

Über die Auswirkungen elektrischer und magnetischer Felder wird oft sehr unseriös berichtet.

Grenzwerte für die Felder elektrischer Anlagen		
	Stärke des elektrischen Feldes in V/m	Magnetische Flussdichte in µT
Niederfrequenzanlagen 50 Hz	5 000	100
Hochfrequenzanlagen 10 MHz bis 400 MHz	27,5	0,092
über 2000 MHz	61	0,2
Zum Vergleich: Natürliche Felder der Erde	100 bis 500	50

Eine kurzzeitige oder kleinräumige Überschreitung dieser Werte ist zulässig (um bis zu 100%) – jedoch nicht in der Nähe von Wohnungen, Krankenhäusern, Schulen, Kindergärten und Spielplätzen.

Gleichfelder. Relativ starke magnetische Felder sind in Straßenbahnen anzutreffen, die in der Regel mit Gleichstrom betrieben werden. Sie sind etwa so stark wie das Erdmagnetfeld. Das elektrische Feld des Fahrdrahtes wird fast vollständig durch die Kabine abgeschirmt. In Schmelzöfen und anderen Anlagen der Industrie entstehen Magnetfelder von 150 000 µT. In Geräten der medizinischen Diagnose, den Magnetresonanztomografen, werden sogar zeitlich konstante Magnetfelder von 1 500 000 µT verwendet (Bild 3). Obwohl dies der 30 000fachen Stärke des Erdmagnetfeldes entspricht, haben solche Felder nach heutigem Wissen keine schädlichen biologischen Nebenwirkungen. Natürlich wirken sie auch nur für kurze Zeit auf die Patienten.

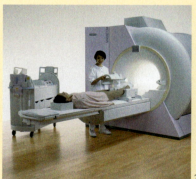
Magnetresonanztomograf

Magnete und magnetisches Feld

Felder von Elektrogeräten (Abstand 30 cm)		
	Stärke des elektrischen Feldes in V/m	Magnetische Flussdichte in µT
Bügeleisen	120	0,1 bis 0,3
Föhn	80	bis 7
Herd	8	0,15 bis 0,5
Staubsauger	50	2 bis 20
Wasserkocher	20	0,08

1

Felder von Haushaltsgeräten. Sowohl die elektrischen als auch die magnetischen Felder der mit 50 Hz betriebenen Haushaltsgeräte sind (im Abstand von 30 cm) deutlich schwächer als die festgelegten Grenzwerte in der Tabelle auf S. 194. Obwohl gesundheitliche Schäden durch die Felder dieser Geräte so gut wie ausgeschlossen sind, bemühen sich viele Hersteller, die Felder so schwach wie möglich zu halten.

Felder von Sendeanlagen. Auch die hochfrequenten Felder des Rundfunks stellen nach bisherigem Wissen kein Risiko dar. Allerdings können dicht neben Antennen von großen Sendeanlagen starke Erwärmungen im Körper auftreten, die zu Schäden führen. Man sollte sich deshalb nicht länger als notwendig im Einflussbereich solch starker Felder aufhalten. Für die Öffentlichkeit sind daher die Bereiche starker Felder in der direkten Umgebung von Sendeanlagen nicht zugänglich.

Felder unter Freileitungen. Die elektrischen Felder unter Freileitungen sind zum Teil erheblich stärker als das natürliche elektrische Feld in der Erdatmosphäre. Dicht über dem Erdboden werden unter einer 110-kV-Leitung bis zu 2 000 V/m und unter einer 380-kV-Leitung bis zu 6 000 V/m gemessen. Obwohl die elektrischen Felder durch die Baumaterialien der Häuser weitgehend abgeschirmt werden, dürfen unter Freileitungen keine Wohngebäude, Kindergärten, Schulen oder Krankenhäuser errichtet werden.
Die Stärke der magnetischen Felder in der Umgebung der Freileitungen hängt von der Stromstärke in den Leitungen ab. Die am Boden gemessenen Werte der magnetischen Flussdichte liegen durchweg unter 30 µT.

Schlussfolgerungen. Die elektrischen und magnetischen Felder, die uns alltäglich umgeben, haben keinen negativen Einfluss auf unsere Gesundheit. Da aber eine Gefährdung durch besonders starke Felder nicht ausgeschlossen werden kann, wurden Grenzwerte und bestimmte Vorsichtsmaßnahmen vorgeschrieben. Im Bereich starker hochfrequenter Wechselfelder sollte man sich nicht länger als notwendig aufhalten.

Schon gewusst?

Personen mit Herzschrittmachern sollten ihren Arzt nach besonderen Grenzwerten fragen. Ältere Herzschrittmacher können bereits durch Felder gestört werden, die nur halb so stark sind wie die Grenzwerte, die in der Tabelle auf S. 194 angegeben sind.

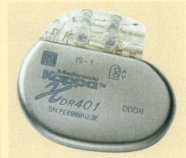

2

Herzschrittmacher

AUFGABEN

1. Welche Bedeutung hat das Magnetfeld der Erde für die Zugvögel?
2. Die Wände unserer Wohn- und Arbeitsgebäude enthalten viele Kupferleitungen, Eisendrähte und Eisenstangen. Können das natürliche elektrische Feld und das natürliche magnetische Feld der Erde in unsere Wohn- und Arbeitsräume eindringen?
3. Nenne Stellen in deinem Wohnort und in dessen Umgebung, wo du das Auftreten starker elektrischer oder magnetischer Felder vermutest. Begründe deine Vermutungen!
4. Wie kann man sich vor dem Auftreten möglicher gesundheitlicher Schäden durch zu starke elektrische und magnetische Felder schützen?

AUFGABEN

1. Welche Haushaltsgegenstände enthalten Magnete? Wozu dienen sie?
2. Untersuche, welche Münzen von Magneten angezogen werden! Wozu kann man das nutzen?
3. Von zwei Stricknadeln ist eine magnetisiert. Wie kann man herausfinden, welche von beiden der Magnet ist?
4. Auf welcher Seite der Fahrradspeiche im Experiment 4 (S. 183) entsteht ein Nord- und auf welcher ein Südpol?
5. Ein Magnet zieht eine Schraube an und hält sie fest. Diese Schraube zieht eine zweite an und hält sie. Erkläre!
6. Warum werden Dauermagnete mit der Zeit schwächer? Warum wird magnetisches Eisen wieder unmagnetisch, wenn man kräftig mit dem Hammer darauf schlägt?
7. Wie kann man prüfen, ob die Gummidichtung an der Tür eines Kühlschrankes einen Magnetgummi enthält?
8. Erkläre, dass beim Teilen eines Magneten stets wieder vollständige Magnete entstehen!
9. Die magnetische Stricknadel im Korken (Bild 1) hat oben ihren Nordpol.
    a) Skizziere den Weg, auf dem sie sich bewegt!
    b) Was würde dagegen geschehen, wenn auf dem Korken ein kleiner Stabmagnet läge? Erkläre den Unterschied!

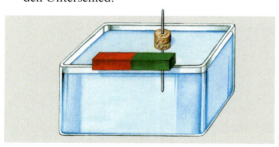

10. Zeichne die Feldlinienbilder für folgende Anordnungen von Magneten!

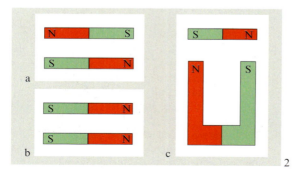

11. Gib Möglichkeiten an, wie sich der Feldlinienverlauf um einen Magneten ermitteln lässt!
12. An welchen Stellen sind die magnetischen Felder in den Bildern 3 (S. 185) und 3 (S. 186) am stärksten?
13. Bild 3 zeigt das Feldlinienbild eines Hufeisenmagneten. Durch den hängenden Draht fließt ein Strom in der angegebenen Richtung. Gib die Richtung der Kraft an, die auf den Draht wirkt! Wie ändert sich die Richtung der Kraft, wenn die Pole des Magneten vertauscht werden?

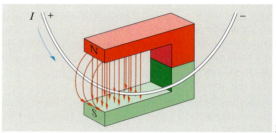

14. Begründe, dass für den Kern eines Elektromagneten nur bestimmte Stoffe verwendet werden können! Welche Stoffe sind geeignet?
15. Wie kann man nachweisen, dass die Kräfte, die durch den Magnetismus der Erde bewirkt werden, nichts mit der Gravitation zu tun haben?
16. Kann man einen Lasthebemagneten auch mit Wechselstrom betreiben? Begründe deine Antwort!
17. Wovon hängt die Stärke des Magnetfeldes in einer Spule ab? Wie kann man erreichen, dass das Feld möglichst stark ist?
18. Begründe, dass sich Eisenfeilspäne entlang magnetischer Feldlinien zu Ketten anordnen!
19. Beschreibe den Aufbau und erkläre die Wirkungsweise eines Elektromotors!
20. Beschreibe den Aufbau und erkläre die Wirkungsweise eines Relais!
21. Beschreibe den Aufbau einer elektrischen Klingel!
22. Erkläre das Wirkprinzip eines Sicherungsautomaten! Welchen Vorteil hat es, hier nicht ausschließlich einen Elektromagneten zu verwenden?
23. Ein Dauermagnet steht in einem bestimmten Abstand vor einem Elektromagneten. Beschreibe ein Experiment, in dem sich für diesen Abstand die Abhängigkeit der Anziehungskraft von der Stromstärke im Dauermagneten untersuchen lässt!
24. a) Wo befindet sich der magnetische Südpol der Erde?
    b) Beschreibe den Verlauf der Feldlinien an diesem Ort!
    c) Wie stellt sich eine frei drehbare Magnetnadel an diesem Ort ein?

Magnete und magnetisches Feld

ZUSAMMENFASSUNG

Magnete
Zwischen einem Magneten und Körpern aus Eisen, Nickel, Cobalt und bestimmten keramischen Werkstoffen wirken anziehende Kräfte. Die Stoffe, aus denen diese Körper bestehen, nennt man ferromagnetische Stoffe. Ein Magnet besitzt einen Nordpol und einen Südpol. An den Polen ist die magnetische Kraft am größten. Ungleichnamige Pole ziehen einander an, gleichnamige Pole stoßen einander ab.

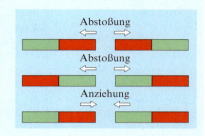

Körper aus ferromagnetischen Stoffen enthalten Elementarmagnete. Beim Magnetisieren richten sich die Elementarmagnete aus.

Magnetisches Feld
Im Raum um einen Magneten werden auf Magnete und magnetisierbare Probekörper Kräfte ausgeübt. Einen solchen Raum nennt man ein magnetisches Feld.
Bringt man eine kleine Magnetnadel in ein Magnetfeld, so zeigt ihr Nordpol in Richtung der Feldlinie an diesem Ort. Je dichter die Feldlinien in einem Gebiet liegen, umso größer ist die dort auftretende magnetische Wirkung.
Auch ein elektrischer Strom ist von einem magnetischen Feld umgeben.

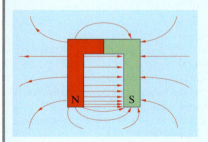 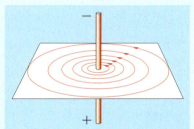

Gleichstrommotor
Zwischen dem Feldmagneten im Gehäuse des Motors und dem Anker treten anziehende bzw. abstoßende Kräfte auf. Sie versetzen den Anker in Drehbewegung. Schleifkontakte ändern die Stromrichtung jeweils im richtigen Augenblick.

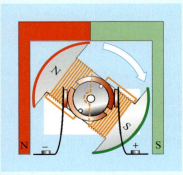 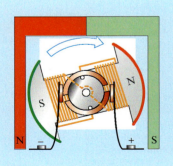 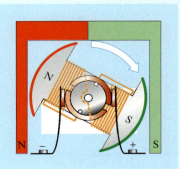

Register

Abgase 140
absolute Nullpunkt 106 f.
Adhäsion 42
Aggregatzustandsänderungen 118 ff.
Akkumulator 15
Ampere (A) 151
AMPÈRE, ANDRÉ-MARIE 151
Amperestunde 180
Angriffspunkt 38
Anker 189
Anomalie des Wassers 121
Anti-Blockier-System (ABS) 44
Aquaplaning 44
Arbeit 9 f., 12, 132 ff
–, elektrische 178 f.
–, mechanische 92 ff., 110
Archimedes 73
Archimedisches Gesetz 73
Aristoteles 54
Atemregler 76
Atmosphäre 126
Atmung der Fische 78
Auf- und Entladung von Körpern 144 ff.
Auflagedruck 59
Auftrieb 72 ff.
– in Luft 74
– in strömender Luft 83
Auftriebskraft 72 ff., 76
–, dynamische 83
Ausdehnungskoeffizient, linearer 112

Bandgenerator 149
Barometer 68
Batterien 164
BENZ, CARL 141
Beschleunigung 54 f.
Bewegung, thermische 107
Bewegungsänderung 33 f.
Bewegungsenergie 15
Biogas 21
Biomechanik 98 f.
Blitze 162
Blutdruck 69
Blutkreislauf 69
Bodenbearbeitung 46 f.
Bremsen 44
Bremsweg 44 f.
Brennstoffe, nachwachsende 20

chemische Energie 14
chemische Wirkung des elektrischen Stromes 153
Coulomb (C) 146
COULOMB, CHARLES AUGUSTIN DE 146

DA VINCI, LEONARDO 29
DAIMLER, GOTTLIEB 141
Dampf, gesättigter 123
–, übersättigter 123
Dampfmaschine 134
Deklinationswinkel 190
Deponiegas 21
Dichte 121
DIESEL, RUDOLF 136, 141
Dieselmotor 136
Dosenbarometer 68
Druck 58 ff.
– in Flüssigkeiten 61 f.
Drucksonde 66
Durchschnittsleistung 97
dynamische Auftriebskraft 83

Ebbe und Flut 53
EDISON, THOMAS ALVA 163
El Niño 128 f.
elektrische Arbeit 178 f.
– Energie 11,13, 18, 178
– Feldlinien 147 f.
– Fische 160
– Leistung 176 f.
– Spannung 158 ff.
– Stromstärke 151
elektrischer Strom 149
– Stromkreis 154
– Widerstand 168 ff.
elektrisches Feld 147 f., 192 ff.
– – der Erde 192
Elektrizitätsquellen 150
Elektrizitätsverbundnetze 21
Elektrizitätszähler 178 f.
Elektromagnet 188
Elektromotor 189, 191
Elektron 144
Elektroskop 146
Elementarmagnete 184
Energie 8 ff., 93
–, chemische 14
– der Teilchen 122
–, elektrische 11 ff., 178
– für Lebensprozesse 16
–, mechanische 15
–, nutzbare 26
–, rationelle Nutzung 20 ff.
–, Speicherung 14
–, thermische 14 f., 108 ff.
–, Transportformen 12
– von der Sonne 17
Energieaufnahme bei Pflanzen 16
Energiebedarf in Deutschland 20
Energieeinsparung 22 f.
Energieentwertung 29
Energieerhaltungssatz 29, 96
Energiestrom 12 f., 167
– in der Natur 18
Energieübertragung 104 ff.
Energieumsatz 167

Energieverbrauch 29
Energieverteilung in Stromkreisen 166 ff.
Erde und Mond 53
Erdung 155
Erstarren 119
Erster Hauptsatz der Wärmelehre 132

Fallbeschleunigung 55
FARADAY, MICHAEL 163, 192
Federkonstante 37
Feld, elektrisches 147 f., 192 ff.
–, homogenes 148
–, magnetisches 185 ff., 192 ff.
– unter Freileitungen 195
– von Haushaltsgeräten 195
– von Sendeanlagen 195
Feldlinien, elektrische 147 f.
–, magnetische 185 f.
Feldlinienbild 185
Feldstärke 193
ferromagnetische Stoffe 182
FI-Schalter 174
Flaschenzug 91
Fliegen 82 ff.
Flussdichte, magnetische 193

GALILEI, GALILEO 54
GALVANI, LUIGI 156, 163
galvanische Elemente 15
Gasdruck 60 f.
Gaskraftwerk 139
GAY-LUSSAC, LOUIS JOSEPH 106
geneigte Ebene 94
Geschwindigkeitsänderung von Körpern 9
Gewichtskraft 50 ff.
Gewichtsstaumauer 67
Gewitter 162
Gezeiten 53
Gleichstrommotor 189, 191
Gleitreibung 41
Gleitreibungskraft 41
Gleitreibungszahl 41
Glimmlampen 153, 163
GOEBEL, HEINRICH 163
Goldene Regel der Mechanik 96
Gravitation 52 f.
Grundumsatz 16 f.
GUERICKE, OTTO VON 70, 163

Haftreibung 40 f.
Haftreibungskraft 40 f.
Haftreibungszahl 41, 44
Hangabtriebskraft 94
HAUSEN, CHRISTIAN AUGUST 163
Hebel 95
– am Fahrrad 100
Hebelgesetz 95
Heben 99
Heißluftballons 80

Register 199

Heizwert 14
Hertz (Hz) 193
Hochdruckgebiet 127
Hohlspiegel 19
HOOKE, ROBERT 37
Hooke'sches Gesetz 37
Hubarbeit 9, 92 f.
hydraulische Anlagen 62 f.
hydraulische Presse 63
hydrostatisches Paradoxon 67

Influenz 146
Inklinationswinkel 190
Inversionswetterlage 124

Joule (J) 11, 92, 178
JOULE, JAMES PRESCOTT 11,
  92, 132

Kapillarität 43, 46 f.
Kartesianischer Taucher 75
Katalysator 140
Kelvinskala 106
Kernkraftwerk 19, 139
Kilokalorie 109
Kilowattstunde 11, 178
Klemmenspannung 159, 166
Kohäsion 42
Kohlekraftwerk 139
Kompass 192
Kondensation 120, 125
Körperschluss 155, 174
Kraft 35 ff.
–, Addition 39
– beim Fliegen 86
–, Darstellung 38
– zwischen Teilchen 42
Kraftmessung 36
Kraftwandler 96
Kraftweg 90
Kraftwerke 19, 139
Kühlschrank 137

Ladung elektrische 146 ff.
Lageenergie 14
Längenänderung 111 f.
Lastweg 90
Leerlaufspannung 159
Leistung 135, 167
–, elektrische 176 f.
–, mechanische 96 f.
– und Geschwindigkeit 97
Licht 8
Lichtempfänger 12
Lichtquelle 12
Lichtwirkung des elektrischen
  Stromes 153
LILIENTHAL, OTTO 82, 88
Luftdruck 68, 70
Luftfeuchtigkeit, relative 123 f.
Lufttemperatur 124

Magnete 182 ff.
Magnetfeld der Erde 190, 192
– von Dauermagneten 185 f.
– von Elektromagneten 186 ff.
magnetische Feldlinien 185 f.
– Flussdichte 193
– Wirkung des elektrischen Stromes 152
magnetisches Feld 185 ff., 192 ff.
Magnetisieren von Körpern 183
Magnetresonanztomograf 194
Manometer 60
Masse 51 ff.
Massenanziehung 52
MAYBACH, WILHELM 141
mechanische Arbeit 92 ff., 110
– Energie 15
– Leistung 96 f.
Mischungstemperatur 118
Monozelle 150
Müllverbrennungsanlagen 21
Muskel 156, 161

Nahrung 16 f.
Nährwerte 16
Nebel 123
Nervenzellen 161
Newton (N) 35
NEWTON, ISAAC 35, 53
Niederschlag 125
Nordpol 190
Normalkraft 40 f., 86
Nullpunkt, absoluter 106 f.
Nutzarbeit 27

OERSTED, HANS CHRISTIAN 186, 192
Ohm (W) 168
OHM, GEORG SIMON 168
Ortsfaktor 51, 55
OTTO, NIKOLAUS 135, 141
Ottomotor 135

Parallelschaltung 166 f., 173, 177
Pascal (Pa) 59
PASCAL, BLAISE 59, 70
Perpetuum mobile 29, 132
Pkw-Motor 26, 135 f., 140
Polarlicht 192 f.
Pole eines Magneten 182 f.
Pumpspeicherwerk 14

Radfahren 45
Reibung 10, 28, 40 f.
Reibungsarbeit 10, 27
Reibungselektrizität 144 f.
Reif 123
Reifen 44
Reihenschaltung 166 f., 169, 177
Rollen 90 f.

Sanierung von Altbauten 47
Sauerstoff 78

Schaltzeichen 154
Schmelzen 118 f.
Schmelzwärme 118
–, spezifische 119
Schneeflocke 125
Schraubenfeder 37
Schweben 75
Schweigger, Johann S. 187
Schwere 54
Schweredruck 66 f., 73
Schwerelosigkeit 56
Schwimmblase 78 f.
Selbstzündung 136
Sicherheit im Straßenverkehr 44
Sicherungsautomat 174
SIEMENS, WERNER VON 163
Sinken 75
Smog 124
Sonnenkollektoranlagen 138
Sonnenkraftwerk 19
Sonnenwind 190
Spannenergie 15
Spannung, elektrische 158 ff., 166 ff.
spezifische Schmelzwärme 119
– Wärmekapazität 109
spezifischer Widerstand 172
Spulen 187
Stärke von Feldern 193
Steigen 75
Stromlinienkörper 85
Stromstärke 166 ff.
Stromstärke, elektrische 151
Strömungswiderstand 84 f.
Stromwirkungen 152 f.
– im menschlichen Körper 161
Südpol 190

Tau 123
Taucherkrankheit 77
Temperatur 106 ff.
– auf der Erde 105
–, gefühlte 114
THALES VON MILET 192
thermische Bewegung 107
– Energie 14, 15, 108 ff.
Tiefdruckgebiet 127
Tiefsee 79
Tragfläche 87
Trägheit 54 f.
Transport von Brennstoffen 18
– – elektrischer Energie 18
Turbine 28

Übergangswiderstände 174
Umweltbelastung 19
Urkilogramm 51

Vakuum 70
Verdampfen 119 ff.
Verdampfungswärme 120
Verdunsten 119, 122

Verdunstungskühlung 122
Verformung 33 f.
–, elastische 33
–, plastische 33
Verformungsarbeit 9
Volt (V) 158
VOLTA, ALESSANDRO 156, 158, 163 f.
Volta'sche Säule 164
Volumenänderung 112 f., 115
Volumenausdehnungskoeffizient 112 f.
Vorwiderstand 170

Waagen 51
Wärme 8, 13, 108 ff., 132 ff.
– in der Technik 132 ff.
Wärmedämmung 22

Wärmekapazität, spezifische 109
Wärmekraftmaschinen 134
Wärmekraftwerk 19
Wärmeleitung 13
Wärmepumpe 137
Wärmestrahlung 13, 17, 104
Wärmeströmung 13
Wärmewirkung des elektrischen Stromes 152
Wasserkraftwerk 19, 139
Watt (W) 96
WATT, JAMES 96, 134, 141
Wechselwirkung 32 ff., 52 f.
Wechselwirkungsprinzip 36
Wetter 126 ff.
Wetterbeobachtung 130

Wettervorhersage 130
Widerstand, elektrischer 168 ff.
–, spezifischer 172
Widerstände im Menschen 174
Widerstandsgesetz 172
Windkraftwerk 19, 139
Windpark 19
Wirbelsäule 99
Wirkungsgrad 26 ff., 134 ff., 141
Wirkungslinie 38, 40
Wolken 125

Zweiter Hauptsatz der Wärmelehre 133

Quellennachweis der Abbildungen

Adam Opel AG, Rüsselsheim: 42/2. AEG Aktiengesellschft, Frankfurt/M.:8/1-3, 13/2, 163/3. AKG, Berlin: 98/1, 192/1. Ako Ismet Elektrogeräte GmbH & Co. KG, Kissleg: 153/1. Archiv VWV: 46/3, 58/2, 59/1, 67/4, 70/1, 84/3, 88/1, 134/2, 146/3, 158/2, 192/2, 194/1, 195/1. Augenblick/Perenyi: 33/1 /Kosecki: 33/3. Ballonhafen Berlin: 80/1-2. Barg Baustofflabor GmbH, Berlin: 104/1. Berliner Tief- und Verkehrsbau GmbH: 115/1. Beurer GmbH & Co., Ulm: 13/1. BMW AG, München: 85/3, 85/5. Bomag: 12/2. Bundesbahndirektion, Nürnberg: 11/2. CargoLifter AG, Frankfurt/M: 75/4. Carl Zeiss, Oberkochen: 125/3. CMA, Bonn: 20/2. Daimler Benz Aerospace GmbH, Ottobrunn: 82/1. DaimlerChrysler AG, Stuttgart: 3/1, 10/2, 44/1, 44/4-5, 84/1, 141/1-3. DEA Mineraloel AG, Hamburg: 14/1. Deutsche Bahn AG, Berlin: 11/1. Deutsche Goodyaer GmbH, Köln: 44/3. Deutscher Wetterdienst, Meteorologisches Observatorium, Lindenberg: 81/1. Deutsches Museum, München: 29/1-3, 70/2, 156/1-5, 163/1-2, 163/4, 164/2, 186/5. DG Flugzeugbau GmbH, Bruchsal: 125/1. DHV, Gmund am Tegernsee: 82/2-3. dpa, Berlin: 8/1, 84/2, 92/2. Duracell GmbH, Köln: 15/2. Emsa-Werke Wulff GmbH &Co., Emsdetten: 15/2. ESA: 9/4. Fogden, M. &P. , Bristol: 129/2. Georgy Mauersägetechnik, Magdala: 47/3. Haux Life-Support GmbH, Karlsbad: 77/2. Hek Hebetechnik GmbH, Eppingen: 9/1. Helga Lade Fotoagentur, Berlin: 10/4, 26/2, 79/2, 89/2, 90/1, 97/1, 107/3, 114/1, 118/1, 143/1119/1, 121/1, 126/4, 129/4, 162/2. J. A. Becker & Söhne GmbH, Neckarsulm: 63/1. Kässbohrer Geländefahrzeuge GmbH, Stuttgart: 58/3. Kraftwerk Isar GmbH, Essenbach: 19/1. Leybold-Didactic GmbH, Hürth: 153/4. Lipp GmbH, Tannhausen: 21/2. Mannesmann Dematic, Wetter; 188/2. Mauritius Bildagentur, Mittenwald: 66/1. Medtronic, Düsseldorf: 195/2. Metallbau Grasdorf: 59/3. NASA: 50/1-2, 56/1, 89/1. Nitschmann, H.-J., Bautzen: 193/2. Oelker, J., Radebeul: 19/2. Okapia Bildarchiv, Berlin: 79/3, 129/1. Osram, München: 153/3. OVAG: 138/1. Peiniger GmbH, Gelsenkirchen: 47/1. Phywe Systeme GmbH, Göttingen: 34/3, 95/4, 150/5, 159/1, 190/5. Poseidon Tauchprodukte GmbH, Kiel: 73/3. Preussag Elektra, Hannover: 26/1. RWE Energie AG, Essen: 18/1-2, 19/4, 31/1, 150/3, 180/2. Sächsische Dampfschifffahrt, Dresden: 72/1. Schindler Aufzüge GmbH, Berlin: 96/2. Schuchmann, K.-L., Bonn: 86/3. Schwarzer, K., Berlin: 165/1. Siemens AG, München: 24/2, 110/1, 194/3. Sonnenschein GmbH, Büdingen: 150/4. Sportimage, Hamburg: 33/2. Staatlicher Mathematisch-Physikalischer Salon, Dresden: 190/1. Sto AG, Stühlingen: 47/2. Superbild Internationale Bildagentur, Berlin: 129/3, 132/2. Theuerkauf, H., Gotha: 46/1, 46/5, 47/4. Thyssen Krupp Stahl, Duisburg: 22/1, 103/1. Titanic Inc. : 77/1. Ufop, Bonn: 7/1, 21/1. Varta Batterie AG, Hannover: 15/1, 15/3. Wilke, H.-J., Dresden: 152/2. VEAG, Berlin: 13/6, 14/3, 132/1. Volkswagen AG, Wolfsburg: 180/3. ZARM, Bremen: 56/4.

Alle anderen Fotos: Volker Döring, Hohen Neuendorf.

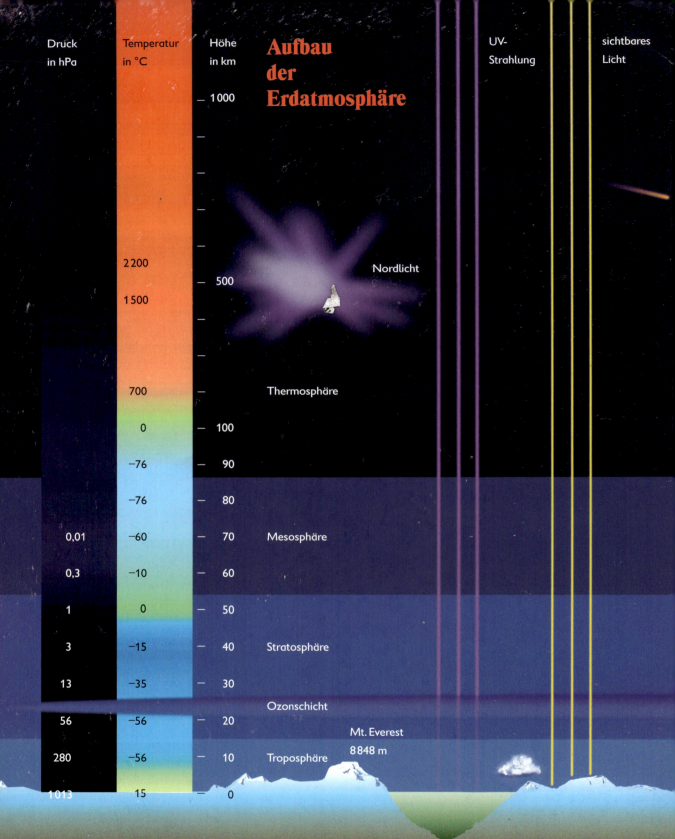